国家科学思想库

科学文化系列

院士随想录

第一辑

白春礼／主编

科学出版社
北京

图书在版编目（CIP）数据

院士随想录（第一辑）/白春礼主编．—北京：科学出版社，2011
ISBN 978-7-03-031513-7

Ⅰ．①院…　Ⅱ．①白…　Ⅲ．①院士-回忆录-中国-现代
Ⅳ．①K826.1

中国版本图书馆 CIP 数据核字（2011）第 112818 号

丛书策划：胡升华　侯俊琳／责任编辑：侯俊琳　樊　飞　赵　冰
责任校对：刘亚琦／责任印制：李　彤／封面设计：黄华斌
编辑部电话：010-64035853
E-mail：houjunlin@mail.sciencep.com

科学出版社 出版
北京东黄城根北街 16 号
邮政编码：100717
http://www.sciencep.com
北京虎彩文化传播有限公司 印刷
科学出版社发行　各地新华书店经销
*
2011 年 9 月第　一　版　开本：B5（720×1000）
2024 年 1 月第七次印刷　印张：15 3/4
字数：220 000

定价：65.00 元
（如有印装质量问题，我社负责调换）

总序

今天，《院士随想录》第一辑终于要付梓出版了。此书忠实记录了院士们在其科学人生中体会出的科学精神、科学方法、科学思想和人生感悟，字里行间渗透着东西方文化的精华，是留给后来者的宝贵财富。中国科学院学部决定编辑出版《院士随想录》，旨在将广大院士在科研生涯中的创新启示、历史时刻、学界往事、人生感悟等奉献给社会，以弘扬科学精神，传播科学方法，阐释科学思想，展示科学家的风范。

科学是人类的伟大成就，也是科学家不断探索真理、挑战自我的大舞台。科学精神的本质是追求真理，科学家们在追求真理的过程中，形成了求真、求实、创新、质疑等精神财富。科学方法的精髓是理性，科学家们审问、慎思、明辨，形成了诸如逻辑推演、事实归纳等科学方法。科学思想的核心是阐释事物的基本规律，科学家们不断认识自然，认识世界，形成了科学的世界观和认识论。科学精神、科学方法和科学思想是人类智慧的结晶，是人类社会最宝贵的文化财富，已成为人类文明发展的不竭动力。

在我国科技事业的奠基、发展、进步过程中，广大院士展示了心系祖国、淡泊名利、无私奉献的崇高风范。他们勇挑重担，执著探索，刻苦攻关；他们立身讲坛，辛勤耕耘，教书育人；他们献身国防，奋战戈壁，默默奉献。在世界科技面临革命性突破的今天，在我国进入自主创新、跨越发展新阶段之际，他们殚精竭虑谋划国家科技发展大计，前瞻思考，锐意创新，不断开拓科学技术新方向。此书中的点滴故事，将带领读者身临其境地体验院士们的人生历程，体会他们科技报国的精神境界。

要实现我国科技跨越式发展，需要世界一流的科技大师，需要建设高水平的宏大科技队伍，也需要大幅提升我国公众的科学素养。对于我国公众，尤其是对青少年学子而言，前人已为我国科学之路铺就了坚实的基石，新的征程即将开始。如何体会现代科学思想和科学文化的精髓？如何找到科学方法，并在科学思想和科学方法的指引下激发创新灵感？如何在有限的生命里去追求真理、服务国家、造福人类？或许，《院士随想录》能有所启示，使大家能够看得更高更远更深，走得更加执著坚定！

是为序。

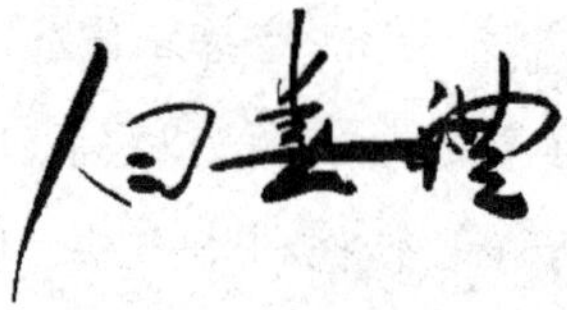

二〇一一年五月三十日

目录

学界往事

人生感悟

创新启示

“大题小做”　化腐朽为神奇[①]

——近世两个重大天文学发现的启示

王绶琯

20世纪下半叶，天体物理学开始被列入诺贝尔物理学奖的对象。60年代四大天文学发现中的“脉冲星”和“宇宙微波背景辐射”，先后获得这项世界性大奖。

本文所说的“大题”，指的是导致这类重大成就的天文实测课题。“小做”，指的是针对这类“大题”的一种战略——“小设备战略”。

下面我就以这两大发现为线索，来说明这种战略。

旧话重提——当代天文学的两次巧遇

“脉冲星”和“宇宙微波背景辐射”的发现分别是恒星演化研究和宇宙演化研究中的画龙点睛之笔，分别启动了天文学在这两大领域上的新的腾飞。而这两大发现的过程竟然均属于“巧遇”！

这40年前的旧话，曾经令科坛众人激动一时，但是至今仍有新意。这些故事已经有了许多普及著述（近期的如上海科技教育出版社于2001年出版的《诺贝尔奖百年鉴》中吴鑫基、温学诗所著的《宇宙佳音》，其逐一介绍了截至20世纪末的7项获得诺贝尔奖的天文工作）。这里为了

① 原载于：《中国国家天文》，2006，14页

阐明我的观点，将引用其中的有关事实，但是不再赘述科学内容。

1967 年，乔瑟琳·贝尔这位英国剑桥大学的研究生，用她导师安东尼·休伊什设计的一种测量“行星际闪烁”的射电望远镜，意外地发现了后来被称为“脉冲星”的奇异天体。下图是当时观测的几种记录。

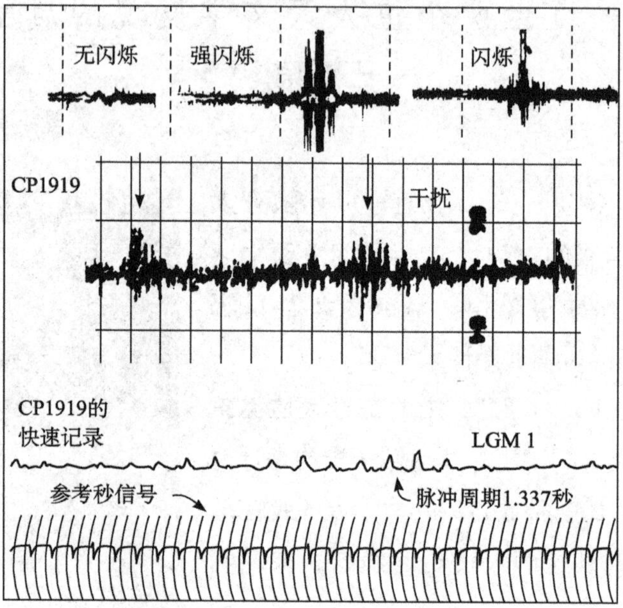

几种闪烁、干扰和脉冲星的原始记录

在图的最上方部分是三个射电天体的闪烁记录。从左到右，分别是无闪烁、强闪烁和（不太强的）闪烁。图的中间部分，右边箭矢指的记录是一次干扰，左边标着 CP1919（CP1919 是后来给这个天体的命名）的记录虽然看起来并不特殊，但是乔瑟琳却以她的敏感和细致辨认出这是一种既不同于闪烁也不是干扰的陌生事物，于是她把记录的速率加快，使时间坐标放大。图的最下方部分表示放大了的 CP1919 的记录，明显地显露出了一组规则的脉冲，脉冲周期为 1.337 秒，极其稳定。这使人联想到巧匠制成的极其精致的钟表，却很难和天上庞大的星体相联系。不过，在排除了一切其他可能之后，剑桥的天文学家们最终确定了这是一种奇特的天体，称之为“脉冲星”，并公之于世。

“脉冲星”很快便被认定为是30年前根据恒星演化理论预言的“中子星”。

1932年中子被发现，在其后两年内，苏联物理学家朗道以及在美国的天体物理学家兹维基和巴德，先后根据恒星演化理论，指出质量在一定范围的恒星，到了演化末期星体发生爆炸、内部猛烈坍塌，会使物质中的质子和电子紧密挤压在一起从而形成“中子”。这种状态下的“中子星”密度高达每立方厘米（约一茶匙）1000万吨！一个质量比太阳大一倍的中子星，直径会缩到只有10 000米，还不及地球的1/1000！这一论断当时被看做是合理但是难以验证的奇想。因为预测的中子星直径如此之小，表面发光面积不及太阳的万亿分之一，实在是太不容易探测了！

当时射电天文学尚未真正进入天文学家的视野。但是即使在20世纪60年代，大型射电望远镜已经在南北半球显示威力之际，谁也没有想到在当时已经探测到的“射电源”中有一些就是中子星，直到CP1919以它奇特的“脉冲星”的形式暴露了自己的身份。

这一时期，天文学家对天体的射电机制已经有了认识。这帮助他们很快把脉冲星现象联系到了中子星。根据恒星演化理论，庞大的恒星坍缩成中子星后，原来的磁场和自转会千万倍地增大，导致了中子星的高速旋转并发出强烈的射电辐射。以此为据，形成了今日被广泛接受的脉冲星的“灯塔模型”。与此同时，它以石破天惊之势引发了极端致密物体——中子星、黑洞的探讨，为当代天体物理学（和物理学）的研究开辟了一个富有挑战性的崭新领域。

回顾这段往事，在中子星的“预言—发现—证实”的整个过程中，难度最大的无疑是“发现”。而这个发现则因为是“巧遇”而引起了许多议论。当然，仁者见仁，智者见智。我倾向于认为这种“巧遇”绝不是“歪打正着”。相反，对于“巧遇的追求”应当看成是天文实测的一项战略措施。今天大家都很熟悉，天文学上巨型设备（如哈勃空间望远镜、30米光学望远镜等），一代接着一代兴建，耗资巨大。每一代这样的新设备的功能都远远超过了前代，而其科学目标则都是双向的：一方面是针对已有研究的扩展；另一方面则是意在对未知领域的开拓。这种做法可以称之为“大题大做”。而其对未知领域的开拓实质上正是“迎接巧遇或寻求巧遇”。

这种不惜代价的“大做”的动力源自一个基本认识，即天文世界中待发现的目标和待发掘的领域永远近在咫尺而浩无止境。而体现这种“大做”的“大设备”，在今日经济条件许可之下，每一步都联系着当代高精技术的发展、与时俱进，达到多种功能的超越，从而可以全面推动天文学各个领域多类课题的进展。这种“大题大做”，堪称现代天文学“进军”中的“堂堂之阵、正正之旗”。

但是一门科学的进展，除了导致“全线推进”的“大题”之外，还必须有同属“大题”的“重点突破”，好比是出奇制胜的“奇兵”。中子星的发现（以及其他许多诺贝尔奖的工作）就属于此类。对这类“大题”的应对不同于调动千军万马的“大做”，应当是“对准要害、单刀直入”。

回到脉冲星的故事，设想当年能有一位极其高明的天文学家，提前洞察到了中子星的射电特征（当年确实有人做到了，如帕契尼），并想到了“灯塔机制”（要凭空联系到这种机制确实很难，但也并非不可能），也就是说，他从理论上认定了中子星在射电波段将表现为连续发射快速“脉冲串”的星体（也就是脉冲星）。这样，将怎样来设计用以搜索这种星体的设备？

假设这时请了休伊什来设计，无疑他会发现这一设计的要求和他自己为了探测射电源“行星际闪烁”的要求完全一致，所以完全可以使用他原来的方案：①这是用于大范围的搜索，望远镜的结构采用了长于搜索的“子午仪”[①] 装置；②估计到了脉冲星的射电辐射非常微弱，而其

---

① 子午仪是一种固定对着南北方向，即“子午方向”上操作的望远镜。由于地球自转，所有天体每天至少都会经过一次子午方向，从而得到“扫描”。这种装置适用于大范围的搜索，并极大地简化了望远镜的结构和制造难度。而为此付出的代价是放弃了普通望远镜可以随时在任何方向上进行观测的功能。这种功能当然非常重要，但是对于本题则无足轻重

特征是波长越短辐射越弱（“闪烁目标”同样非常微弱，波长越短“闪烁”也越弱），于是在衡量了无线电干扰、背景噪声等制约因素后，使用了尽可能长的工作波长，具体定为 3.7 米；③望远镜的接收面积，也就是天线面积，需要做得很大以应对辐射的微弱，当时具体采用了东西长 470 米、南北宽 45 米的矩形天线阵 (这种形状有利于在子午方向上准确定位和大范围扫描)。这样一个庞然大物比当时为了“大题大做”而设计的 100 米射电望远镜还要大一倍多。当然它没有接收短波段的功能，也就不具备承担其他望远镜所能做的许多工作（重要的是它能做好自己的本题工作）。

这个天线虽然庞大，但是制造起来并不难。因为天线面的装配误差可以允许到工作波长的 1/20 左右，在这里具体为 18.5 厘米。这是无需熟练工人都能达到的要求。事实上，这个占地达两个半足球场的天线，一共使用了 1000 多根木头柱子和 10 万多米长的铜线，是由乔瑟琳和她的同伴们自己动手抡大锤、扭铜线，花了两年时间建成的。天线的花费仅一万多英镑，在一位技工的主持下，一次性投产成功。

拿这种规模和如今价值巨亿的“大设备”相比，其称之为“小设备”是名副其实的。但是它的功效有事实为证，毋庸置疑。直到今天，如要在茫茫天空中凭空发现一批脉冲星，恐怕还是不能想出比这个更合适的设备。因此，在这个工作上，休伊什获得诺尔奖是合理的。因为他高明地运用了“小设备战略”。乔瑟琳·贝尔也应当分享这一光荣，因为她对资料处理的“科学敏感”和细致，体现了在运用设备（不论是“大”还是“小”）“战术”上的高明。

“宇宙微波背景辐射”的发现与此类似，并且同样是一次“巧遇”。

1965 年美国两位年轻的天文学家彭齐亚斯和威尔逊利用贝尔实验室的 6.1 米喇叭抛物面天线进行射电源辐射定标（术语为“绝对测量”）。这个天线工作在微波波段，配有波长 7.3 厘米的接收机，是贝尔实验室原先用于人造卫星通信，后来闲置下来的。定标是一项非常细致的基本性工作，要求从观测结果中把混在射电源辐射一起的“噪声”全部扣除掉（“噪声”相对于所需要的信息，按通俗的理解，是杂乱无章的背景，如收音机里听到的噪声、电视屏幕上看到的“雪花”等）。这些噪声来自接收机放大器系统、波导及其他器件、喇叭天线构件、地面辐射、天空背景，其中以接收机噪声和地面辐射最难应付。正是由于考虑到这两个难以应付的对象，彭齐亚斯和威尔逊做了非常聪明的选择，使他们在后面的工作中能够以技术上的先机赢得时间、迎来“巧遇”—— 一次获得诺贝尔奖的“巧遇”！

喇叭抛物面是贝尔实验室的工程师们自己发明、独特配置的。它有着屏蔽地面辐射的特性。同时，它配备的工作波长 7.3 厘米的量子放大器是当时噪声最低的微波接收机。两位天文学家恰当而及时地利用了这些基本条件，加上自己大量的细致工作，把一具原本已经“退休的”通信设备变成了精密的“绝对测量辐射计”。在这个过程中，他们通过各种实验定出了上述各项噪声的估值。然后，正如现在大家都知道的故事所说的，当他们进入实测、把天线对向天空时，却发现记录下来的噪声比这些噪声估值的总和多出了“几度”（具体约“绝对温度”3 度，即 3K。射电天文工作中把噪声功率用“绝对温度”（单位为 K）来表达。地面的“噪声温度”约为 300K；没有噪声时应为 0K）。而且不管对着哪个方向这个小小的“多余值”都同样存在，而且都大小不变。他们反复检查了天线构件以及地面辐射的屏蔽等，肯定了并无疏漏，不能解释这个“多余值”。剩下的可能性只能是对天空背景的误估。而在微波天空背景的各种成分中，地球大气是主要的噪声来源，但是他们的测量做得很到位，难以产生这样的检测误差，而银河系外围的“银晕”在这个波段的作用微乎其微，银河系以外的宇宙空间物质又如此之稀，也难以想象会产生背景辐射。于是余下的唯一可能性，是存在着一种来历不明的、均匀布满宇宙空间的微波辐射。

这个辐射的两位发现者没有想到，当时距他们的实验地点不及 50 公里的普林斯顿大学中，一个研究团队根据“原始火球”的宇宙学理论（这种宇宙学模型虽然不同于当前的主流——“大爆炸”模型，但是两者的“原始火球”则有着同样的性质)，计算出了宇宙空间中应当充满一种“各向同性”的、微弱的微波辐射，并正在建造一台“绝对测量辐射计”来验证其存在（他们没有料到这种验证竟然被邻近的贝尔实验室在无意中先做了)。在这之后不久，经过相当曲折的信息传递，这两部分天文学家碰到一起，确定了这项重大天文发现的性质。

这里我们不准备复述这个发现的学术意义，以及人们对于“论功行赏”的那些质疑。只是想以它为示例，借以说明在“大题小做”中还有着这样一种如何“做得巧”、“做得快”的问题。

宇宙微波背景辐射是我们观测所能及的最早的宇宙景象，有可能印有观测所不能及的宇宙诞生和早期演化的痕迹。对它进行更多、更细、更深的了解便成为目前观测宇宙学研究中首屈一指的“大题”。近 40 年中为此发射的专用空间探测器（cosmic background explorer，COBE)，南极探空气球，以及威尔金森微波各向异性探测器（Wilkinson microwave anisotropy probe，WMAP）等，均属这方面进一步的“大题小做”，迄今得到的结果正在直趋诺贝尔奖级的新成就。

再论“大题”与“小做”

我们所说的“大题”，指的是对天文学的发展产生重大影响的课题。本文的讨论限于其中的实测课题（不涉及理论方面)。

如果用向天文世界“进军”来形容天文实测，那么实测的两类“大题”可以比拟为“面上的推进”和“点上的突破”。

如何做到这样的推进和突破?

“点上突破”是本文讨论的主题。本文以 20 世纪两大天文发现的过程为典型事例，并称之为“大题小做”。“大题小做”体现了最根本，也是最高层次的创新精神，然而它在成功之前却往往因为“小”而不扬，不容易得到理解，以至于有时举步维艰。与此对照，以“面上的推进”为目标的“大题大做”，则“大”而炫目，成为公众心目中天文学的标的。

撇开炫目不讲，前面说过，“大题大做”是天文学“进军”中的“堂堂之阵、正正之旗”。天文学研究面向浩瀚的天文世界，待发现的目标和待发掘的领域从近在咫尺到浩无止境。这使得天文实测对于设备功能的追求成为永远迫切而且没有止境。随着现代高、精技术的迅猛发展，天文学上各类“大设备”以前所未有的速度一代接着一代地更迭，每一代的功能都远远超越过前代（典型事例：20 世纪初以来光学望远镜中“大设备”的发展，口径从 1 米级到 2.5 米级、5 米级、10 米级，直至今天策划的 30 米级，一代接着一代地跟进。20 世纪后半叶起步的射电天文和空间天文“大设备”，情况与此略同）。这样的“大题大做”直面技术挑战，耗资巨亿，通常由国家或跨国集团支持，有着很高的“展示度”(炫目)。它的技术含量高而且广，被公认为技术上高度综合应用的一种“重量级”的创新。

“大题大做”理应受到关注，但是重要性与之相当的“大题小做”也绝对不应忽略。下面我们将接着前一节的叙述来进一步讨论“大题小做”。

首先，“大题小做”针对的是“点上的突破”。因此，第一考虑必须是对准这个“点”上的科学目标，也就是说，要“明目标、定方向”。这主要是靠洞察能力。然后是针对目标和方向，“明条件、定方法”。这靠的是应对能力。洞察能力属理念上的创新，而应对能力体现为因势利导、运用得宜，也是一种理念创新。

其次，还有一类“大题小做”，与“大做”的“大题”一样，属“设备功能的超越”，但是所做的不是原有“大设备”的更新换代，而是原有设备所不具备（或甚弱）的“基本功能”的创新。“题”虽然大但要由“小做”来完成。20 世纪 30 年代的施密特望远镜和 60 年代的射电综合孔径望远镜的创造均属此类。这样“做”的着力点不在设备规模，而在于仪器概念和运用方法上的突破。这同样是一种理念上的创新。

理念创新是创造性与想象力的结合，是“大题小做”的灵魂。其极致足以“化腐朽为神奇”。

“化腐朽为神奇”虽然是浪漫夸大之词，但是却符合科学创新的理想。这种理想本质上是朴实的，同时又突出了想象力，含有科学探索最根本的要素。这可以由前面的典型事例中感受到。把这种感受演绎为几点意见，大致上为：

(1) 在本文所述的两个天文大发现的事例中，特殊的设备发现了特殊的现象。本质体现在设备的创新和对现象的认识上，“题”和“做”，主客的关系密不可分（所以“小题大做”，无论是为文章数量而“做题”，还是为标榜创新而创新都是不可取的）。

(2) 在本文所述的两个天文大发现的事例中，当事者原本“做”的是“小题”，可谓“小题小做”。但是，即便是“小做”，当事者也是怀着“化腐朽为神奇”的理想、本着理念创新的精神来“做”，结果无意中使“小题小做”转变成了影响巨大的“大题小做”。这种“小做”的“小”表达的是“优化到了最小”。这是一种基本的素养，从平素的“小题”做起。这种素养的要求无疑同样适用于“大题大做”（所谓“不积跬步，无以至千里；不积小流，无以成江海”）。

(3) 凡是“做”都必须“切题”。至于用什么方法“做”，是“因旧”还是“创新”（或是“因旧＋创新”），应当决定于怎么对“解题”最有效。所以两个事例中那种设备上的“不弃简陋”是出于很自然的“最佳选择”。简陋（当然不是安于简陋，而是善于“因旧”）而能达到目标，表明方法上的创新高人一筹，又何须愧对“豪华”！

(4)“大题”是天文学发展中的里程碑。每一个“大题”从期待变成现实，是历史上“必然中的偶然”（资金落实、理论要求、“巧遇”出现等）。每个人与之遭遇都含有机遇，而“机遇惠顾‘有准备’的心灵”！怎样算是“有准备”?“平素做着‘小题’，心怀力图‘化腐朽为神奇’的创新思想，眼存随时可能浮出视野的‘大题’”，可以算是个人的“有准备”；而科学集体中如果拥有许许多多这样的人，也就可以算是社会的“有准备”。

这些话没有太多的新意，但也不是老生常谈。因为虽然是老话，但却做不到常谈，怕已日久生疏。近来提倡探讨“科学与人文”，科普的作为除了普及科学知识之外，还期望能引起更多对于“做科学”的关注。这虽然还远在“人文”的门外，但已进入精神层面，融入时下新观点、新方法探索的汹涌大潮。一些老话重提，或当小裨于“温故而知新”！

为医重在德　重德贵创新

吴孟超

为医之道，最重要的是一个德字，只有以医德为基础，才能建立起和谐融洽的医患关系，才能使生命获得更好的医疗效果，“医无德，不堪为医”；重德贵在创新，立足于融洽的医患关系，立足于临床患者、疾病的需要，并能在技能、理念上推陈出新，进而指导临床实践，这样不断循环，不断提高。不然医生就只是一个医匠，成不了大家。

对于医德，不同历史时期、不同国家地域的人有不同的认识，我个人以为可以从情感、行为、精神三个层面来理解。从情感角度，是指医生要有仁爱之心、责任之心、同情之心；从行为角度，为医者要善于做人，要做一个善于思考、善于服务、善于总结的人；从精神角度，为医之道要不断创新，目标是成才、“成家”。

仁爱之心、责任之心、同情之心是为医之基

我的老师裘法祖教授有一句常挂在嘴边的话：德不近佛者不可为医，才不近仙者不可为医。医本仁术，医学是一门以心灵温暖心灵的科学。

首先，医生之于患者，在于如何向患者奉献天使般的温暖。晋代杨泉《物理论》：“夫医者，非仁爱之士不可托也，非聪明理达不可任也，非廉洁淳良不可信也。”[1] 唐代孙思邈《大医精诚》也告诫：“凡大医治病，必当安神定志，无欲无求，先发大慈恻隐之心，誓愿普救含灵之

苦。”[2]对待患者，他认为：“若有疾厄来求救者，不得问其贵贱贫富，长幼妍蚩，怨亲善友，华夷愚智，普同一等，皆如至亲之想。”他还主张将仁爱之心进一步具体到行动：“亦不得瞻前顾后，自虑吉凶，护惜身命。见彼苦恼，若已有之，深心凄怆。勿避险巇、昼夜、寒暑、饥渴、疲劳，一心赴救，无作功夫形迹之心。”[3]怀仁爱之心，则爱人、重人、与人亲善，随时注意关怀、安抚、宽容、帮助、体贴和理解患者的境遇或需求，医患之间就能和谐相处，患者就会积极配合治疗、身心早日康复。否则，仅注重患者生理层面的疾病，忽视医患之间的心灵沟通，将加剧医患矛盾，造成“医不敢行医，患不敢就医”[4]的尴尬局面。

其次，作为医务人员要有责任之心，就是对患者的身心健康负责，敢于承担风险和责任，这是衡量一个医生是否具备医生资格的基本标准。具体说来，一是对患者负责，持之以恒、普同一等，患者没有高低贵贱，一切为了患者的健康，敢于承担风险。医生只有敢于承担风险，才能在救助患者时不瞻前顾后、顾虑重重；救治患者如果怕担风险，那么患者很可能在医生的摇头与沉默中抱憾离开人世。二是对工作负责，做到认真细致、谨慎周到，履行“医本仁术”的道德责任。对患者、对科学，容不得一点闪失，否则患者会留下终身遗憾。三是对医学负责，做到精益求精、勇于创新，履行争取最佳医学价值的责任。四是对自己负责。目前，“看病贵”的问题引起了人们的广泛关注，患者治病可能已经花光了积蓄，有的还负债累累。作为医生要从自身做起，尽职尽责地维护患者的健康，自觉维护医务人员的形象，医生只有治病救人的责任，没有收受红包的权利。

再次，“同情在一切内在的道德和尊严中为最高的美德”（培根）。医生从业，时常面临生命的诞生、延续和消亡，不时目睹家庭、个人的悲欢离合，日渐习惯用高科技的治疗仪器和手段替代个人的同情之心，有些医生甚至认为为了确保治疗手段的精准、行为的稳定，是需要排除包括同情之心等情感因素的，这种认识是片面而武断的。同情本是人的一种原始的、本能的感情，而同情之心则是一个人后天形成的价值观、仁爱之心、责任之心的综合，是从医者“用了心”对患者的内心体验和自然流露。随着医疗水平的提高，对大多数患者来说心理的脆弱并不亚于躯体的疾患，在就医过程中对情感的需要并不弱于生理的治疗。特别是在目前医患关系紧张的医疗环境中，医生给予患者深切的同情之心，敞开心扉，抛开感情障碍，用心去感受、体会患者的心理世界，从道义上、技术上、物质上帮助患者，自然就能与患者和谐相处，从而在与患者一起同疾病抗争的过程中会获得智慧与力量。

思考的人、服务的人、总结的人是从医之本

作为治疗疾病、提供健康的医生，自己应该是一个健康的人，是身体、心理、社会适应性都健康的人，也就是说医生自己应该是一个思考的人、服务的人、总结的人。这是从医之本。我有五句话：心态平衡，脑子常用，手脚常动，嘴巴控制，定期查体。

医生的工作是面对患者，所以医生自己学会怎么做人最重要。然而，做人又似乎是一个比较空泛的概念，特别是在当前多元化的文化背景中，不同的人自然有不同的看法。但“思考—实践—总结—再思考”的规律是不曾改变的。我国的医疗卫生是实行一定福利政策的社会公益事业，医生的实践主要体现于服务的全程。行成于思而毁于随，医生需要不断地思考自己的行为以及带来的影响，并修正、规范自己的行为以利于更好地为患者服务。同时要善于总结，从服务实践中总结出弘扬医道的理论、精神，进而解决现实中出现的新问题。例如，目前出现的所谓“防御性医疗”，从情感角度，我提倡强化与患者的心灵沟通，从行为层面看，这样做的人还不是真正的、完完全全的医生，他只是个“医匠”。真正的医生应该尽心尽力，哪怕有1%希望，医生都要做100%的努力去争取。做医生如果先考虑自己，是做不好医生的。如果医生真正做到了科学、合理，工作都做到位了，就不应该怕。当前医患之间是出现了一些问题，每位医生都需要深思。医生这个职业高风险、高投入，很辛苦，还要顶着个“白眼狼”的大帽子？想一下我们的服务有没有问题？有人

说现在的医疗仪器、诊疗设备不断进步，年轻人有技能退化的趋势。有的医生不看片子，不查患者，光看报告，能不让人有这样的感觉吗？医生不亲自查患者怎么有把握？不论仪器多先进，医生还是要多看、多听、多学、多做，服务做到位了，心态自然就平衡了。

有一些人，以西方的标准评价我们的医患关系，这是典型的“怕动脑子”。体制上的问题我们国家正在下大力气解决，但是个人行为上的问题也需要自觉地去解决。例如，解决“看病贵”问题，医生也完全是可以有所作为的。现在医疗器械多，新的器械很贵，过度追求使用高昂的医疗器械势必增加患者的负担。医生要为患者选择便宜又能解决问题的方法。这样做，按个别医生的说法，其收入会受到一定影响，但是手术费用国家有明文规定。例如，按规定手术费用 1500 元，但手术期间还需要很多耗材，应该尽量节约，若合理使用，患者的负担就小了。个别年轻的医生，车子有了，房子有了，常在外面吃喝玩！但是我国的人均资源较少，有吃喝玩的资本，就不能为改善医患关系花点心思吗？医生要时常善于总结各种经验教训，从医学最基本的仁爱之心、责任之心、同情之心出发，从健康人的基本框架出发，去思考、去从事医疗服务实践。这样才能不断进步、创新、成才、“成家”，才不至成为“医匠”。

不断创新是医学之魂

创新原本就是医德的题中之义，由于疾病是伴随人类的发展而不断变化的，创新作为医学发展的灵魂似乎不辩自明。但真正的创新精神是建立在前述为医之“基”、“本”上的。为出科研成果、博名获利，而不经过动物实验、充分证实安全性就贸然应用推广于患者，这不是创新；为尝试新方法而不选择最适合患者的治疗方案，也不是创新。真正的创新是医生为患者治病求健康而进行的，就是对已有医学知识、理论、技艺、方法、范式等方面的超越，是在不疑之处质疑；真正的创新不是想当然，而是立足于治疗疾病的需要，日复一日地积累，脚踏实地地摸索。

我做的是肝胆外科，中国是世界上肝癌发病率最高的国家，肝癌患者约占世界的 50％，每年有四五十万人得肝癌，而且发病年龄越来越年轻化。而在 1956 年我国肝脏外科是个空白，我们的特点就是在临床中发现问题，然后去搞研究，研究的成果再回过来用于临床，这样不断总结、不断提高。这其中的每一项研究，目的都是为了带给患者健康，看到患者重获健康的那一刻是我最开心的。经过与同行几十年的积累，我们建立了肝胆疾病的治疗体系，我国的肝胆外科在世界上也获得了领先的地位。但要攻克肝癌，还是要从源头上抓起，要加强对肝炎的预防工作。“防”与“治”本是医学之两刃，我们只是在治上做了一些工作。现在不少媒体将我们的成就归功于创新，我认为，人人都要有创新意识，人人都能创新。特别是作为医生，面对不同的患者、不同的疾病，在治疗方案、手段上都要进行一定的创新，否则就很难保障患者获得健康。只有敢于创新、善于创新，才能推动医学科学的不断进步，才能还更多的人以健康。

我们的国家，现在需要更多自主创新成果和创新人才，特别是年轻医生，不要满足于临床的“风光”，自足于一个“医匠”，要沉下心、耐住寂寞，自觉培养创新精神，搞好基础研究创新。要善于动脑子，有困难不能绕过去，要反复想、反复研究，尽力去解决长期困扰医学界的难题。例如，我国的肝炎、肝癌患者多，但是目前还没完美的治愈办法。如果能把肝癌的发生、发展、转移、复发的分子机制搞清楚，就是对人类的一大贡献。胡锦涛总书记说得太好了，国家要“创造良好环境，培养造就富有创新精神的人才队伍”；“发展创新文化，努力培育全社会的创新精神”[5]。每个医生要珍惜这一机遇，为人民健康事业充分发挥自己的积极性、主动性、创造性。

参考文献

[1] 陈卫平．李约瑟难题与现代新儒学．http：//www. tomedu. com/ydbbs/

disppbbs. asp? boardid=2&id=9207. 2005-09-09/2006-03-01

[2] 孙思邈．急备千金要方．北京：华夏出版社，2008

[3] 孙思邈．备急千金要方．北京：中医古籍出版社，1999

[4] 白剑峰．医学的人性关怀（人民论坛）．人民日报，2005-04-14（4）

[5] 胡锦涛．在全国科学技术大会上的讲话．http：//news. xinhuanet. com/st/2006-01/09/content_4030855. htm. 2006-01-09/2006-03-01

我与植物学研究[①]

吴征镒

我在科学实践中开拓前进的创造性思维，不是一朝一夕形成的，也不是一人独立形成的，而是从中国实际出发，站在巨人的肩膀上持续攀登的结果。我在中学、大学和八年抗战期间的教研生涯中，逐步树立了积极进取的人生观、世界观，培养了能够吃苦耐劳的体魄和坚韧不拔的性格，也锻炼了坚实的生物学、地学和化学等方面的基本功，终身按清华大学校训“自强不息，厚德载物”立身行事。

当我在新中国成立后首次参与大规模生产实践时，首先与罗宗洛、李庆逵、马溶之、刘崇乐和蔡希陶等本土学者共同工作和相互学习，又先后与苏联的生物学家、农学家、林学家合作考察和研究，开始用唯物辩证法观察热带种植业中的矛盾和问题，逐渐形成了生态系统的概念，认识到植物（尤其是建群种）和土壤、小气候的相互关系，认识到上层树种和中下层树种（甚至地被）不但有相互竞争和矛盾的一面，而且有互补互利的一面。我运用了小环境（由植被表现出来的小地形、小气候变化）并结合霜线调查，具体明确了种植热带雨林作物的宜林地的条件，从而解决了在北回归线以北山地开辟橡胶宜林地的难题，解决了当时国家的战略物资需要，促成我国热带，特别是云南橡胶种植业的开拓和发

① 原载于：《百兼杂感随忆》，北京：科学出版社，2008，206～209 页。本次略有修改

展。同时，我认识到我国热带地区狭窄而种植需要多，只有发展多层、多种经营，即在热带地区发展混交林和复层林，才能适应热带的自然规律，才能满足各方面的需要。因此，我一方面积极开展对热带森林生物、地理群落（即按苏卡乔夫式的生态系统概念）的研究，长期观察、试验，同时从热带地区推进我国的自然保护事业；另一方面则具体指导胶茶人工群落的研究，20年后研制成功并在海南推广，荣获国家奖（我未署名，主持验收）。这个“自然保护与研究和人工生态系统研究并实施”的观点是后来在世界植物园协会上，以及大阪五人（中、英、美、日首席学者）座谈会上，一再提出的“人类生态、植物资源和近代农业”问题中反复强调的，即人在利用自然生态系统中的各种措施的双刃性问题：人既可以成为最高级的生产者，也可以成为最大的破坏者。从而提出：人类利用植物资源的历史发展过程问题，以及近代农业不但要有微观上利用和改造植物遗传特性的一面，还要有宏观上在热带至温带以多层多种经营为核心的生态农业工程的一面。这些对立统一的观点，是我在保护生物学和生物资源合理开发和有效保护工作中的根本思路和发展过程，也是我获得国际大奖“COSMOS”奖的主要根据。到现在，我还抓住了这一主要矛盾，即自然保护事业必须与当地的农业现代化发展过程密切结合，否则很难“有效”，因为人越多，地越少，必然导致对山林和湿地自然生态系统的继续破坏甚至掠夺。这一当代重要任务才引发出建立“野生生物种质资源库”的设想和建议。

1958年，我怀着对植物王国——云南的向往，怀着对植物学不断钻研的渴望，毅然从北京举家迁入云南，调入了中国科学院昆明植物研究所任所长，并在这里坚定地完成了长期而艰苦的中国植物分类学和植物地理学的工作和建所工作，用任务带动学科研究。来云南以后，我又抓住各种机遇，周游全国并出访其他国家，不断的磨炼使我的眼界和阅历大增。

此外，我在学术思想方面也大有发展：当代和今后，人在其所处的一切生态系统中将是主宰——持双面刃的主宰，但是人与自然的主要矛盾却是绿色高等植物。人类只有合理利用这个第一性生产者，保护其不断增殖能力和种质资源，才能使绿色高等植物在一切生态系统中起协调作用，才能解决人类只有一个地球（也就是人类只有一个地球生态系统）的矛盾，也为今后“人类上天”需要进行的进化工程做准备。

我在地植物学、植物资源学方面的科学实践，使我认识到绿色高等植物既是一切生物资源的最初物质基础，又是人类和一切动物、微生物的生存环境的主要创造者。对它们的进一步认识必须经历认识生物多样性的系统及其发生发展的过程，简言之，是“要过区系关”。所以我在“文化大革命”后大力抓《中国植物志》和重要地区植物志编著，以及植物系统发育和地理分布规律的研究等，目的是使它们早日见效。

在高等植物系统发育中，我主要通过多年的分类学和区系学知识的积累，深入认识到时至今日，首先应该掌握这样一个基本真理：生物的系统发育深受地球发生、发展规律的制约，地理演化的规律又深受天体演化规律的制约。认识到生命系统从一开始就形成绿色植物、动物和微生物（广义）三者同源而又三位一体的生态系统，以及绿色高等植物一直占据第一性生产者的主导地位。它们的演化并非是单系、单期、单域方式发生，沿上升而逐渐扩大的螺旋途径演化的，而是从一开始就多系、多期、多域发生，并有节律地历经多次渐变和突变矛盾地解决的。在地球的历次大事件、大变动中，它们的演化通过多次大爆发，越喷发而越大越复杂的爆发式方式前进，并不是沿螺旋曲线上升。进化是以地球上已有各类群自身的运动、矛盾的解决而不断爆发式上升的，其中遗传与环境是主要矛盾，因而创立了三维节律演化和生物种类多系、多期、多域发生的理论，并在世界区系的背景上，具体分析了我国350多科、3100多属、3万多种的种子植物（有花植物），发展了系统发育和区系地理分化相结合，种系发育和区系发生、发展相结合的系统分析方法，逐科属（有些到种）分析，从而确认被子植物起源于两亿年以前（侏罗纪）；太平洋作为泛古大洋从当时泛古大陆在北半球东北部的一个海沟中，经过海底扩张而蜕变为现今的太平洋，其后才有古地中海和印度洋的出现，最后才是大西洋的完全形成和现今地中海的形成。这一理论有其地质、地史根据，是和绿色高等植物以及与其协同进化的昆虫、鸟兽的生物地理分布规律相符的。澳大利亚、印度板块和非洲大陆各自在南太平洋、印度洋中徘徊，分别形成古南大陆和古北大陆之间的两次分合，而形成与被子植物发生、发展密切相关的两次泛古大陆。海陆的不同组合和以后在旧世界兴起的基本东西向的阿尔卑斯、喜马拉雅造山运动，以及新世界的基本南北向的落基山、安第斯山造山运动都分别影响了白垩纪—古近纪以来第二次大爆发后，高等植物各类群的分布及分布区的形成。我在世界植物科属的区系地理的分异背景上所掌握的中国植物种属和区系地理的分异，构成了我关于高等植物系统发育，世界科属区系的发生、发展的新图景，与近代西方有关学者所拟的图景有了许多不同，更加明确了上述演化方式和种属、区系的发生发展方式，初步创立了有关这些方面的东方人的认识系统。

在植物地理方面自觉运用唯物辩证法分析的结果，使我发展了对许多对立统一范畴的具体认识，如连续分布和间断分布，新特有和古特有，洲际间断分布和洲际、洲内的对立科属种；区系发生、分布、发生发展等方面的认识都有新的开拓和发展，使我能够探索到科属种和区系地理学能向植物历史地理学方面发展，进一步解决具体演化过程，或者能使宏观的生物多样性研究和微观的基因形成和基因表达相结合方面有所贡献，并使人类可以进一步控制绿色高等植物，使其在适应自然、影响自然、改造自然中能进一步解放其第一生产力，从而使人类生产能够有一个更加稳定的基础，人类生存环境有一个更加稳定的发展。

可以说，我从一名天真稚童走到一个古稀学者，一直都与植物学息息相伴，正是从小的兴趣使我走上了植物学研究的道路。能有今天的微薄成就，也是在自己的爱好和志向的引领下，在每一位老师的不断启发和殷切教导下，在这条道路上不断探索、不断钻研的结果。正所谓“为人学，学为人，先立志，后献身。有三立，德言功。三尊重，事实遵；

抓矛盾，苦追寻，学巨人[①]，勤攀登，用‘五之’，三境[②]经，从求实，求创新；尊师友，乃成人”。这段简短的“新编三字经”，就代表了我做人与问学的基本思想。

回答少年朋友的5个问题

（1）您的人生格言：博学之，审问之，慎思之，明辨之，笃行之。

（2）您的治学名言：中国历史学家王国维曾借用宋词来表达取得科学成就的循序渐进的发展过程。他比拟的这三个彼此关联的境界，个人认为这也可以作为搞科学研究的三个境界：①昨夜西风凋碧树，独上高楼，望尽天涯路（立志立题，确立科研思路的过程）。②衣带渐宽终不悔，为伊消得人憔悴（殚精竭虑，百折不挠）。③众里寻他千百度，蓦然回首，那人却在灯火阑珊处（上下求索，终有所得）。

（3）您的业余爱好：昆曲、摄影、收集贝壳、阅读古诗词等。

（4）对您影响最大的一部书：《植物名实图考》。

（5）促使您走上科学之路的最大动力：志趣和应用相结合。

---

① 巨人指“转益多师是我师”这位巨人

② 三境即王国维先生的为学三境界

谈谈研究生的培养[①]

陆 埮

我于 1957 年从北京大学物理系毕业以来，大部分的时间是在大学里从事教学和科研工作，1978 年起任教于南京大学天文系。我培养研究生，实际始于 1982 年。

20 余年来，我已经培养出 10 余名博士。10 余名并不算多，但是在我们这个领域，已经是一个不小的数字。这些博士都活跃在国际天文学界。他们经常出国访问、交流、合作、出席国际学术会议等。但是，他们均立足于国内工作，在祖国的天文学岗位上挑起了重担，成为了骨干力量：其中 5 人获得国家杰出青年科学基金；2 人分别主持两个国家杰出青年群体基金项目；3 人成为中国科学院百人计划人才；2 人均以第一完成人各自获得 1 次国家自然科学二等奖；1 人获得中国青年科学家奖；1 人获得中国青年科技奖；1 人受聘为长江学者特聘教授；1 人任国家天文台副台长；1 人承担国家重大项目“大天区多目标光谱巡天望远镜”(Large sky Area Multi-Object fiber Spectroscopic Telescope，LAMOST)并任总经理；4 人进入中国科学院创新工程，3 人成为首席研究员；1 人被选为中国天文学会理事长；2 人的博士学位论文被评为全国优秀博士学位论文。

① 原发表于：《学位与研究生教育》，2002 年 4 期 8～12 页。本次略有修改

下面将就研究生（特别是博士研究生）的培养谈谈我的几点体会。

事业心

培养学生是每位教师的基本职责。作为理科大学里研究生的指导教师，应该把培养一支能打“硬仗”的科研队伍作为自己的职责。应该让学生知道，攻读博士学位就意味着将来要在祖国的科学事业上挑大梁。

树立事业心非常重要。基础科学是研究物质世界基本规律的一门科学，以扩充和深化人类对自然界的认识，发现新的现象，揭示新的规律为奋斗目标。它对于科学技术的发展有着根本的重要性。

从经济效益以及衣食住行的直接需要来说，基础科学是起长远作用而不是立竿见影的。从事基础科学研究的人，一般来说，没法创造出明显的直接经济效益。然而，这是一个崇高的、受人尊敬的事业。我们今天之所以有这么多的高科技产品，使人类得以享受现代化的生活，确实应该感谢历史上那些从事基础研究的先驱人物。未来的高科技发展，必然也要仰仗我们今天的基础科学研究。显然，这个工作需要很强的事业心，要求全身心地投入工作。为祖国的强大、为科学事业的发展而刻苦奋斗的决心是事业成功的最终保证。事业心并不是抽象的，事业心意味着认识到所从事的工作的重要性，对它产生浓厚的兴趣，甚至着迷，才会不为各种诱惑动摇而顽强地工作下去。其实，基础科学确实是一门耐人寻味、使人着迷的学问，只要深钻进去，就一定会喜欢它的。我们的研究生大多非常了解这样的意义。

创新意识

研究基础科学可以完善对客观规律的认识，积累和充实人类对自然所掌握的数据库，为技术发展提供扎实的基础。如果没有基础科学研究做后盾，技术发展就会缺乏源泉，数据库就会枯竭。此外，基础科学本身就代表着人类对客观世界的认识范围，基础科学研究就在于从已知范围向未知范围的扩展，这本身就意味着需要创新。不仅范围要扩大、深度要增加，而且方法和途径也经常需要更新。因此，基础科学研究不仅横向不断扩展范围，纵向不断增加深度，而且还需要创造新的方法和技术，因而经常会取得一些意想不到的重要的副产品。今天发展十分迅速、应用不可限量的互联网并不是在通信技术研究中发展起来的，而是在高能物理的基础研究中应运而生的，由欧洲核子研究中心（European Organization for Nuclear Research，CERN）首先研究出来。如此重要的高新技术就诞生在基础科学研究中，道理很简单：因为基础科学是探索自然界的新规律的，人们的目标总是要去开辟未知领域，常规的办法和技术往往是不够用的，这就必然要求发展新技术、新办法。特别是像高能物理这样的领域，没有多少保密的东西，急需的是快速高效的国际合作，这就对像互联网这样的高效通信手段提供了强烈需求的土壤。一个国家如果没有基础科学研究的深厚底子，技术也不可能扎实地、持久地发展下去。

与技术研究相比，基础研究的创新意识更强。我们不妨比较一下技术、实验和理论研究三个方面的情况。当你完成了一项研究，如果这项研究国外已经有了，那么在技术领域仍有意义，这叫“填补国内空白”；如果在实验研究领域，也可能有一定意义，可叫“证实”或“检验”；如果在理论研究领域，就只能叫“抄袭”，也许你不知道别人已经有了，但也脱不了“抄袭”的嫌疑，那样就一点意义都没有了！因此，创新意识的培养在我们工作中是特别强调的。实际上，从教育的意义上来说，培养创新意识的重要性也十分明显，只有这样才能人才辈出。

思考与能力

培养学生，不仅要传授知识，更重要的是培养他们的能力。要把培养他们的自学能力和独立工作能力放在头等重要的位置上。要让他们一开始就知道，读研究生是从学习到创造的一个极重要的过渡阶段，是准备着将来做大事的。除了必要的课程教学以外，鼓励他们多思考、多提出问题、多参与前沿的讨论活动。如果说大学生做题基本上还是做老师出的已知答案的题，那么研究生就得准备着去做自己出的还没有人知道答案的题。这里不仅要强调题目的创新性，它的答案还没有人知道，而且，强调要自己学着去寻找这样的题目。这一点对于攻读理科博士学位的研究生来说尤其重要，因为理科专业的奋斗目标是要去探索新的自然规律。也就是说，不仅要培养解决问题的能力，而且要鼓励他们去发现问题之所在。即使参与导师的科研项目，对于每个具体问题来说，还得准备着自己去创造。导师在这里起着组织引导、把握方向的作用，切不可抱着走。攻读博士学位期间的学术研究是极有活力、极有创见的。

直觉与判断

我们非常强调培养判断能力。掌握定性和半定量的物理直觉功夫，是培养判断能力的一个关键。也就是说，遇到一个问题，首先要凭物理直觉，做出定性的或半定量的估算，然后对问题做出一个大体的判断。这是一个训练有素的物理学家所必须具备的，也是每个研究生首先要学习的。大家知道，原子物理的开拓者玻尔（N. Bohr）的数学功底很好。但是他的学生常戏称他只用“大于、等于和小于”，可见玻尔的定性和半定量的物理直觉功夫已经熟练到了炉火纯青的程度。这个功夫掌握了，也就有了很好的独立科研能力。通常说，学生开始想的大多是意义不大或者意义虽大却不易做到的题目，经过反复训练，逐渐地就能在意义和现实两个方面都考虑到，成果就开始涌现，能力得到很好的锻炼，兴趣也培养出来了，而兴趣往往是持续后劲的源泉。在研究生学习阶段，导师的指导还有一个极其重要的作用，那就是保证“初战必胜”。也就是说，要引导、判断、把关，使写成的第一篇文章能顺利获得通过。初试的成功对后来的影响至关重要。

与工程技术不同，基础研究是探索性很强的工作，很难预先规定一个明确目标，拥有更大的灵活性，因而更需要思想活跃、积极进取、大胆提出各种各样的新想法。诺贝尔奖获得者波特（W. Bothe）曾经说过，如果在一百个想法中能有两三个得以实现，那就是很大的成就了。

历史与前沿

要培养能挑大梁、能打硬仗的科技人才，应该让学生了解科学史上的重大事件。那里有许多经验教训和聪明才智，那里有许多绝妙高论和远见卓识。学习前人怎样抓住问题的关键，又以怎样的毅力去解决问题。特别要欣赏那些里程碑式的成就，欣赏他们怎样提出关键性的问题，又怎样采用巧妙的方法来解决它们。当然，也要清醒地意识到，史学家在撰写前人的著作时，往往过多地收集了成功的方面而略去了许多失败的事实。事实上，失败也是极有意义的史实，我们也应当十分重视。热力学的三大定律其实就是三大失败的总结：第一类永动机不可能；第二类永动机不可能；绝对零度不能达到。只要是真正的、实在的结果，正的、反的都是有价值的。

同时也应该尽早让学生接触科学的前沿阵地，去看看前沿阵地上有些什么“碉堡”，去探索攻克这些碉堡的方法和途径。在交流和研讨前沿资料的时候，也要借鉴科学史的经验和教训，分析关键之所在，从中提炼出课题、方法并组织实施。

聪明与毅力

在我年轻的时候，总以为对于科学事业而言，聪明是最重要的。科学家的传记作家也往往都强调说他们从小就很聪明。的确，聪明意味着反应快、思想敏捷，容易接受新思想，这些对从事科学事业是十分有利的。但是，聪明人并不等于是天生的科学家。一些传记作家也往往是由果推因过分强调了聪明。几十年的教学经验告诉我们，聪明人也有聪明人的问题。正因为聪明，反应灵敏，也就容易受外来的影响，摇摆不定，坚定性比较弱，有时甚至还会怀疑到事业本身的价值。聪明人好比灵敏度特别高的仪器，它的抗干扰能力会弱一些。实际上，这是一对自然的矛盾。对于这一点，教学上切不能忽视。说聪明人可以放松教育，那是教学上的大忌。经验证明，无论聪明的还是不那么聪明的甚至是智力非常普通的学生，都应该对他们进行很好地教育引导，使其真正建立牢固的事业心。特别是在当今各种思潮冲击下，能热衷于事业而毫不动摇，才是真正难能可贵的。当然，聪明的不一定都能成为有成就的科学家，不很聪明的也不一定不能成为有成就的科学家。这里，教育是非常重要的，事业心的建立是非常重要的。《聊斋志异》的作者蒲松龄有一段传神的描写："性痴，则其志凝：故书痴者文必工，艺痴者技必良。——世之落拓而无成者，皆自谓不痴者也。"这句话讲的就是这类意思。事实上，最伟大的科学家爱因斯坦年轻时就并不显得那么聪明。爱因斯坦毕业时，据说他的父亲曾就爱因斯坦的就业问题去征求过学校的意见，校方竟说：他做什么都可以，反正不会有什么成就。年轻时并不显得聪明，后来却成为了最伟大的科学家，这个"爱因斯坦现象"实在是史学界和教育界的重大研究课题。这个例子也说明，对于那些看起来并不那么聪明的学生，同样要热情地培养他们。当然，聪明人有其优势，只要不放松教育，鼓励他们的成就，坚定他们的事业心，使其成才是极有希望的。

基础与科研

苏联流传着培养理论物理研究生的两个学派，一个是朗道（L. D. Landau）学派，一个是塔姆（I. E. Tamm）学派，朗道和塔姆都是诺贝尔物理学奖获得者。前者要求学生首先读通朗道和列夫希芝编的一套相当完整的理论物理教程，然后才允许开始做科研。由于这套教程有相当的深度和难度，学术界常戏称它为朗道势垒。"势垒"好比是一座山，学生得先穿透这个势垒，才允许开始做科研工作。后者则采用边研究边学习的办法。这两个学派均为苏联培养了一批杰出人才。但是我比较倾向于后者，这决不意味着不重视基本知识。事实上，在科研开始之前是必须要有相当基础的，只是认为不必在学完那么完整的理论物理之后才能开始做科研工作。许多知识还得在科研工作中继续学习。在我们的实践中，这个方法是行之有效的。我比较倾向于后者还有一个考虑，那就是可以较早些建立导师和学生的科研集体，这个集体对于培养科研人才非常有效。

跨学科与跨专业

培养人才往往需要考虑广与专、博与精的问题。在我的博士生中，一半以上在本科阶段不是学天文的；在攻读硕士学位期间，也有近一半不是学天文的。但是，他们在攻读博士学位期间，都得到了很好的锻炼。他们在各自的岗位上，在工作中，仍然很成功。由此可见，在人才培养中，学历不是培养的障碍，改行也不会成为问题，跨学科的知识甚至还可以起有益的作用。我们不妨回忆一下，我们现在所从事的研究内容可以说几乎都是自己当初没有学过的。研究生阶段，特别是博士生阶段，对这个历程经过有指导的压缩，要在短短的几年时间内，从原有基础带到科研的前沿。其实，这里重要的是事业心、是兴趣、是基本功、是自学能力，这些都是要大力培养的。当然，一定的基础还是必要的。对于天体物理专业来说，有比较好的物理基础，或者至少对物理有浓厚的兴趣，还是很重要的。

机遇与准备

人的一生中，机遇非常多。谁能把握住机遇，谁就能成功。但是，机遇只给那些有准备的人。因为机遇是时间性的，如果你没有准备，机遇来了也只能拱手让给别人。所以，谁的准备充足，谁就容易抓住机遇，成功的机会就越多。培养学生也就在于使他们有充足的准备，去面对经常会出现的机遇。对于科研工作而言，所谓准备即指有足够的基础知识和科研能力。所谓“打硬仗”就是要把握住机遇并且有能力把它拿下来。

在攻读学位的研究生阶段，科研能力的培养应该是一种实战性的训练，这里其实已经包括了抓住机遇、把握方向、提出课题和实际解决在内。虽然这是一个有指导的科研，但却是一个指导性逐渐减少、独立性逐渐增多的过程，是培养独立工作和实战能力的极为重要的阶段。

有一种人只肯学将来用得着的东西，认为将来未必能用得着的东西今天去学就是浪费时间，因而不愿意做打基础的事。这种人貌似聪明，其实是必败无疑的，因为他们对将来会遇到的极大多数的机遇都没有一点适应能力。有人还认为，搞科学太苦了，要及时玩才快乐。其实，一个劲儿地玩并不愉快，而到头来一想什么也没有，才是苦不堪言。实际上，热衷于科学本身就是其乐无穷的。

我不是严师

我不是严师，我与学生之间的关系是十分融洽的师生关系，同时又是朋友关系。其实，小学、中学、大学、硕士生、博士生各阶段的培养均有很大的不同。不同层次，传授知识和培养创新能力的比重是不同的。所谓严，通常总是指严格地按明确的目标、明确的样子去做。对于传授知识而言，确实有明确的目标、明确的样子，因而可以用严格要求的办法去做。但是，对于博士生的培养，培养创新能力将上升到最重要的高度。科学研究在于不断地向未知领域探索，这里，创新意识极为重要。当然，科学是严肃的，其严肃性主要在于必须经受严格的实验或观测的检验。这里的“严”，不是通过教学去实现，而是通过学生的创新能力去实现。所以，我们主张，对于研究生的培养，特别是对于博士生的培养，不是以“严师”的方式，而是以更为平等、更为宽松的方式去实现。

但特别重要的是，为了实现创新意识和创新能力的培养，导师自己必须有丰富的科研经验，而且必须活跃在国际学术前沿，因为创新意识不仅需要有扎实的知识基础，而且要有来自国际学术前沿从事科研的直接经验。

导师与学生

我非常欣赏玻尔培养学生的作风。大家知道，玻尔曾经培养了 10 余位诺贝尔物理学奖获得者，许多大物理学家也多以成为玻尔的学生而自傲。据说，有一次玻尔访问苏联，在他做完学术报告后，有人问，为什么年轻人都喜欢跟随他学。他回答说，因为他不怕在年轻人面前承认自己是傻瓜。当时翻译竟将它译成“不怕说年轻人是傻瓜”，弄得哄堂大笑。据说卡皮查（L. Kapitza，也是一位诺贝尔奖获得者）当场站起来说：看起来似乎是一字之差，其实反映了两个学派的根本思想的不同。这个传闻很说明玻尔与他的学生之间的极好关系。

从事科研工作得有个集体，导师和学生就构成一个集体（研究小组）。学生与导师成为亲密朋友，使这个科研集体非常和谐与美妙。在研究生阶段更是如此。这个集体的良好气氛使它成为一个教学和科研的有效培养基地。在这个集体内，互相切磋，讨论研究，通力合作，同时也有共享成果的喜悦。事实也证明，学生中经常会有一些非常巧妙的想法，促进了科研工作的发展。年轻人是很有创造力的。在我们的集体中已经培养出了许多学生，他们确实已经在各自的工作单位担负起了重任，成绩非常显著。

我们这个研究小组每星期至少活动一次（约 3 小时）。活动的内容大体上包括：介绍前沿、交流心得、汇报进度、讨论课题以及重点文献的研读。这里，我们经常强调两件事情：①要出自己的想法，出新思想；②要注意战略性、根本性问题。这是促进思维、启发创新的重要途径。这个集体是非常融洽的，大家相互了解、相互协作、相互帮助。各种各样的学术问题都在小组活动中互相讨论、互相启发、互相促进。这种方法很有成效。

从 1983 年起，每年元旦我的研究生都要到我家来包饺子吃。大家自己动手，一边包饺子，一边说话交流，热热闹闹，高高兴兴。现在大家相聚，还时常会提起这种“饺子派对”。这个活动使相互关系更加密切，导师和学生成为很好的朋友。

团结与合作

在研究生培养中，我们非常强调团结与合作的精神。在我们研究小组的活动中，也非常注意这个问题。经常有各种交叉合作，效果也很好。的确，科学研究不仅需要独立思考，也需要通力合作。在现代条件下，不少项目均要许多人合作才能完成。特别是一些所谓的“大科学”项目，例如，1993 年发表于国际刊物 *Physics Letters* 上的测定 Z^0 粒子性质的文章，作者名单就占了将近 3 页（近 40 个单位，近 450 位作者）！因此，团结互助、通力合作是研究者必要的品德，也是打好硬仗所必需的。

简言之，要培养在科学研究上能打硬仗的人才。这样的人才，不仅学术上要过硬，要站得高、看得远、有思想、能实干，而且在品德上要高尚，作风上要正派，要有坚定的事业心。

寄语毕业生

王 夔

2007级研究生毕业典礼上的讲话

我很高兴有机会在这个场合代表医学部的教师向各位同学表示祝贺，并讲几句话。我可以想象到大家现在极其高兴的心情。小学、中学、大学、研究生至少18年的时间，约占据一个人生命历程的1/4，这是一个成长、成熟的过程。研究生毕业只能说是大致成熟。论精神上的成熟应该表现在自立、自强、自重、自知的精神，能够明辨是非，懂得什么当为、什么不当为。能力上要能够从实际任务中发现真问题，洞察问题的核心，克服困难，解决问题。简单地说，一是做人，二是做事。无论做什么事，都要力求这两方面做得完善。所谓止于至善，就是做什么事，都要尽量把它做到完美。怎样做到止于至善？还是大家挂在嘴边的四个字“敬业乐群”。

敬业的敬字非常重要，对于自己的和别人的工作要保持一种恭恭敬敬地对待的态度，要严肃对待，不当儿戏。目标已定，就不为利所诱，不为困难而动摇，兢兢业业，如履薄冰。这要有一个至诚的服务的心态。所谓心诚求之，虽不中不远矣。心诚，就会对自己的工作，多思、多虑。行成于思毁于随，多思才能创造；多虑才能慎行慎言。言过其实，志大才疏，终无大用。更要牢记不诚、不敬，自欺欺人、希图侥幸的失败者的教训。

乐群的乐字也是非常重要的。无论做什么都离不开群体。在群体中，通过互相切磋，提升能力，解决问题。要平等待人，乐于助人，与人共享自己的信息和设想是快乐，有所得时想到别人的贡献，有问题时反思自己的问题。勿妄想，不强求，不矜持，保持平和的心态，生活、工作在群体之中是快乐的。快乐不仅是成功的保证，也是长寿的诀窍。

最后提醒大家敬业乐群，止于至善。祝大家身体健康，事业有成。

致 2008 年毕业同学

在我写下这段文字的时候，“5·12”汶川大地震已经过去 19 天了，现在余震不断、伤亡增加、悬湖压顶、瘟疫威胁。在这一时刻，你们开始进入人生最关键的阶段，可以说是“天降大任”。不论你们原来怀有什么理想、什么憧憬、什么愿望，都要在这一次大灾以至你们一生中接受考验。

考验什么？那就是能否做一个对人民、对社会负责的人。

而负责任的关键在于有服务的精神。63 年前我走进燕园，就开始接受以服务为目标的教育。新中国成立以后，更是时时处处提到想到为人民服务。我觉得离开了服务的目标，所谓追求真理和讲求自由，便没什么意义，甚至适得其反。从此次地震，便可见每个人的真实自我，显现每个人的责任心。20 世纪 30 年代有一首《天伦歌》，大概记得几句：“老吾老以及人之老，幼无幼以及人之幼。……服务牺牲，舍己为人无薄厚……”舍生忘死转战在灾区的领导人、当地群众、军人以及志愿者的精神不就是这种服务精神的最高体现吗？那么，我们北京大学的毕业生有没有这种服务精神的准备呢？

服务精神不是呼之即来的。服务会有牺牲，为人需要舍己。牺牲个人的利益，舍弃自己的欲望，才能够无非分之想，行所当行，止所当止；才能够坚持真理，改正错误；才能够卒然临之而不惊，无故加之而不怒，有勇有谋。从四面八方奔向灾区救援的人们就是达到了这样的无我的境界，把自我和他人融合在了一起。对比他们，我们能不能丢掉一些欲望和企求，把更多精力放在服务他人和社会上呢？

这次震灾中的无数难以想象的情况使我经常思考一个问题：可能、不可能与可为、不为的问题。从自然规律来讲，有些是不可能的，如不能达到比绝对温度还低的温度；不过在实际问题中是有很多看似不可能，但是通过克服困难，超越极限，便可把不可能变成可能。对于这样的事情，去做就可能，不做就不可能。在这次救灾过程中，我们创造的挑战极限的事例太多太多。论精神，这些是英雄事迹，但还是工作态度和勇气的问题。一事当前，如果先想的是不可能，而不是分析把不可能变成可能的可能性，以及没有勇气去克服困难，那就把本来可为的变成不可为的了。那么，世间一切新鲜事物都难以出现。想想我们常把创新挂在嘴上，但是为什么又乐于做填平补齐、拾遗补缺、四平八稳的研究呢？不是应该有所觉悟吗？

仅有目标、精神和态度还不够，必须认真、负责地做事情。要做个好教师、好医生、好科学家、好公务员、好记者、好作家，好就好在能够负责任地、踏踏实实地去做事，追求完美，止于至善。你们研究的是需要解决的真问题吗？你们展示的材料准确、全面吗？你们提出的结论和办法切合实际吗？提这些问题是为了讲一个简单道理：纸上得来功夫浅。埋头做（写）一两篇论文比解决一个实际问题容易得多。当灾害和传染病威胁我们的时候，有很多研究（不专指实验室里的研究）解决了实际问题，但是还有些就不了了之了。我们常以思维活跃、善于创新自夸，但是仔细想来，是不是还必须具有更多的求真务实精神呢？

从进北京大学起，你们就以此自豪。今天即将走出校门，建议你们丢掉这个思想上的负担，以一种真诚服务的赤子之心走进社会吧。要知道并非出自北京大学的同学都能够做出出色的工作。总有些人志大才疏，终日言不及义；总有些人言过其实，眼高手低，终无大用。在社会中升降浮沉都是可能的，不可不随时警惕。

天降大任于斯，你们需要认真考虑如何服务、如何为人、如何做事了。

鉴往启新

——写在《化学进展》创刊30周年之际

王　夔

评述一个学科的发展，及时辨识研究方向，其重要性胜过发表好几篇研究论文。此理似乎人所尽知，但实践常背离此理。

首要的问题是为什么要写综述和评述？尽管各人想法不同，但是根本目的是为了整理出思路来。因此，需要做到或是通过分析现存的研究结果，发现矛盾并提出解决的设想；或是能够于盘根错节之中发现问题之所在，而不是文献资料的堆砌。再者，解决问题需要各个方面的协同研究，所以通过发表综合评述把自己的思路展现出来并与大家共享，这是非常重要的。综述的发表不是目的，只有在引起同行的反响时，才能达到目的。或许这就是写综述和评述的目的和要求；也是《化学进展》编辑部对化学家们的希望。

一篇精彩的评述其核心在于作者从独特的视角考察一个领域的研究工作，从而提出自己的观点和看法。如此，能够做到“见他人所未见，悟他人所未悟”，会因此衍生推动学科发展的研究思路。当然，这需要作者从多方面掌握不同的论点，审视自己的长短曲直，并且能够把自己的工作摆进去，才能够别有一番滋味，而另辟蹊径。苏东坡有一诗：“横看成岭侧成峰，远近高低各不同。不识庐山真面目，只缘身在此山中。”可能是我们长久沉湎于自己课题的思维定势之中，因而容易从众，大家都横看，我也不侧看；大家都这样想、这样做，我也这样想、这样做。我们日日讲创新，但是常做的是填平补齐、拾遗补缺的工作。所以，不断审视本领域的研究工作、发现问题、提出自己的观点是研究工作可持续发展的根本。我们希望大家能够把这样的学科分析写成综述发表。《化学进展》希望能够收到更多的此类稿件。

思维独到的评述在推动学科发展中会起重要作用。全面地、历史地分析一个领域的现状、研究动向和趋势，发现现实问题对本学科研究模式的质疑和挑战，检讨问题出现的根源，提出变革的设想，这历来是一个学科摆脱原有模式的羁绊，得以上升一个层次的过程。另外，在学科发展的各个阶段，可能在一种公认研究模式下出现主流和热点。但是面对实际问题的屡屡挑战，非主流常会上升为主流，无人注意的变成新的热点。在这个过程中谁能够得风气之先，便能够开拓新的研究领域，提升研究层次。因此我们希望有更多的研究者贡献这类稿件，为推动化学学科发展、促进学科变革做出贡献。

值此《化学进展》创刊 30 年之际，面对刊物的发展，不得不考虑我们的弱点，以上个人拙见，仅提出与同行切磋而已，并不代表《化学进展》的办刊策略。

科学人文　不同而和而创新[①]

杨叔子

科学文化与人文文化的交融，科学教育与人文教育的交融，或者说，科学与人文的交融，是时代发展的必然趋势。在科学技术高度发达并高速发展的今天，更是如此。早在1999年，世界顶尖的趋势预测家约翰·奈斯比特的专著《高科技·高思维——科技与人性意义的追寻》（*High Tech High Touch: Technology and Our Search for Meaning*）一问世，即成为畅销书。中文版于2000年5月问世，作者亲自到北京，签名售书。作者特地为中文版写了“序”，“序”中他深怀忧虑地尖锐指出：“（科技）给人们送来神奇创新，然而也带来了具有潜在毁灭性的后果。”该怎么办？要呼吁人性！他强烈地呼吁：“能对科技做最有成效的思索的角度，就是人性的角度：我们是谁？我们想成为什么样的人？我们该怎么去实现？”他说不能只顾科技，不问人文；不能只重视客观规律，不重视精神世界。这绝非约翰·奈斯比特一个人的深刻认识，而是一切有清醒头脑的有智慧的专家的共同认识。科技是一把双刃剑，问题不在科技本身，而在于人文，在于人怎么去认识与去运用。胡锦涛总书记于2006年1月9日在全国科学技术大会讲话

① 本文原稿系在2002年6月1日中国科学院院士大会上的报告，刊载于2002年6月15日《科学时报》，2002年第9期《新华文摘》全文转载；本次对原稿做了较多的修改与补充。原稿题名为《科学人文　和而不同》，现稿题名为《科学人文　不同而和而创新》

中对科技与人文的关系做了极其精辟的论述，他说："一个国家的文化，同科技创新有着相互促进、相互激荡的密切关系，创新文化孕育创新事业，创新事业激励创新文化。"其实质就是讲，科技与人文不可分离。

科学与人文，在形而下的层面，同源、共生、互通；在形而中的层面，互异、互别、互补；在形而上的层面，共质、相融、同求；可以说，两者和而创新，两者离则生灾。

同源　共生　互通

不论是科学，还是人文，抑或是哪个领域的文化，在形而下的层面，"本是同根生"，同源于实践，共生于人脑，同来自于人脑对人在客观世界实践中的反映及其对反映的加工，也就是同产于外在世界与精神世界的结合与统一。客观的外在世界是一体的，人在客观世界中的实践是一体的，人的大脑是一体的，从而人脑的反映及对反映的加工也是一体的，一体的就是不可分割的。对一个负责任的专家而言，不管是哪种文化，既然同源于实践，就势必要反映客观世界及其真实性、唯一性，即：第一，承认与尊重客观实际；第二，提炼与抽取客观实际的本质；第三，探索与揭示客观实际的规律。科学固然如此，人文亦复如此！同样，不管哪种文化，既然共生于人脑，也就势必反映精神世界及其感悟性、多样性，即：第一，体现精神世界的特有感悟；第二，反映精神世界的丰富多样；第三，满足精神世界的不同追求。人文固然如此，科学也是一样！现在看看人文中有没有科学？有！两者互通！对于人文文化而言：

第一，承认与尊重客观实际。不仅是杰出的科技专家，而且包括伟大的政治家、军事家以及卓越的文学家、艺术家，一定承认客观，尊重实际，绝不会颠倒黑白，也不会闭门造车。李白写的"日照香炉生紫烟"这一诗句，此时日光射在香炉峰瀑布上，呈现出紫色，而并非一般所想象的五彩缤纷，这很可能就是在当时条件下，由于水珠直径大抵同紫光光波波长相同，导致产生紫光的"全漫射"，而且由于漫射强度同光波波长的4次方成反比，紫光在可见光中波长又最短，因此，"生紫烟"而非五彩缤纷，就不足为怪了。

第二，提炼与抽取客观实际的本质。卓越的文学艺术家何尝不是如此！漫画家“懂得”数学，“懂得”现代数学“拓扑学”，漫画家笔下的那寥寥几笔，不管如何夸大，却把对象刻画得惟妙惟肖，因为那几笔不是一般的几笔，而是所刻画的对象这个几何图形在“拓扑学”中的图形“特征不变量”。“特征不变量”就是“本质”。艺术家主要强调“神似”而非“形似”，“神似”就是提取有关对象的“本质”即“特征不变量”。

第三，探索与揭示客观实际的规律。这也是卓越的文学艺术家的追求。曹雪芹的《红楼梦》这部撼人心弦的巨著，内容是描述了以贾府为中心的四大家族的兴衰，思想上深刻地揭露了封建社会内部的尖锐矛盾及由此必然导致的死亡这一无可抗拒的客观规律；“机关算尽太聪明，反误了卿卿性命”，这不仅是指王熙凤一人，而是指一切即将死亡的阶级与社会。

又如，辛弃疾在中秋之夜填的《木兰花慢·可怜今夕月》一词中，表现出他对自然现象仔细观察，深入思考，从而推理得出的一些规律性的思考。词的上阕是：“可怜今夕月，向何处，去悠悠？是别有人间，那边才见，光影东头？是天外，空汗漫，但长风浩浩送中秋？飞镜无根谁系？姮娥不嫁谁留？”在词的第二问中，他想到了当神州大地明月西落，会“别有人间”正是明月东升，当然那时他还不知道那个人间是北美洲；在第三问中，他想到了在高空中会有“长风”，即现在发射火箭、导弹时必须要研究的“高空风”；在第四问中，他想到有一种力量将明月浮在空中，即现在万有引力的作用；第五问就是怀疑乃至不相信月中有嫦娥。词的下阕，他想到了明月可能是绕地球旋转的。这真了不起！

那么，科学中有没有人文？也有！两者也互通！第一，体现精神世界的特有感悟。科学中讲的“公理”，按科学的讲法就是“不证自明”、“不言而喻”的，这就是感悟，就是直觉。而“公理”是建立一门科学的前提与基础。爱因斯坦讲得对：科学研究中最可贵的因素是直觉。科学知识是对客观世界及其本质与规律的认识，认识就是有精神世界的因素；

正因如此，对真理的认识只能逐步逼近真理；所谓逼近，就是不断清除主观世界对客观世界及在其中实践错误的反映与加工的影响。第二，体现精神世界的丰富多样。如上所述，对如宇宙起源、物质结构、生命起源、思维本质等最基本的科学问题以及许多科技前沿问题，就有着众多不同的甚至针锋相对的学术观点，这就反映不同人的精神世界的多种多样、各自的感悟之不同与认识的差异。第三，满足精神世界的不同追求。人不是“死”物，不是“植”物，不是一般的“动”物，而是“万物之灵”的高级动物，因为人有各自的精神世界，有精神世界就有由此而生的追求，既有“为艺术而艺术”的人，也有“为科学而科学”的人。

互异　互别　互补

不论是科学，还是人文，在形而中的层面，它们作为“文化”而存在，确是彼此不同，不能相互取代。科学不同于人文，物理学不同于化学，有机化学不同于无机化学，文学不同于艺术，小说不同于散文，谁也不能取代谁。正因如此，才有“百花齐放，百家争鸣”的千姿百态的精神与文化世界。之所以如此，是因为科学与人文，功能互异，形态互别，彼此不同，然而由于上述的彼此互通，在作用上就有了彼此互补。

科学与人文，功能互异。

科学的功能在于：它所追求的目标或所要解决的问题是研究和认识客观世界及其规律，即“是什么”“为什么”“如何做”。简而言之，“是什么”是求真。科学是一个知识体系、认识体系，是关于客观世界的知识体系、认识体系，是独立于人的精神世界之外的，是主客分离的。

人文的功能在于：它所追求的目标或所要解决的问题是满足个人与社会需要的终极关怀，即：“应该是什么”“应该为什么”“应该如何做”。简而言之，“应该是什么”是求善。我们的活动越符合社会、国家、民族、人民的利益，就越人文，就越善。所以，人文不仅是一个知识体系、认识体系，还是一个价值体系、伦理体系；因而人文不同于科学，是同人的精神世界密切相关的，是主客一体的。

科学是求真，但科学不能保证其本身的方向正确，这既包括研究方向，也包括研究成果应用的方向。20 世纪科技的高度发达与高速发展，不仅给人类带来了巨大的福利，同时也产生了许多众所周知的严重的负面影响。一切违背伦理道德、背离人文关怀的，必遭人类唾弃。例如，可以采用基因技术，将人与黑猩猩进行某种杂交，肯定会出现一种新的生物，这种新的生物是否比人更聪明、更健康？这绝对是一个科学问题，但绝对不能进行，绝对比克隆人还更反"应该"、反伦理、反人类。显然，科学需要人文导向，求真需要求善导向。

人文是求善，但人文不能保证其本身基础正确，可能事与愿违。"应该是什么"的"应该"一定要合乎"是"，合乎"真"。一切违反客观世界及其规律的，必然失败。据传，过去在我国某沙漠地区进行的绿化工程，绿化自然"应该"；然而，当时并没有弄清沙漠下面水的情况，不知道该处水不多，树种下去，开始有水，蓬勃生长，一旦此水吸尽，树全死了，比绿化前还糟，沙漠下面的水都没有了。显然，人文需要科学奠基，求善需要求真奠基。

然而，科学与人文是同源、共生的，是互通的，有以人文导向的科学，也有以科学奠基的人文，这就是"是什么"与"应该是什么"的"交集"，即数学上所谓的"交集"。既善又真，是"交集"。不处于"交集"中的"是什么"，有两类：一类反善、反伦理、反"应该"，就绝不能做；一类不反善、不反伦理、不反"应该"，就应该按实际情况去处理，而绝不能采取"急功近利"的实用主义态度来对待，因为其中不少是十分基础性的研究。历史已再三表明，这些基础性的研究不仅满足了人类精神世界中好奇的需要，而且其中不乏对后来重大的科技创新发挥了巨大作用的研究工作。不处于"交集"中的"应该是什么"，也是一样，也有两类：一类反真、反科学，导致反"应该"，就不能做；一类并不反真、不反科学，也无现实的恶果，就不能形而上学地去禁止，因为其中不少是美好的大胆的愿望、幻想、希求。历史也已一再表明，人类许多了不起的科技成果正是前人美好的大胆的愿望、幻想、希求所导致的，人类许多坚韧不拔的、前赴后继的奋斗是受此激励的。是的，“风物长宜放眼量”。

科学与人文，形态互别。

科学存在的形式是：它以某种定量方式或数学模型，对某一领域中某类事物或现象的特殊性、个性或某些侧面，进行抽象与概括，获得相应的普遍性或共性的结论，从而可以应用于相应的领域中有关事物或现象，并可能导致新的发现与认识。例如，牛顿的 $f=ma$ 公式为经典力学奠基，麦克斯韦方程为电磁学中的基本理论。

人文存在的形式是：它以某种定性方式的语言、文字或符号作为模型，对某一领域中某类事物或现象的特殊性、个性或某些侧面进行具体而深邃的描绘，获得相应丰富的而内涵可以拓展的结论。这似乎无普适性，但是对于存在的事物而言，由于普遍性、共性只能寓于特殊性、个性之中，人文所获得的模型式结论，恰恰能在有关方面，含有极为广泛的普适性。例如，“欲穷千里目，更上一层楼”，“何用别寻方外去，人间亦自有丹丘”，“问渠哪得清如何？为有源头活水来”，“顺木之天，以致其性”等，含义远非限于当时作者之所指。

文化尤其对精神层面而言的文化，在形而中的层面，至少包含 4 个方面：知识、思维、方法与原则。知识是基础。作为文化的载体，没有知识，就没有文化；文化创新，首先是知识创新。思维是关键。“人为万物之灵”，在于人有思维；没有思维的知识就是死知识；有了思维，知识才可发展，才可创新，才可超越自己。方法是根本。要实践必须有方法，知识、思维与实践之间的桥梁是方法。思维、方法也可以说是知识，但属于另一类知识。原则是精髓。它融于前三者，指导前三者。

正因为科学与人文，功能互异，形态互别，但都同源、共生、互通，所以，在文化的内涵中也互异互别，但都互补。科学文化，知识主要是一元的，但也有感悟的多元；思维主要是逻辑的，但也有感悟的直觉；方法主要是实证的，但也有感悟的体验。直觉、体验是原创性的源头。原则主要是实事求是的，但也有精神世界的“人文关怀”。人文文化，知识不一定是一元的，而是多元的，但涉及客观实际就是一元的；思维不一定是逻辑的，而是形象的，但涉及以理服人就是逻辑的；方法不一定是实证的，而是体验的，但涉及客观实际就是实证的。逻辑、实证是正确性的基础。原则不一定是实事求是，而是人文关怀，但涉及能否真正实现人文关怀的基础就是实事求是。“人生自古谁无死，留取丹心照汗青”是文天祥流芳千古的诗句，上句是地道的科学，下句是地道的人文，上句是下句的基础。

由此可见，由于科学与人文的互通互补，势必导致它们的互动：人文贯穿科学始终，为科学引导方向，提供精神动力，开辟原创性源头，搭建其应用与发展的深广舞台；科学也贯穿人文始终，为人文奠定基础，供给原始素材，保证道路正确，提供其发展与表现的犀利武器。

共质　互融　同求

不论是科学还是人文，在形而上层面，就是精神，就是文化承载的精神，就是境界，就是灵魂。科学精神、人文精神就是科学文化、人文文化各自的知识、思维、方法与原则等所承载与升华而形成的精神。精神是人文的。显然，科学精神与人文精神是共质的，即它们的本质是人文的。只不过科学精神侧重的是讲求真务实，人文精神侧重的是讲求善务爱。求真务实是指对客观实际及其规律负责，不弄虚作假、更不颠倒黑白；求善务爱是指对自己、对他人、对集体、对社会负责，厚德载物，真心实现人文关怀。这两者相融的全面的人文精神，就是求真、务善、完美、创新，即以高度的社会责任感，在切实认识客观实际并遵循其规律的基础上，真正实现“以人为本”的对人的尊重、爱护与关怀，并不断向高级阶段发展。

从某一角度上讲，科学是在讲“天道”，人文是在讲“人道”。固然，“天人合一”，在更深层次的意义上，是指“天道人道合一”；但是，从某一角度上讲，也可以认为是，科学与人文由于同源、共生而互通，由于互异、互别需互补，由于共质、同求必互融，这种互通、互补、互融就是“天人合一”。“天人合一”，是中华民族文化的一大精华。在科技高度发达、高速发展，而其双刃的正负作用日益明显的今天，“天人合一”越来越得到世界有识者的公认与尊重。1992 年，世界 1575 位科学家联合发出了《世界科学家对人类的警告》，其开章就指出：人类与自然正在走上一条相互抵触的道路。《周易》是我国文化、哲学的重要源头，1993 年湖北荆门出土的《楚简》就载有：“易，所以合天道、人道也。”宋代程颐明确指出：“安有知人道而不知天道者乎？道，一也。岂人道自是一道，天道自是一道？”朱熹讲得更明白：“天即人，人即天。人之始生，得之于天；即天生此人，则天又有人矣！”“天人合一”是讲“天”离不开“人”，“人”离不开“天”。《庄子・秋水》中讲：“无以人灭天，无以故灭命，无以得殉名。谨守而勿失，是谓反其真。”这个“真”，本质上就是“天人合一”。

“天即人，人即天”。人与自然是个整体，推而广之，人本身、人大脑，也是自然；人本身、人大脑，也是个整体。科学研究与历史经验已一再证明：科学思维活动多是系统的、逻辑的、求同的，主要在人的左脑，保证思维正确；人文思维多是开放的、形象的、求异的，多在人的右脑，提供原创性源泉。但是大脑不可分割，左右两脑不能分离。一般而言，左脑无能，右脑也难有真正的作为；右脑无能，左脑也会陷于衰败。科学与人文交融，就包括了左右两半脑要并用；科学教育与人文教育要紧密而有机地结合，以能有效地开发这两个半脑，挖掘人类进化 500 万年以来思维所具有的巨大潜力。

不同而和而创新

科学与人文在形而中层面，其文化功能与形态的确彼此不同、相互区别，不能也不应以此代彼，但是在作用上，也应该彼此互补。对于教育而言，科学教育必须与人文教育紧密结合、彼此互补。教育的根本任务是提高国民素质，教育的本质就是素质教育。科学文化与人文文化的结合，科学教育与人文教育的结合，归根结底有利于提高人的全面素质。

第一，科学精神与人文精神的结合，有利于形成正确的人生追求：人生的追求，就是一个人的世界观、人生观、价值观。科学是求真，人文是求善；但求真需求善为其导向，求善需求真为其奠基。求真是负责，求善是负责，求真与求善的结合，即求得“是什么”与“应该是什么”的“交集”，才是真正的全面的对社会负责，才是正确的人生追求。

第二，科学知识与人文知识的结合，有利于形成完备的知识基础：科学知识是关于客观世界及其规律的知识，人文知识是关于同精神世界密切相连的知识。古今中外大家，不论是科技大家，还是文艺大家，还是政治、经济、军事大家，他们所具有的知识一般都是较为完备的。没有知识这个基础、这个载体，就谈不上什么文化，就谈不上什么相应的思维、方法、原创、精神，也就没有任何力量。

第三，科学思维与人文思维的结合，有利于形成优秀的思维品质：优秀的思维应该包含两个基本点：一是正确；一是能有原始性创新能力。科学思维主要是严密的逻辑思维，这是正确思维的基础；而同人文文化有关的思维主要是开放的形象思维，直觉、顿悟、灵感，这是原始性创新思维的主要源泉。

第四，科学方法与人文方法的结合，有利于形成有效的方法：科学方法讲究严谨有序，讲“理”；人文方法讲究宽松、活泼，讲“情”。按“理”顺“情”，既符合客观，又顺乎人心，工作方法方为有效。

第五，科学原则与人文原则的结合，有利于形成健康的生活方式：人作为人，首先是动物，必须有物质生活；而且还是人，必须有精神生活。一个健康的生活应该包括：一是物质生活主要应该合乎生理健康，二是精神生活主要应该合乎心理健康。前者主要取决于科学，后者主要取决于人文，而且，这两者还是互动的，而且往往心理健康在一定程度上起着更重要的主导的作用，心理健康的本质就是脑健康，可以说，脑健康是一切健康的前提。

第六，科学原则与人文原则的结合，有利于形成和谐的个人同外界的关系。科学承认外界，人文关怀外界，只有既承认外界，又关怀外界，才能同外界和谐，即同他人、同集体、同社会、同自然界和谐，乃至达到“天人合一”。

总之，科学文化与人文文化的结合才利于形成人的全面素质。

面对世界科技的高度发达与高速发展，面对国际上激烈的国力竞争，我国的科技相对工业发达国家又有相当大的差距，在高科技领域中严重缺乏原始性创新，纵观历史，横看世界，无疑我国应该高度重视作为第一生产力的科学技术及其发展。但是，历史表明：人是世间第一个可贵的因素，“人是生产力中最具有决定性的力量”；只看到科技，看到物，而没看到研究、开发、发展与运用科技的人，没看到人文，丢失了人，就丢失根本，就丢失一切，当然也丢失了科技，更不用说，丢失了科技有效的、真正的创新。深入考察一下，应坦率承认：我国目前不少科技关键缺少创新，特别是原始创新，并不在于科技本身，而是在于人，在于人的人文素质，在于人的精神状态，在于“非不能也，是不为也”。

没有科学的人文是残缺的人文，人文有科学的基础与科学精髓。没有人文的科学是残缺的科学，科学有人文的精神与人文的内涵。一个国家、一个民族，没有现代科学，没有先进技术，就是落后，一打就垮，痛苦受人宰割；而没有民族传统，没有人文文化，就会异化，不打自垮，甘愿受人奴役。

我深信，特别是在今天，学习人文文化，加强人文陶冶，提高人文素养，对于一个科技工作者而言，是不同而和，至少有两大作用：第一，陶冶与纯洁思想感情，升华精神境界，树立对国家、对民族的高度责任感，此曰“钟情于爱国”，这就是大德；第二，活跃与完善思维能力，开启人作为万物之灵的人的固有灵性，发挥人类进化 500 万年来所形成的巨大原创性潜力，此曰“极利于创新”，这就是大才。无才，寡用；无德，多害；富才缺德，灾难！富才厚德，大幸！爱国与创新，德与才，科学与人文，不可缺一。

历史时刻

记忆中的大庆油田[①]

李德生

三点定乾坤

1960年1月，地质部物探大队向石油部松辽勘探局送交一张比例尺为1∶100 000的大庆长垣北部地震构造图，显示出了北部萨尔图、喇嘛甸和杏树岗的构造面貌。根据第一地震反射层所绘制的构造等高线图，萨尔图构造圈闭面积为300平方千米，闭合高度为300米，穹窿背斜呈南北走向，长轴为27千米，短轴为10～15千米，东翼倾角为1°～3°，西翼倾角为5°～10°，轴部第一反射层埋藏深度为780米。喇嘛甸构造圈闭面积为80平方千米，闭合高度为150米，穹窿背斜也呈南北走向，长轴为12千米，短轴为5千米，轴部第一反射层埋藏深度为950米，东翼倾角为3°，西翼倾角为9°。杏树岗构造圈闭面积为230平方千米，闭合高度为180米，穹窿背斜南北长轴为22千米，短轴为10千米，东翼倾角为2°，西翼倾角为4°，轴部第一地震反射层埋藏深度为935米。

自松基3井出油以后，为了对松辽油田进行综合评价，石油工业部部长余秋里、石油科学院院长张俊带领一个工作组于1959年12月来到黑龙江肇州县大同镇，当时松辽石油勘探局已从吉林长春市迁到大同镇。

---

① 原载于：《大庆油田的发现》大庆文史资料第一辑，哈尔滨：黑龙江人民出版社，1987，134～146页。本文集征稿时，作者略有增补修改

部工作组包括石油部各司局和科研院各方面的专家，我当时是工作组成员之一。参加工作组的还有翁文波、王钢道、童宪章、姜辅志、邓礼让、余家国和董恩环等同志。余部长首先提出了一个问题："松辽油田是大油田还是小油田？是好油田还是坏油田？是活油田还是死油田？"并要求进行广泛论证。当时由于松辽石油勘探局的钻探地区限于在大庆长垣南部高台子、葡萄花和太平屯几个构造上，资料有限，还不能全面回答这个问题。

当大庆长垣北部地震构造图送到大同镇，展示在我们面前时，我们根据长垣南部已完钻的几口探井的地层对比资料，认为白垩系姚家组和青山口组沉积物源从北部来，油层有向北加厚的趋势；同时北部萨尔图—喇嘛甸—杏树岗三个构造圈闭面积大，隆起幅度高。我们对向北甩开钻探具有强烈的愿望。余秋里部长亦深为关注，他认为滨州铁路（哈尔滨至满洲里）横贯萨尔图构造的中部，如果这里是一个油田，对勘探队伍和器材的运输、工程建设和原油外运等都将创造非常有利的条件。余部长当即决定让我和勘探司调度处长邓礼让同志立即前往现场拟定萨尔图构造的预探井位。1960 年 1 月 2 日，我们带了一个测量小组，乘越野汽车从大同镇出发，向北穿越一望无际的大草原，测定了萨尔图构造的高点部位；将预探井萨 1 井（后来井号改编为萨 66 井）定在萨尔图镇以南、大架子屯以北 1 千米左右的草原上，井位确定后，邓礼让同志随即回去调度32149钻井队向预定井位搬迁。

我又率测量队继续到杏树岗构造高点，在安达县义和乡大同屯南 1.5 千米处拟定预探井杏 1 井（后来井号改编为杏 66 井）井位，又到铁路线以北的喇嘛甸构造高点，在喇嘛甸红五星猪场北 1.5 千米拟定预探井喇 1 井（后来井号改编为喇 72 井）井位。杏 1 井由32150钻井队承担钻探任务。喇 1 井由 3242 钻井队承担钻探任务。

开展大庆石油会战

1960 年 2 月下旬至 3 月上旬，石油部在哈尔滨召开了松辽石油会战筹备会议。由康世恩副部长主持，有石油部机关、松辽、新疆、玉门、青海、四川等石油管理局、油田建设工程公司、炼油建设工程公司和石油院校等领导同志参加。会议讨论参加石油会战各单位的任务，队伍、装备、器材达到的日期和运输路线等。

由32149钻井队在萨尔图构造上所钻预探井萨1井于1960年2月20日开钻。2月底已钻遇油层，从井深770米处开始见到油砂。康副部长让我和余伯良总地质师分析研究了这口井的情况，决定派我们两人立刻从哈尔滨赶到萨1井，任务有三条：一是对这口井的钻井地质资料复查，对含油岩屑和含油井段进行鉴定；二是确定这口井的电测工作系列，在现场进行油、气、水层解释；三是对油层做出评价，确定射孔试油层位，取得产量、压力、原油、天然气物理性质等各项参数。

我和余伯良于3月4日晚搭滨州线夜班火车离开哈尔滨，前往萨尔图。这是一趟慢车，每个小站都停，160千米路程行车将近5个多小时，到萨尔图站时已是凌晨2时。那时的萨尔图站只有三股铁路，站台上没有电灯，候车室里只有一盏煤油马灯。我们出站台后，踏着积雪，摸进萨尔图镇。在十字路口一家旅馆内找了两个空铺位，就睡下了。

3月5日上午，我们搭井队派来接我们的汽车到萨1井，在井场看到邓礼让处长、井队队长韩福金和地质员李贵勤等。我们检查了全部录井资料，布置了电测工作。在双目显微镜下观察了油砂的结构、矿物组成、胶结物和孔隙性。油砂都是由石英和长石组成的中细砂岩，物性很好。录井资料油层厚度达210米，其油气富集程度，显然超过大庆长垣南部的葡萄花和高台子地区。

测井曲线出来后，我们又进行地层分层界限的划分。这口井共有三套油层：最浅的一套油层我们命名为萨尔图油层，是大庆长垣南部各井从未见到的新油层；中间一套油层大体与葡7井出油的层位相当，但是油层厚度比葡7井增大一倍，我们命名为葡萄花油层；下部的一套油层大体与松基3井出油的层位相当，但是油层厚度也比松基3井增大，我们命名为高台子油层。横向测井解释这口井的油层厚度为78.3米，气层厚度为 2.5 米。井壁取芯每个油层都取上了棕黑色的油砂。

趁井队下套管、固井作业之际，我和余伯良总地质师将测井曲线、解释成果、井壁取芯岩样、萨 1 井和长垣南部几口井的油层对比图等带回哈尔滨市，向康副部长和参加会战筹备会议的领导人张文彬、焦立人、李荆和等做了汇报，大家都为这口预探井打开了新局面而高兴。在汇报试油意见时，康副部长说，原则上凡是地质录井、测井和取芯三合一证实为可靠油层全部射开试油。凡是有怀疑的油层、油水同层、可能水层等一律避开不射孔。我们逐层核实，校对了射开厚度和深度，写出了射孔意见书，由我带回萨 1 井队贯彻实施。

1960 年 3 月 11 日，萨 1 井在井深 773～1002 米将萨尔图油层和葡萄花油层合并射孔试油，获得高产油流。油量畅通时，日产量高达 200 吨以上。用 7 毫米油嘴控制，自喷日产油 76 吨，原始地层压力为 101.4 标准大气压（1 标准大气压≈1.013 25 帕），压力系数为 1.07，流动压力为 77.6 标准大气压，油气比 42 立方米/吨，原油比重中等，高含蜡、低含硫，天然气富含重烃组分。

这口井的试油成果，通过萨尔图镇邮电局的长途电话，逐日向哈尔滨会场和北京石油部汇报。由于当时电话线路设备差，每次通话我都要大声喊叫，对方才能听到。因此，每次都会吸引一批关心石油的老乡，围在邮电局门口和窗外，边听边议论："我们萨尔图红色草原如今不光有牛，还有油。"

这时，杏树岗构造的预探井杏 1 井也于 3 月 7 日开钻，4 月 8 日钻达井深 1150.6 米完钻。萨尔图油层和葡萄花油层都含油。电测解释油层厚度 25.6 米。射开葡萄花油层试油结果：7 毫米油嘴，自喷日产油 53 吨，不含水；油气比为 46 立方米/吨。原始地层压力为 111.3 标准大气压，压力系数为 1.06，流动压力为 82 标准大气压。

喇嘛甸构造的预探井喇 1 井相继于 3 月 28 日开钻，4 月 16 日钻达井深 1225 米完钻。萨尔图油层、葡萄花油层和高台子油层都含油。电测解释良好或较好油层共 53.4 米。射开葡萄花油层试油结果：9 毫米油嘴日产油 150 吨，不含水。原始地层压力为 109.2 标准大气压，压力系数为 1.07。

从油层的厚度分布、油页岩标准层对比和原始地层压力系数相近等各项资料分析：预测萨尔图—喇嘛甸—杏树岗三个构造具有较大的含油面积和储量，并具有自喷高产的优势。

根据上述勘探新形势，石油部党组决定调整松辽石油会战的部署：将勘探的重点转移到大庆长垣的北部地区。前来参加会战的新疆石油勘探局工区由原定葡萄花构造地区转移到萨尔图油田北部（滨州铁路以北）。玉门石油局的勘探工区由原定太平屯构造地区转移到萨尔图南部。青海石油局和四川石油局勘探工区由原定高台子构造地区转移到杏树岗油田。

新的会战部署一经决定，就在安达县松辽局机关建立松辽石油会战总指挥部。从各油田、各单位调集来参加会战的 40 000 多名职工陆续到达安达和萨尔图两个火车站。60 台钻机、数万吨器材设备沿着滨州铁路线，从龙凤至喇嘛甸车站之间 20 多千米地段内就地卸车，然后，转运到各个工地。

科学之光

1960 年 3 月中旬，在安达县铁路俱乐部召开第一次“五级三结合”技术座谈会，到会的有参加会战的各路地质和工程技术人员共 300 多人。余秋里部长、康世恩副部长和其他会战领导亲自主持了会议。余部长首先提出要一边开会，一边学习毛泽东的《实践论》。中心议题是要在会战中“树立地质工作的科学态度”；“一切科学分析要建立在大量数据资料、大量事实的基础上”；要改变测井解释中“红点点、黄点点、蓝点点”出现互相矛盾的情况；“要重视调查研究”；“要做一个自觉的乐观主义者，不要做一个盲目的乐观主义者”；掀起一个“取全取准各项地质资料”的群众性活动。

会议期间，经过充分酝酿后，由我们草拟了一份“大庆长垣钻探和开发过程中取全取准20项资料和72种数据”的技术规程，内容如下。

1. 录井资料

每口探井、生产井或注水井在钻井过程中要收集齐全4种数据：①岩屑录井；②钻时录井；③泥浆录井；④气测录井。

2. 测井资料

每口油井规定要取得8种测井资料：⑤标准测井；⑥横向测井；⑦放射性测井；⑧微电极测井；⑨井径测井；⑩井温测井；⑪井斜测井；⑫井内流体电阻测井。

3. 岩芯资料

⑬钻井取芯；⑭井壁取芯，重点取芯井在油层部位全部取芯。收获率低的井段，再由井壁取芯补充。一般非重点取芯井也要在油层部位进行井壁取芯。岩芯和井壁取芯都要送到实验室进行分析。

4. 储油层岩性资料

要进行以下各项研究：⑮矿物组分；⑯粒度；⑰结构；⑱胶结物。

5. 储油层厚度资料

每口井要划分清楚以下几种厚度：⑲油层总厚度；⑳油层有效厚度；㉑最好油层厚度；㉒最大单层厚度。

6. 含油饱和率资料

要分析以下两种含油饱和率：㉓原始含油饱和率；㉔残余含油饱和率。

7. 孔隙率资料

㉕总孔隙率；㉖有效孔隙率。

8. 渗透率资料

㉗空气渗透率；㉘有效渗透率。

9. 油层温度资料

㉙油层温度；㉚地温梯度。

10. 油层压力资料

㉛原始地层压力；㉜静止压力。

11. 饱和压力资料

㉝饱和压力。

12. 流动压力资料

㉞流动压力。

13. 井口压力资料

㉟油管压力；㊱套管压力。

14. 油气比资料

㊲油气比。

15. 原油性质资料

地层条件下原油性质：㊳比重；㊴黏度；㊵原始油气比；㊶原油压缩系数；㊷原油体积系数。

地面条件下原油性质：㊸比重；㊹原油黏度；㊺原油凝固点；㊻原油含蜡量；㊼原油蜡融点；㊽原油含水量；㊾原油含砂量；㊿馏分。

16. 天然气性质

51天然气比重；52天然气黏度；53天然气组分。

17. 地层水性质资料

54地层水矿化度；55地层水组分；56地层水机械杂质；57地层水比重；58地层水黏度。

18. 产量资料

59原油产量；60天然气产量；61产水量；62注水井吸水量。

19. 储量数据

63含油面积；64油水边界。

20. 生油层资料

65生油层性质；66生油层厚度；67生油层分布范围；68生油层有机碳含量；69生油层有机氮含量；70生油层还原系数；71生油层氯仿沥青含量；72生油层干酪根性质。

过去我们在工作中通常仅依靠少数地质人员收集资料，取资料与生产常有矛盾，工作中困难很多。有了这个会战规程以后，加强了党对地质工作的领导，掀起了以“四全”、“四准”为目标的群众性收集地质资料活动。

“四全”是指：①录井资料要全；②测井资料要全；③取心资料要全；④分析化验资料要全。

“四准”是指：①测量压力要准；②油水计量要准；③各种仪表要准；④各种资料样样准。

为了保证取得资料的正确性和可靠性。成立了许多“三结合”小组，深入井队，实行“四同五包”，即与工人“同吃、同住、同劳动、同商量”，“包宣传鼓动，发动群众；包地质预告；包生产任务；包资料整理；包向工人讲地质课”。

为了及时解决生产中的关键问题，地质指挥所又组织了若干科研大队，如地层对比大队、测压大队、注水大队、综合研究大队等，使现场生产工序与科学研究形成一条龙，科学研究工作渗透到生产工作的每个环节中去。“三结合”小组下到井队，协助井队提高岩心收获率，岩心选样后专程送到实验室分析，做出岩心综合图。测井资料由矿场地球物理队监督验收，资料带回立即进行定量解释。地层对比队根据以上资料做出地层对比成果图、小层平面图等。在搞清本井情况与邻井对比关系后，再填写射孔试油通知单，确定下一口井的设计要求。研究大队与生产岗位一样昼夜有人值班，资料随到随分析研究。从上一口井完成到下一口井开钻，仅用一两天时间就可完成生产地质与科学研究的一条龙工作过程。

大游地宫

大庆石油会战初期有“九热一冷”的工作制度。就是把九成的时间用在热火朝天的生产实践中，一成时间用在冷静研究工作中存在的问题和提高认识上。平日的作息时间是每旬工作九天、休息一天，改变了星期制度。每月月末有三天时间召开“五级三结合”技术座谈会。会战总指挥部、各分指挥部、大队、中队和基层井队都有代表参加。领导、技术人员和工人坐在会场里，领导对各个阶段的勘探形势、生产上面临的问题，提出课题。与会代表集思广益，各抒己见，使不同专业、不同工种、来自不同实践岗位的同志的认识有相互交流的机会。通过这种讨论，形成新的认识，制定下一阶段的工作部署，使得实践、认识、再实践、再认识的过程，自觉地成为油田职工探索客观规律、搞好生产的推动力。

1960 年 4 月，在安达县举行的“五级三结合”技术座谈会上，会战总指挥康世恩副部长提出“大游地宫”的号召。认为“油层深埋地下，看不见，也摸不着，它是一个巨大的、极为复杂的非均质体。因此在发现油田以后，储油层的岩性和物性变化往往是评价油田重要条件之一。要求参加会战的各探区对油层的每一个小层、每一个油砂体都要研究清楚、对比清楚”。座谈会以后，就成立了地层对比大队，由我兼任地层对比大队长工作，开展了详细的储油层研究工作。

油层对比的结果，萨尔图油层和葡萄花油层可以划分为 5 个油层组：萨一组油层差，萨二组油层好，萨三组油层中等；葡一组油层厚度大，连通性好，葡二组油层岩性变化较大。根据沉积旋回和夹层分布，把 5 个油层组进一步细分为 14 个砂层组和 45 个单油层：萨尔图油层共有 8 个砂层组，28 个单油层；葡萄花油层共有 6 个砂层组，17 个单油层。其中萨一组 5 个单油层，萨二组 16 个单油层，萨三组 7 个单油层，葡一组 7 个单油层，葡二组 10 个单油层。

油层对比获得的成果，首先展示在 1∶200 比例尺的油层对比剖面图上。钻完一口井，对比一口井，填绘一口。这种对比图资料齐全精确，超过了国外同类型大型油田的油层对比剖面图。此外还绘制了 45 个单油层的分层平面图、夹层等厚图，认识了各油层、各油砂体在平面上的岩性和物性分布规律，在垂向上的连通性和叠加状况，成为制定油田开发方案的重要地质依据资料。

探明大油田

1960 年 5 月，余部长和康副部长又召开油田开发技术座谈会，引导大家认真学习《矛盾论》，反复研究大庆油田的地质规律，讨论油田开发中的主要矛盾。这时，萨尔图、喇嘛甸、杏树岗三个油田已完钻详探井26口，其中萨尔图油田20口，杏树岗油田4口，喇嘛甸油田2口，有21口井经过试油获得工业油流。位于萨尔图构造和杏树岗构造鞍部的关键详探井萨94井、杏26井，位于萨尔图构造和喇嘛甸构造鞍部的关键详探井萨6井、喇95井都试油获得高产油流。构造边部的探边井萨64井、萨68井、杏64井、杏68井也已探明了含油边界和油水界面。经过地质队伍与群众运动相结合，大搞取心、大搞测井、大搞百万次分析化验、百万次油层对比、大搞综合研究以后，对萨尔图—喇嘛甸—杏树岗油田的基本地质规律已经有所了解。

(1) 萨尔图—喇嘛甸—杏树岗油田基本上是连成一片的。其纯油区面积为600平方千米，包括油水过渡带的总含油面积达800多平方千米。与世界上其他大油田相比，苏联罗马什金油田纯油区面积为500～600平方千米。美国东得克萨斯油田含油面积为560平方千米。初步计算，萨尔图—喇嘛甸—杏树岗大油田已探明石油地质储量为22.6亿吨。

(2) 根据一般油井分类，凡日产油量在25吨以上的油井属于高产井，7～25吨的属于中等产量井。萨尔图—喇嘛甸—杏树岗大油田的探井用5毫米油嘴自喷产油量都在25吨以上，都属于高产油井。

(3) 萨尔图—喇嘛甸—杏树岗大油田具有统一的油水界面。基准面(海平面下1000米) 压力为120标准大气压，压力系数为1.05。其压力系数与世界其他大油田的规律相同，压力系数为1.0～1.1，油藏具有足够的供油面积和驱油能力。

与此同时，我们实践中已经认识到这个大油田在开发中存在的三个主要矛盾：

(1) 油田的饱和压力高，弹性能量小。

(2) 储油层纵向和横向渗透率变化大。

(3) 地下原油黏度大。

充分发挥这个油田客观存在的内在优势，必须采取合理的、有效的措施解决以上三个主要矛盾：

（1）萨尔图—喇嘛甸—杏树岗大油田含油面积达800多平方千米，构造呈长条形，南北伸展70千米，东西宽度10～15千米。储油层厚度与岩性变化均自北向南逐渐变化。根据小层的岩性厚度变化图，油砂体的变化也接近于北东方向的条带状分布。原油黏度和饱和压力也由南向北增大。这些油藏特点均适宜于采用东西方向垂直于构造轴线的横切割注水法。将偌大的油田切割成数10个区块，每块开采区的宽度为3.2千米，长度为10～15千米，面积为30～50平方千米。相对来讲，每个区块内的油层变化就比较简单一些，可以针对本区块的特点，合理划分开发层系。

（2）由于萨尔图—喇嘛甸—杏树岗大油田的油藏饱和压力高，弹性能量小，必须实施早期注水的开发原则。每个开发区块，先钻注水井排，后钻生产井排。注水井先排液采油，后转入试注。既有利于完成采油任务，又适当降低油层压力，有利于注水进去。在注水井排内先开采一定量的无水优质原油，也有利于在注水井排上拉成注水线，保持油水界面较均匀地向生产井排推进。

（3）每个区块根据油层在纵向上的分布情况，划分开发层系。用两套或三套井网，将高、中、低渗透率油层组实行分层开采。对高渗透率油层的井网，适宜于用大井排距。中渗透率油层的井网适宜用较小井排距。低渗透率油层和分布不规则的油层采用面积注水井网。在工艺技术上采用多层封隔器。在一口内实施分层开采和分层注水。

（4）在试验室内开展降低油层内原油黏度，提高采收率的各项试验工作。根据国外资料，在油井内注CO_2可以降低原油黏度。某油田水驱采收率为29%，在注入CO_2开发后，采收率提高到52%。对萨尔图—喇嘛甸—杏树岗大油田来讲，如果能找到技术上新的开发措施，而使采收率提高一倍，则一个大油田就等于两个大油田。

由于坚持了科学的认识论和方法论，大家体会到必须做艰苦细致的开发试验工作，在集中优势兵力详探萨尔图—喇嘛甸—杏树岗大油田的同时，在萨尔图油田中段，滨州铁路线两侧开辟一块生产实验区。包括构造轴部的中区（面积为 30 平方千米）和构造边部的东区（面积为 14 平方千米）、西区（面积为 16 平方千米），解剖了一个“麻雀”，以取得全面开发一个大油田的经验。部党组都及时采纳了这些建议并由会战工作委员会和总指挥部组织实施。保证大庆油田在“长期稳产高产”的开发方针指导下，只用一年的时间就探明了萨尔图—喇嘛甸—杏树岗这个高产大油田的含油面积和储量，并有条不紊地将这个大油田投入开发。

证书

为表彰在自然科学方面取得突出成果，作出重要贡献者，特颁发此证书，以资鼓励。

项目名称：大庆油田发现过程中的地球科学工作
主要作者：李四光、黄汲清、谢家荣、韩景行、朱大绶、吕华、[illegible]、朱夏、关士聪等（地质矿产部），张文昭、杨继良、钟其权、翁文波、余伯良、邱中健、田在艺、胡朝元、赵声振、李德生等（石油工业部），张文佑、侯德封、顾功叙、顾知微（中国科学院）
奖励等级：一等
奖章号码：00005

中华人民共和国
国家科学技术委员会主任 方毅
一九八二年七月

开发大油田

1961 年 5 月，我又被任命为大庆油田开发方案研究组负责人之一，在北京和大庆同时开展开发方案的编制工作。我们组织了中国科学院和北京石油学院等单位共 85 位专家进行协作，利用 150 型电子计算机和电网模型对不同方案进行综合对比分析研究，采用横切割分区开发和早期线状注水的技术保持油田长期高产稳产。1962 年研究组编写完成了《萨尔图油田 146 平方公里面积开发方案报告》，经国家计委和石油工业部批准实施，1964年在设计开发面积内年产原油500多万吨。根据开发区的实践经验，我们接着又将800多平方千米探明面积逐步投入开发。至1978年，萨尔图油田第1～12区、杏树岗油田第13～19区和喇嘛甸油田第20区全面投入开发。自1976年起，大庆油田达到年产油5000万吨以上的高峰稳产期保持27年。由于占采工艺技术水平的提高，过去未能动用的低渗透薄油层都被投入开发。仅大庆油田的探明地质储量就达到45亿吨，历年累计产油量达20亿吨（140亿桶），目前采收率已达44%，在开发水平上达到国际领先水平。

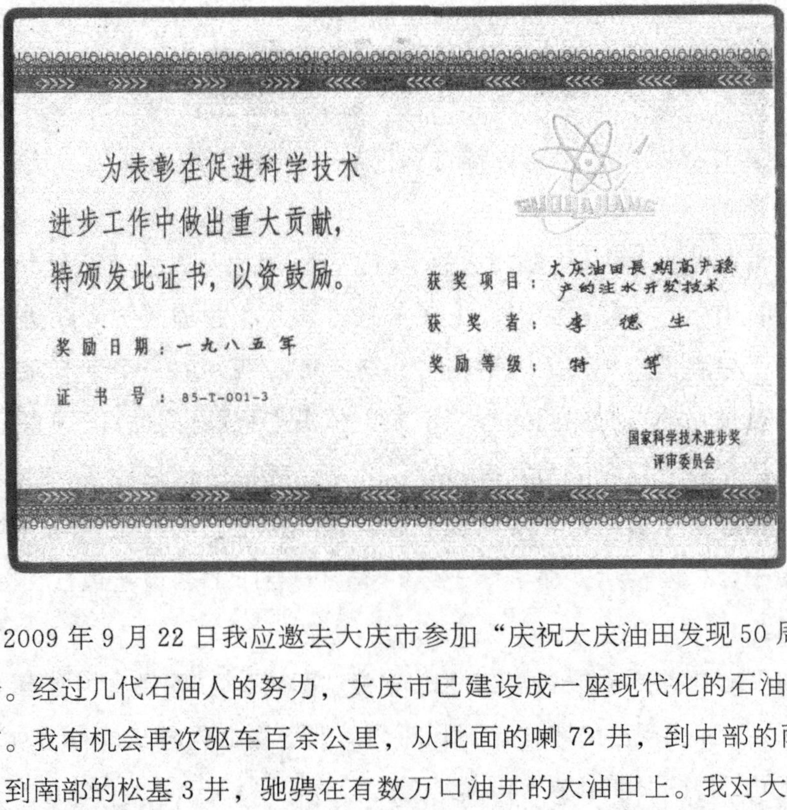
为表彰在促进科学技术进步工作中做出重大贡献，特颁发此证书，以资鼓励。

奖励日期：一九八五年

证书号：85-T-001-3

获奖项目：大庆油田長期高产稳产的注水开发技术

获奖者：李德生

奖励等级：特等

国家科学技术进步奖评审委员会

2009年9月22日我应邀去大庆市参加“庆祝大庆油田发现50周年”大会。经过几代石油人的努力，大庆市已建设成一座现代化的石油工业城市。我有机会再次驱车百余公里，从北面的喇72井，到中部的萨55井，到南部的松基3井，驰骋在有数万口油井的大油田上。我对大庆油田职工提出的建设百年油田，将采收率提高到60%的目标甚为赞赏。当前在中央提出科学发展观：建设资源节约型、环境友好型社会的决策中，我国石油工业已步入了一个“绿色、国际化和可持续发展”的新时期。大庆人将有一个更加美好的明天！

深切缅怀周恩来总理[①]

吴征镒

1958年“大跃进”前夕，党的南宁会议之后，周恩来总理受到了“反右倾”的批评，几乎离开岗位。7月，他将要到新会一带去考察党向明县长领导的“废物利用”和植物资源综合利用的群众运动，让我随他担任科学助手，这是谁的建议，我不知道，也未问，只是随总理办公室的罗青长同志到总理办公室，在办公室主任那里去听吩咐和准备事项。

7月1日，我们乘中航公司的专机出发，机上只有总理、罗青长和我三人，南飞。午餐在武汉，王任重来见，并和总理谈“大跃进”的事情。下午到了广州，由陶铸接待，宿于珠江西南的一个别墅里，然后总理召集几位工业部门领导来汇报。他听汇报很仔细，问题总是在汇报者讲完后才提。中间我有时想问几句，都被总理拦住了，他的民主作风和倾听下情的精神使我极受感动。陶铸在“十三行”的一个老广东馆子为总理接风，那个馆子进门是下一台阶的，边吃边饮，总理谈笑风生。

随后记得是乘汽车越过几个渡口，经“四邑”（“四邑”指台山、江门、新会、中山交汇的地方）到了新会，就下榻在党县长的办公处内，他的夜间工作的习惯照常。

在新会考察了约一个星期，中间我们曾参观了党县长举办的野生植物综合利用的展览会。新会的“蒲葵工业”——利用制蒲葵时抽下的叶

① 原载于：《百兼杂感随忆》，北京：科学出版社，2008，401～402页。本次略有修改

筋做牙签，就是总理在参观时的建议。新会有一个农村青年叫周汉华，利用米丘林学术原理，搞水稻高产品种的杂交试验，有些成效，总理听了汇报后，特地亲自到周汉华家中参观。当时已经很晚，总理对周汉华的试验做了详细的询问。在党县长利用拆城墙和废居的破砖烂瓦、领导当地工匠合乎科学地在新会旧城城北的圭峰山山麓上建造的一座无梁无柱的大礼堂里，周总理对全县各级干部近千人做了一场为时三个小时的大报告，不但毫无倦色，也未抽一支烟，从自我解剖说起他亲身经历的党内路线斗争，当时我和罗青长以及广大听众都深受感动。这个路线斗争史，总理在只有我们三人的顺珠江返广州的专船上，特又更深刻地向罗青长和我做了分析批判。我当时还不知道在“大跃进”时期，“左倾”盲动思潮对总理的无情冲击，直到“文化大革命”后才终于理解。总理逝世后，总理办公室的警卫人员还送我一本总理的纪念画册。“四人帮”被摧毁以后若干年，罗青长曾到昆明找过我，那时蔡希陶已逝世，其铜质胸像屹立在方毅和普朝柱题辞的碑前，我和罗青长合摄一影。罗青长后来将照片寄赠于我，那时他已是退休的老干部，一只眼睛在“文化大革命”中被打成斜眼，再也不是当时（1958年）的翩翩少年了，此是后话。

最让我终身难忘的是返回广州时，当我们乘的专用内河小轮抵达江门已近黄昏，总理突然让小轮停泊下来，要上岸去视察由波兰援建但还未交工的江门甘蔗化工厂。江门离当时尚未回归祖国的香港、澳门都很近，繁华中暗藏复杂，就罗青长和我两人如何保卫得了总理！但总理健步如飞地登岸了，我们只好一边一个护着他。他对介绍情况的波兰援建人员询问得很详细。参观后回船的路上，可把我们急坏了，因为路上行人发现是总理，就跟上来近百人，我俩又不便阻拦，又怕出危险，直到小轮启航，才放下心中沉重的石头。

离开广州返京的前夕，我们又陪总理观看了马师曾、红线女新编的历史粤剧《关汉卿》，对戏中的《蝶双飞》一曲印象颇深。

这一次担任总理的随行人员，正是1960年总理为中国科学院和商业部发出“利用小秋收”的指示张本，也为中国经济植物大普查和《中国经济植物志》的内部发行开辟了坦途。

今天正逢总理逝世三十一周年[①]，每感慨总理逝世时“文化大革命”还未结束，“四人帮”不让举行悼念活动，多亏现在已故的所内人事处长王勇同志在大楼前开了一个小型追悼会，我当时能够得以参加，真是感慨系之。

① 2006年1月8日是周恩来总理逝世三十一周年，年逾九十的吴征镒院士以1958年奉命陪同周总理考察广东新会“废物利用”和植物资源利用群众运动的经历为背景，深切怀念敬爱的周总理

悬崖泻油奇观

戴金星

1991年6月8日，在新疆石油管理局勘探开发研究院范光华高级工程师的带领下，宋岩、戴鸿鸣、陈世佳、洪峰和笔者一行，去石河子市紫泥泉镇东南的石油沟进行考察。

石油沟景观

吉普车在石油沟口停下，大家一下车就被沟北侧秀丽多姿的峭壁吸引住了。当车在奔驰前进时，范光华就指着像宏伟长城高耸绵延的山岗说，这是三叠纪末的喀拉扎组砾岩。石油沟口的喀拉扎组砾岩，由于风侵水蚀，像众多硕大的紧密相依的石柱，巍巍陡立争雄冲天，试比英姿，是铜墙铁壁，是天嶂神峭，是大自然美的化身。

准噶尔盆地南缘石油沟口的巍巍柱壁

石油沟出露的地层是以紫红色为基调的杂色上三叠统齐古组的泥砂岩，沟两侧山坡和山包上草木葱茏，点缀着小朵的黄花和白花，随风飘着清淡的芳香。小巧玲珑的彩蝶，翩舞在黄花和白花上空，憩息在花瓣上，悠闲自得，偶尔还向我们脸颊扑来，敬个友好的见面礼。涓涓的黄色流水在沟底流淌着，随沟逶迤弯延，宛如一条无限延伸、微微飘起的黄绸带落在石油沟谷底。要不是在沟中处处可见黑豆样的羊粪、花卷般的牛粪、时散时聚的白色羊群，就会令人忘却正身处祖国西部边陲准噶尔盆地南缘的天山北麓，还以为自己正漫步在江南水乡的丘陵中呢。

我们一边欣赏着石油沟风貌，一边赶路寻找油苗。突然发现在沟的北侧一个支沟中耸立的喀拉扎组悬崖上，醒目地悬挂着一条很长的黑带，范光华说，这就是油苗。

陡壁倾油

高高屹立的陡崖上有许多油苗，较集中明显的主要有四处。在西部三处呈条带状，一处呈向下凸出的油弧。当中一条带状油苗和油弧高悬砾岩壁上，未到地面，东西对称的两条带状油苗直舔地面。砾岩走向

石油沟的悬崖倾油

84°，倾向 6°，倾角 46°。砾岩分选较差，砾石最大直径可达 50 厘米，小的不及 5 厘米，一般小于 10 厘米。砾石多呈扁平状平行层理分布。砾石主要是变质岩和燧石。油苗斜切层理沿崖壁向下流。4 个主要油苗大概出现时间早晚不一，油源丰度不同，致使出现早的与油源较少的油苗在陡壁上隐约呈灰色或淡灰色。其中以西部一条带状油苗最为醒目，从约 30 米高的陡崖上的一个洞中以倾泻之势下来。由于陡壁与地面几乎垂直，因此我们只能对地面高 3 米内进行观察，条状油苗宽 13～20 厘米不等，基调为黑色，中间为灰黑色。据范光华说，油苗的油源来自侏罗纪含煤地层。

面朝陡壁崖，凝视油苗群，追思地质史。准噶尔盆地啊！您裸露的油苗仅是沧海一粟，在地宫深闺您还害羞地蕴藏着丰硕的油气，呼唤着要我们请您出宫！

爱因斯坦与诺贝尔奖①

陆　埮

2005年是联合国确定的世界物理年，也叫爱因斯坦年。全世界用一整年的时间来纪念爱因斯坦发表5篇不朽文章（1905）的100周年[1~3]。那一年爱因斯坦才26岁。这5篇文章是：①“关于光的产生和转化的一个试探性观点”(光量子假设和光电效应)；②“论分子大小的新测定法”(博士论文)；③“热的分子运动论所要求的静止液体中悬浮小粒子的运动”(布朗运动理论)；④“论动体的电动力学”(狭义相对论)；⑤“物体的惯性同它所含的能量有关吗？”(导出$E=mc^2$)。

这5篇文章覆盖了20世纪物理学革命的3个主要领域：相对论、量子论和统计物理[1]。相对论（狭义相对论）改造了牛顿力学，将原来只适用于低速运动的经典物理，发展到也适用于高速运动，将时间和空间联系起来，也将物质（质量）和能量联系起来。量子论打开了正确描述微观世界物理规律的新方向。统计物理建立了联系宏观与微观之间的桥梁，特别是首次提出了能用分子理论解释布朗运动的正确理论。它们都是当时头等重要的三件大事，也是影响深远的三件大事。

相对论和量子论的重要意义自不待言。布朗运动理论也具有头等重要的意义。那时，原子分子的微观学说还没有得到公认，以马赫（E. Mach）和奥斯特瓦尔德（W. Ostwald）为首的学派就反对原子分子学

① 原发表于：《物理》，2006（4），35卷，259～264页，本次略有修改。本文得到国家自然科学基金＃10233010和＃10473023项目资助

说。但是，爱因斯坦布朗运动理论的发表，搬掉了反对原子分子学说的最后一块绊脚石，也使奥斯特瓦尔德接受了这个学说。

爱因斯坦的科学成就

爱因斯坦的科学贡献是多方面的，其主要方面可以用下图表示。爱因斯坦是伟大的物理学家，但是他在化学上也有重大贡献。事实上，他在光化学上的地位就相当于法拉第在电化学上的地位一样，以至于化学家以爱因斯坦的名字命名了光化学上的一个单位。众所周知，爱因斯坦是一位伟大的理论物理学家，但是他在实验物理上也有重大贡献。他与德哈斯（G. de Haas）合作，在 1915 年完成了一项重要的物理实验，被称为爱因斯坦-德哈斯实验，其物理现象被称为爱因斯坦-德哈斯效应。

爱因斯坦在理论物理上的贡献十分丰富[1~3]，包括了相对论（狭义和广义相对论、质能关系、引力波、宇宙学、宇宙学常数、统一场论等）；量子论（光电效应、固体比热、光子的波粒二象性、受激辐射、

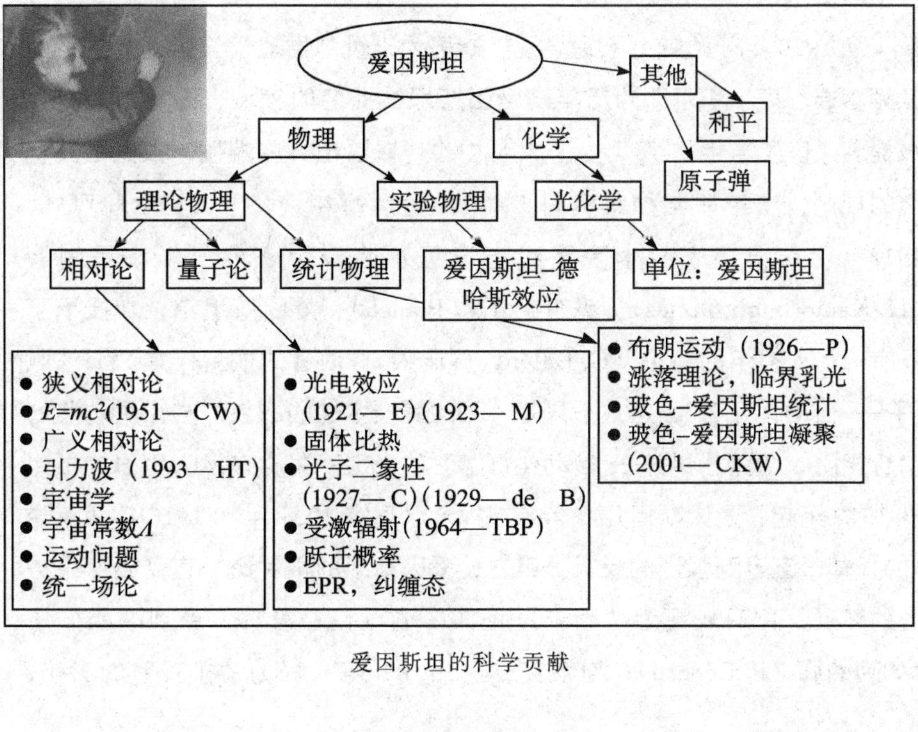

爱因斯坦的科学贡献

跃迁概率、EPR之谜、量子纠缠等)；统计物理（布朗运动、涨落理论、临界乳光、玻色（S. N. Bose）-爱因斯坦统计、玻色-爱因斯坦凝聚等)。

爱因斯坦怎样获得诺贝尔奖?

爱因斯坦在理论物理上的成就已经导致了9项诺贝尔物理学奖，其中1项是爱因斯坦本人获得的，8项是别人因验证或发展爱因斯坦理论而获得的。上图中每一个圆括号内表示一项诺贝尔奖，大写英文字母为获奖人姓氏的第一个字母，字母前标明了获奖年份。

通常，诺贝尔奖被看成为自然科学成就的最高奖[4,5]。其实，诺贝尔奖也存在着不公，有许多相当甚至更高水平的成就未能获此奖，对获奖人的选择也存在这样那样的一些偏见。因此，不能把诺贝尔奖看得太认真[6]。当然，一般来说，除了极少数外，获奖项目的水平都比较高，它仍不失为高水平的一种象征。因此，我们也可以粗略地用诺贝尔奖来评价爱因斯坦的科学成就。

从1910年开始就有人提名爱因斯坦为诺贝尔物理学奖候选人，然而频频落选。表1所示即为历年来爱因斯坦被提名的领域、同领域的其他被提名人以及当年的获奖人[2,3]。从中也可以看出一些端倪。根据诺贝尔奖的规则，当年评奖档案资料50年后可以解密、公开[6]。由此可知，1912年，瑞典皇家科学院没有把诺贝尔奖授予著名科学家昂内斯(H. Kamerlingh Onnes)、普朗克（M. Planck)、爱因斯坦等，却授予了只有一个人提名的达伦（G. Dalén，瑞典人)。后者的成就仅是“海滨照明——自动化灯塔”，这几乎只是一项纯属技术性的成就。与诺贝尔奖的宗旨相比，“海滨照明——自动化灯塔”的当选获奖实在发人深思。虽然从1910年起，爱因斯坦几乎年年被提名（只有1911年和1915年两年除外)，却一直遭到强烈的反对。第一，爱因斯坦的相对论一直受到保守势力的怀疑，长期被视为“尚未经证实”的理论；第二，受到纳粹分子(如勒纳德（P. Lenard)、斯塔克（J. Stark）等）极力“排犹”的影响，声称爱因斯坦的理论物理是犹太人的物理，使其受到排斥；第三，也存在着一些地方主义或关系网因素的影响。直到 1919 年，爱丁顿 (A. Eddington) 领队利用日全食观测发现光线弯曲，证实了爱因斯坦的广义相对论，使爱因斯坦在 1920 年获得了越来越多的，包括玻尔 (N. Bohr)、洛伦兹（H. Lorentz)、昂内斯、塞曼（P. Zeeman）等的强有力推荐，诺贝尔奖委员会却仍然排斥爱因斯坦，把诺贝尔奖授予了又是只有一票提名的纪尧姆（C. E. Guillaume，瑞士人)，后者只是发现了一种受温度等环境影响很小的镍钢合金，用它可以做精密测量工具。在物理学蓬勃发展的黄金年代里，这两个成果意义的反差实在太大了！到了 1921 年，推荐爱因斯坦的人越来越多，他所获得的提名数遥遥领先。但在当年的评审中，诺贝尔奖委员会继续攻击相对论，说相对论不是来自实验室实验。辩论的结果，认为当年无人有获奖资格，但保留这个名额。在瑞典皇家科学院审议时，据说辩论一直进行到深夜，在 1921 年 11 月 12 日子夜时分，投票决定当年不发诺贝尔物理奖。1922 年，爱因斯坦问题再一次成为焦点，他仍然得到了压倒性的提名支持。在诺贝尔奖委员会和瑞典皇家科学院的评审会上，相对论继续受到攻击。会上，奥辛（C. W. Oseen）提出以光电效应名义给爱因斯坦授奖，但是，评委中不少人还怀疑爱因斯坦的光子学说，以光电效应理论的名义仍然得不到支持[6]。然而，光电效应作为定律（即光电子能量与光波长的关系等）已经被实验所确证。最后，在泛泛地提及理论物理后，以光电效应定律的发现为名，才通过了将 1921 年保留的诺贝尔物理学奖授给爱因斯坦，正式的获奖项目被定为“对理论物理的贡献，尤其是对光电效应定律的发现（for services to Theoretical Physics, and especially for his discovery of the law of the photoelectric effect)”。仔细回味这个奖项名称，还是颇有意思的。1922 年的诺贝尔物理学奖则授予了玻尔。虽然大多数人认为爱因斯坦的主要贡献是相对论，但是因光电效应获奖他也是当之无愧的。正是光电效应使他成为量子力学的 3 个教父之一（另两人是普朗克和玻尔)。

表1 爱因斯坦被提名情况

年份	领域	同领域被提名者	当年获奖人
1910	理论物理 数学物理	Einstein、Gullstrand、Planck、Poincaré	Van der Waals
1912	理论物理	Einstein、Heaviside、Lorentz、Mach、Planck	Dalen
1913	理论物理	Einstein、Lorentz、Nernst、Planck	Omnes
1914	理论物理	Einstein、Eötvös、Mach、Planck	von Laue
1916	分子物理	Einstein、Debye、Knudsen、Lehmann、Nernst	无物理授奖
1917	有关量子	Einstein、Bohr、Debye、Nernst、Planck、Sommerfeld	Barkla (18)
1918	量子物理	Einstein、Bohr、Paschen、Planck、Sommerfeld	Planck (19)
1919	理论物理	Einstein、Knudsen、Lehmann、Planck	Stark
1920	数学物理	Einstein、Bohr、Sommerfeld	Guillaume
1921	数学物理	Einstein、Bohr、Sommerfeld	Einstein (22)
1922	未定		Bohr

因验证或发展爱因斯坦理论而获得诺贝尔奖的8项14人

值得注意的是，爱因斯坦被提名的研究领域相当广泛，涉及狭义和广义相对论、量子论、光电效应、光量子、布朗运动、统计力学、涨落理论、临界乳光、固体比热、数学物理、爱因斯坦-德哈斯效应等。由此可见，爱因斯坦在物理学上的成就十分巨大。实际上，爱因斯坦的成就不仅导致自己因光电效应而直接获得诺贝尔物理学奖，还导致了14人因验证或发展爱因斯坦理论而获得了8项诺贝尔物理学奖，他们是：

(1) 密立根（R. A. Millikan）因油滴实验和验证光电效应而获得1923年度的诺贝尔物理学奖。有趣的是，密立根原来不相信光电效应，他要亲自做实验来推翻它。使他惊奇的是，随着实验的进展，却越来越证明光电效应的正确性。

(2) 佩兰（J. Perrin）用实验验证爱因斯坦的布朗运动理论而获1926年度的诺贝尔物理学奖。

(3) 康普顿（A. H. Compton）发现了光子与电子的弹性散射（称康

普顿效应），验证了爱因斯坦在1916年提出的光子波粒二象性（光子同时具有波动性和粒子性，遵循 $E=h\nu$、$p=h/\lambda$ 两个基本关系式。式中，E 和 p 为光子的能量和动量，代表粒子性；ν 和 λ 为它的频率和波长，代表波动性）而获得1927年度的诺贝尔物理学奖。

（4）德布罗意（L. V. de Broglie）将爱因斯坦的光子波粒二象性推广到电子而获得1929年度诺贝尔物理学奖。他预言的电子的波动性被称为德布罗意波。

（5）科克罗夫特（J. D. Cockcroft）和沃尔顿（E. T. S. Walton）因发明了高压倍加器，实现了人工加速粒子产生的核反应，验证了爱因斯坦的 $E=mc^2$ 而获得1951年度的诺贝尔物理学奖。

（6）汤斯（C. H. Townes）、巴索夫（N. G. Basov）和普罗霍罗夫（A. M. Prokhorov）研究了量子电子学，实现了爱因斯坦提出的受激辐射，导致了激光的发明，因而获1964年度诺贝尔物理学奖。

（7）赫尔斯（R. A. Hulse）和泰勒（J. H. Taylor）发现了一颗双星脉冲星，间接证明了爱因斯坦引力波的存在，精确测定了两颗中子星的质量，获得了1993年度诺贝尔物理学奖。

（8）康奈尔（E. A. Cornell）、克特尔（W. Ketterle）和维曼（C. E. Wieman）实现了碱原子稀薄气体的玻色-爱因斯坦凝聚，对这些凝聚态的性质做出了早期的基本研究，从而获得了2001年度诺贝尔物理学奖。

爱因斯坦理论依然活跃在今天

爱因斯坦理论非常有可能今后还会导致若干个新的诺贝尔奖：

爱因斯坦在1935年与普多尔斯基（B. Podolsky）和罗森（N. Rosen）合作发表的一篇论文对量子力学提出了一个质疑（称EPR之谜）。文中提出了一个十分重要的概念——量子纠缠，这个概念在现代的量子信息学与量子计算机中极为有用。

爱因斯坦预言的引力透镜现象，1979年已经在天体物理中被发现，那时，瓦尔什（D. Walsh）、卡斯威尔（R. F. Carswell）和魏曼

(R. J. Weymann) 发现了两个靠得很近的类星体，证明它们实际上是同一颗类星体（0957+561）在途经大质量天体的强引力场时形成的两个引力透镜像。从那以后，一大批各色各样的引力透镜现象（包括爱因斯坦环、爱因斯坦弧等）被陆续发现。如今，引力透镜已经成为现代宇宙学的重要组成部分。

爱因斯坦预言的黑洞，也是当今天体物理中十分活跃的一个焦点。许多重要天体如活动星系核、伽玛射线暴、微类星体等的标准模型中均包含有黑洞。虽然，目前还不能说已经发现了黑洞。然而，针对观测发现黑洞的大型设备已在陆续建造、发射。黑洞的直接证认已为时不远。

爱因斯坦预言的引力波的直接探测也在加紧进行中。要知道，引力波的间接观测已经获得过诺贝尔奖，由于问题的重要性，直接测量将更有意义，它将开辟引力波天文学。

宇宙学上的重大进展，特别是宇宙加速膨胀的发现，更是充满着挑战[7,8]。所有这些问题，都带有根本性的重大意义，不少很可能还会与诺贝尔奖有缘。国际上，包括了10多个大型设备和卫星的超大计划“超越爱因斯坦”（BEYOND EINSTEIN）正在紧锣密鼓地进行着，重大的发现将会接踵而来，让我们拭目以待。

爱因斯坦与量子力学

人们常说，相对论，特别是广义相对论，基本上是爱因斯坦一个人创立的。但是，量子力学则是许多人的集体创作。而且，在某种意义上，爱因斯坦还反对量子力学。事情究竟怎样，还得从历史做些讨论。量子力学的发展可以分为两个时期。

早期称为量子论，或者叫老量子论，主要由三部分组成，即普朗克的量子假设（引入普朗克常数 h 或 $\hbar$）、爱因斯坦的光量子学说（提出光电效应和光子概念、提出完整的光子波粒二象性、提出量子跃迁概率）、玻尔的原子模型（提出原子结构、提出定态概念和量子跃迁），它们是量子力学的前身。因而，普朗克、爱因斯坦和玻尔被尊称为量子力学的三个教父。应该指出，1905 年爱因斯坦提出的光量子学说是非常大胆、非常革命性的。当时几乎没有人理解，甚至连量子假设的最早提出者普朗克也不理解。8 年后，普朗克、能斯特（W. H. Nernst）、鲁本斯（H. Rubens）、瓦尔堡（O. H. Warburg）在提名爱因斯坦为普鲁士科学院院士的推荐书上就说：几乎没有一个现代物理学的重要问题是爱因斯坦没有做过巨大贡献的。当然他有时在创新思维中也会有错，如他对光量子的假设。可是也不应该过分批评他，因为即使在最准确的科学里，要提出真正新的观点而不冒任何风险是不可能的[9]，这就是即使到了 1913 年普朗克等仍然反对爱因斯坦光量子假设的例子。可是爱因斯坦并不理会这些，继续把他的想法向前推进，除了光量子的能量 E 外，在 1916 年他又确定了光量子的动量 p，从而得到了完整的光子的波粒二象性，即 $E=h\nu$、$p=h/\lambda$。

量子力学的创建主要是在 1924～1928 年，沿着两条路线进行。一条是沿着普朗克—爱因斯坦—德布罗意—薛定谔（E. Schrödinger）的路线发展。就是说，1924 年德布罗意将爱因斯坦在 1916 年提出的 $E=h\nu$、$p=h/\lambda$，推广到电子，认为电子不仅是粒子，也具有波动性，并且证明这个推广完全符合狭义相对论的要求。1926 年上半年，薛定谔得到了这种德布罗意波所满足的方程，通常称为薛定谔方程。这条路线得到的称为波动力学。另一条是沿着普朗克—玻尔—海森伯（W. Heisenberg）的路线发展。比薛定谔略早，海森伯从玻尔的定态和直接可观测量出发，用完全新的计算方法来进行处理。这个方法得到了海森伯、玻恩（M. Born）和约当（P. Jordan）基于矩阵运算的系统发展，通常称为矩阵力学。随后，波动力学和矩阵力学被证明是完全等价的，统称为量子力学。虽然量子力学的方程已经给出，但是它的真正含义还是要由玻恩给出了统计解释才算完成。

1928 年，狄拉克（P. A. M. Dirac）将量子力学与狭义相对论结合起来，提出了狄拉克方程，不仅解决了高能电子的量子力学描述，自然预言了自旋，而且还预言了反粒子（正电子）的存在。

的确，关于量子力学问题，爱因斯坦与玻尔辩论了几十年。这场大辩论对于量子力学的澄清和发展十分重要，对于改进各自的认识也十分重要。其实，爱因斯坦并不反对量子力学，他反对的只是对量子力学的解释。他也并不否定对量子力学的统计解释，他反对的只是把统计解释看做对量子力学的最终解释。尽管他是提出跃迁概率解释的第一人（他早在玻恩提出统计解释以前 10 年，在 1916 年研究受激辐射和 A、B 系数时就提出了跃迁概率），但是从他的哲学观点来看，他是倾向于决定论的。他不相信“上帝扔骰子”！

尽管持有不同于玻尔的哥本哈根正统解释，爱因斯坦却一直非常重视量子力学。从他所提名的诺贝尔奖候选人名单可以看出这一点。他所提名的主要是两类人，一类是物理学家，一类是和平奖人选。早在 1928 年，爱因斯坦就提名德布罗意、薛定谔、海森伯、玻恩、约当等量子力学的创始人，显见他对量子力学的高度评价和重视。他还曾对斯特恩（O. Stern）说：“我在量子问题上费的心思，100 倍于广义相对论。”

宇宙学与诺贝尔奖

显然，20 世纪物理学的革命，引发了 20 世纪高科技的迅猛发展。没有爱因斯坦的质能关系就不可能有原子能的发展；没有量子力学就不可能有现代高性能的材料；没有这些发展就不可能有晶体管和集成电路，也就不会有微电子学的重大成就。可以说，没有这场物理学的革命，就不可能有 20 世纪的高科技和现代文明。

爱因斯坦开创的现代宇宙学值得一提，它已经产生了将近 90 年的影响。1964～1965 年，彭齐亚斯（A. A. Penzias）和威尔逊（R. W. Wilson）在研究微波天线时，偶然发现了宇宙微波背景辐射。这是伽莫夫（G. Gamow）等在 1948 年前后提出的宇宙大爆炸理论的强有力的直接证据，使彭齐亚斯和威尔逊获得了 1978 年度的诺贝尔物理学奖[4]。后来又有许多人对宇宙微波背景辐射进行了详细研究和精确测量，特别是 1989 年发射升空的宇宙背景探索者（Cosmic Background Explorer，COBE）

卫星，测出了宇宙微波背景辐射完整的、高度精确的黑体谱，并获得了它的 10^{-5} 量级的各向异性分布。2001 年发射升空的威尔金森微波各向异性探测器（Wilkinson Microwave Anisotropy Probe，WMAP）卫星又以更高的分辨率测定了各向异性。正是这个各向异性，代表了导致今天实际观测到的星系、星系团等大尺度结构所需的宇宙早期的"种子"。马瑟（J. Mather）和斯莫特（G. Smoot）因此而获得了 2006 年度的诺贝尔物理学奖，这已经是宇宙学领域第 2 次获得诺贝尔物理学奖。

在 20 世纪后 30 年间，人们曾费了相当大的力气试图测准宇宙的膨胀速度（或哈勃（E. Hubble）常量）和减速因子，却分歧很大，始终得不到公认的结果。关于宇宙成分的研究，也始终无法取得合理的结果，特别是通常物质（地球上所看到的物质）与暗物质的量无法达到因果律所支持的暴胀模型的要求。就这样，宇宙学彷徨、徘徊了几十年。到了 1998 年，美国的两个科研小组，利用 Ia 型超新星作标准烛光，几乎同时发现：宇宙正在加速膨胀！这是一个极其惊人的重大发现[7]！大家知道，支配宇宙大尺度运动的力只有一种，即万有引力。在天体与天体之间相互吸引的情况下，宇宙膨胀只可能减速，不可能加速！加速膨胀的发现必将根本改观宇宙学的研究，也将动摇物理学的基础！

值得注意的是，爱因斯坦在 1917 年刚提出宇宙学模型时，就因为广义相对论的引力场方程无法给出静态宇宙而人为地在方程中加入了一个宇宙常数项，通常记作 Λ。实际上，这一项相当于一个斥力，用以抵消引力以获得静态宇宙。1929 年，哈勃发现宇宙不是静态而是正在膨胀，使爱因斯坦放弃了宇宙常数[8]。在发现了宇宙加速膨胀的今天，这个宇宙常数正好可以解释加速膨胀，因而再一次被启用。宇宙常数可以很自然地被看做真空能量，通常叫做暗能量。这是一种整个宇宙无处不在、均匀分布而密度十分微小的"物质"，与通常物质根本不同，它所对应的压强是负的，这可能是宇宙斥力的根源。暗能量密度虽然十分微小，在整个宇宙中的总和却占了压倒优势。现在已经可以算出，宇宙中，通常的可见物质只占 4%，暗物质占 23%，而暗能量却占 73%！

这里可以看到天体物理中有许多非常微妙的物理问题。大家知道，诺贝尔奖是不设立天文学奖的，但天体物理学家不乏获诺贝尔奖的例子。仔细查看一下历年诺贝尔奖的颁奖记录，可以看出，首次以天体物理项目获奖的是 1967 年的贝特（H. Bethe），奖给他“关于核反应理论的研究，特别是他关于恒星能源的发现”。为什么长达三分之二个世纪的时间里（1967 年以前）没有一个项目奖给天体物理？绝不是这么长的时间内天体物理没有重大发现，实际上是重大发现很多，如哈勃发现的宇宙膨胀，那是影响天文学全局的大发现！这里有一段鲜为人知的故事[6]。

天体物理学家海尔（G. E. Hale）在 1913 年就出现在诺贝尔奖候选人的名单上，以后又多次被推荐，却也频频落选。其实，诺贝尔奖委员会一直在辩论一件事：诺贝尔物理学奖究竟应该指大物理还是小物理？也就是说，天体物理、宇宙物理、大气物理、物理化学等是否也包括在内？到了 1923 年，海尔再度被推荐。这时，由于错综复杂的原因，如基金开支、人员变动等，在诺贝尔奖委员会中，这个问题再度尖锐化[6]。阿伦纽斯（S. Arrhenius）说了一个奇怪的理由：天体物理已经有了迅速发展，几乎包括了天文学全部，天体物理学几乎等同于天文学，而天文学并不包括在诺贝尔奖的范围内。那年，正是按此理由否定了海尔的得奖，也将天体物理排除出了诺贝尔物理奖的获奖范围。此后相当长的时间内，对贝特、爱丁顿、哈勃、萨哈（M. Saha）、罗塞尔（H. N. Russell）等著名天体物理学家的提名也一概被否定。大家知道，贝特主要是一位著名的理论物理学家，但是因为他的恒星能源理论属于天体物理，对他 20 世纪 40 年代的频频提名也一概被否定。直到 1967 年，在许多著名物理学家的不断压力下，才以“对核反应理论的研究，特别是对他的恒星能源的发现”的名义授予他诺贝尔物理学奖。而哈勃虽然也被许多物理学家频频提名，终因他的贡献与“主流”物理相比更偏向于天体物理而未能获奖。由此可见，只有物理味道特别浓的天体物理成就才能获得诺贝尔物理学奖。

新的乌云，还是新的朝霞？

19 世纪末 20 世纪初，开尔文勋爵（Lord Kelvin）分析了当时物理学发展的概况，精辟地指出，在物理学的晴朗天空中有两朵乌云。一朵是以太问题，另一朵是黑体谱问题。当时人们已经确认，光是一种波动现象。那时理解的波总是在介质中传播的，而光是可以通过真空的，那么真空一定也是一种介质，称为“以太”。以太是什么？没有人知道。许多实验，特别是迈克耳逊—莫雷（Michelson-Morley）实验，得到的是否定的结果。这朵乌云的驱散是通过爱因斯坦引入狭义相对论而实现的；另一朵乌云的驱散则是通过普朗克引入量子概念而实现的。这两朵乌云的驱散导致了 20 世纪物理学的两大革命。时隔一个世纪，如今又出现了新的两朵乌云，即暗物质和暗能量。由此可见，物质是由电子、质子、中子、原子、分子等构成的普通物质；暗物质是由尚未发现的不具有强作用和电磁作用的长寿命的中性重粒子构成；而暗能量则完全不具有通常意义的物质形态，是真空中的一种奇怪的东西，有点像以太那样的一种“幽灵”。驱散这朵乌云，也许又会导致物理学的一场新的革命。人们已经提出了许多物理模型，试图确切地描述、理解暗能量，至今还没有得到公认的结果。有趣的是，近年来的观测似乎支持爱因斯坦的原始思想——宇宙常数 Λ。然而从量子的角度来看，数值上会与宇宙常数 Λ 相差 120 个量级。由此看来，任重道远，要真正驱散这两朵乌云，还有许多事情要做。也许，答案就在意想不到的地方！正是：于无光处看闪电，于无声处听惊雷！说不定，“众里寻他千百度，蓦然回首，那人却在灯火阑珊处”！

这是世纪性的机遇，迎接挑战吧！

参考文献

[1] 许良英，范岱年，赵中立等．爱因斯坦文集（1 卷，2 卷，3 卷）．北京：商务印书馆，1976，1977，1979

［2］ Abraham P. 爱因斯坦传．方在庆，李勇等译．北京：商务印书馆，2004

［3］ Abraham P. 一个时代的神话：爱因斯坦的一生．戈革，乐光尧，黄敏南译. 北京：东方出版中心，1998

［4］ Nobel Lectures，Physics. Published for the Nobel Foundation. New York：Elsevier Publishing Company，1967

［5］ http：//Nobelprize. org

［6］ Friedman R M. 权谋——诺贝尔科学奖的幕后．杨建军译．上海：上海科技教育出版社，2005

［7］ Bennett C L，et al. ApJ Supplement Series. 2003，148：1～27

［8］ Coles P，Lucchin F. Cosmology：The Origin and Evolution of Cosmic Structure. New York：John Wiley & Sons Ltd，2002

［9］ 杨振宁．在第22届国际科学史大会（北京）上的讲演．2005

难忘的时刻　难忘的地方[①]

杨叔子

1991年，我增选为中国科学院院士（当时称“学部委员”）。那时，我所在的原华中理工大学没有院士。“没有院士”，有双重含义：一是当时学校2800多位教师中，没有院士；二是已经毕业的有正规学历的7万～8万本科生与研究生中，没有院士。华中理工大学是新中国在1952年筹建，于1953年正式招生的，完全是新中国自己建设的一所大学；发展极为迅速，被国内外有关专家誉为“发展快，规模大，学科多，水平高”的大学，是“新中国高等学校建设与发展的缩影”。但是，这么一所大学直到1991年还没有培养出1名院士。这不能不是压在华中理工大学身上的极为沉重的包袱。

1991年，我当选院士了，实现含义上的“双重的零突破”。这是永远难忘的时刻。1992年新年伊始，我当选的消息传来，全校为之欢欣鼓舞，激动、兴奋之情久久不能平静。这是华中理工大学在共和国旗帜下成长的胜利。我是在华中理工大学成长的，荣誉属于华中理工大学、属于我们的人民共和国、属于集体、属于人民，这绝非套话。因为到今天，我校已拥有由原华中理工大学直接培养出，而且今天在校工作的院士11名，而且我所在的机械学院每过4～6年就产生1名院士。我个人就深深体会到，没有中华民族文化长期的熏陶与哺育，没有中国共产党的直接领导与教育，没有学校的特别是机械学院万众一心的集体努力，没有这一切条件，就绝对不会有我这位院士的产生。

---

① 原稿题名为《理想崇高，志于成人》，载于华中科技大学出版社出版的《中国大学人文启思录》（第3卷），本文为原稿前一部分的改写

列宁说，忘记过去就意味着背叛。人们应该记得过去。中国第一部编年史是孔子编写的《春秋》，春复秋，秋复春，年复一年。之所以取其名曰《春秋》，源于24节气中的两个重要节气：春分、秋分。春分、秋分之日，昼夜平分。孔子认为历史是公平无私的。世界上最古老的四大文明是：尼罗河流域的古埃及文明、恒河流域的古印度文明、两河流域的古巴比伦文明、黄河长江流域的中华文明。只有中华文明从未中断，发展至今。古埃及被古希腊消灭了，古希腊被古罗马消灭了，古罗马被阿拉伯人征服了，现在称阿拉伯埃及共和国，当今的埃及和古埃及文明没有任何联系。中国今天的文明是中华文明与人种的延续与繁衍。古印度，伟大的文明，但是现代的印度不是古印度，现在是印欧民族进入印度后的印度，古印度不复存在；而且现在的印度还一度沦为殖民地，印度的官方语言是英文，而非印度文。两河流域的古巴比伦文明更是几经更迭，早已面目全非。只有中华文明延续5000多年，在困难中、挫折中曲折而顽强地向前发展。英国现代著名哲学家罗素讲过，中国，与其说是个政治实体，不如说是最古老的唯一幸存的文明实体。江泽民同志在哈佛大学的演讲和胡锦涛同志在耶鲁大学的演讲都曾提到，中华民族之所以蓬勃发展，中华文明之所以一直延续到今天，正是依赖其文化。政治、经济、军事等活动都会成为历史，成为文化。中华文化蕴含着巨大的哲理，使中华民族具有强大的凝聚力、创造力和生命力。若将1900年八国联军火烧圆明园时的中国国情与2000年跨入新世纪的中国国情对比，就可以看出，我们这个民族的生命力是多么强大。19世纪末20世纪初，列强侵略中国，后来日本军国主义大举侵华，中国面临灭亡的厄运，但是中华民族战胜了前进道路上重重困难与危险，压倒了想压倒中华民族的一切敌人，顽强地站了起来，而且快步前进。这正是历史的公平与公正。我们看一组统计数字，我国GDP平均年增长率，1890～1913年为0.8%，1913～1950年为1.0%，1950～1970年为5.8%，1998～2007年竟达两位数以上！相信在下一代身上，国家会更加蓬勃的发展。这是毫无疑问的。

当我增选为院士后，武汉地区很多记者来采访我，向我提了很多问题，其中之一是："您认为您一生中，哪个地方最难忘记？"我一想，这个问题很难回答。我仔细想后说："若问的只是一个地方，那我只能用外交语言回答：'无可奉告。'""那您讲呢？""依我讲，我最难忘的地方，不是一个，也不是两个，至少、至少是三个！""哪三个？"我郑重地说："第一个，我出生的地方，江西省湖口县；第二个，我人生道路发生根本转折的地方，南昌市；第三个，我成长的地方，武汉市。"为什么？饮水必须思源，数典不能忘祖！

第一个地方是湖口。

湖口是我出生的地方。人来到人世间，机会太少了！概率可说几近于零。能出生，太可贵了！出生的时刻，父母永远难忘；出生的年月日，作为子女也要记得，出生地自然不能忘记。

1990 年左右，我有次参加在国内举行的大型学术会议。休息期间，我与一位外籍华人交谈，知道了他是在内地出生，进幼儿园，入小学，直至拿到硕士学位，后来出国了、工作了，留在外国，成为外籍华人。我就顺便问他："您是什么地方的人呢？"显然，按中国习惯，是问出生地。他想了一想，讲了那个外国的名称。我一时没转过来，心想哪有这个省份？这个自治区？但再一想，心中却不是滋味。我明明问的是出生地，而你讲是外国。从此，我下了个决心，湖口是我最难忘的地方之一。后来，我常对别人讲：孙悟空大闹天宫，当了齐天大圣，可是他一直是讲，俺老孙是花果山水帘洞人氏，而绝没有讲他是外国人，是西天人氏。

湖口在鄱阳湖与长江交汇处。苏轼《石钟山记》一开始就讲："《水经》云：'彭蠡之口，有石钟山焉。'"彭蠡是讲鄱阳湖，彭蠡之口就是鄱阳湖之口，此口左岸有座大石山，叫石钟山。湖口县在石钟山之下，石钟山在湖口县之中，而且我还在石钟山上念了初中二年级。我 1950 年年初离开湖口，1985 年 11 月我在九江市开会，九江管湖口，会上遇见了当时湖口的曹县长，他盛情邀我回故乡湖口看一看。离开湖口近 36 年了，当然得上石钟山。曹县长他们很惊讶地发现：我对石钟山熟极了，山上这样那样的山路，我都会走；山上大大小小的溶洞，我都会钻；山上许许多多的景点建筑，我都知道。我讲：我家就在石钟山脚下，离家门到山门只要 1～2 分钟就够了，还在山上念了一年的初二，怎么不熟？我深知，我不是天上掉下来的，也不是地里冒出来的，更不是石头里蹦出来的；即使是石头里蹦出来的孙悟空，即使孙悟空当了齐天大圣，他还不忘他是花果山水帘洞人氏！没有家乡的山山水水，草草木木，没有家乡的乡亲父老，哪会有我个人呢？饮水思源，出生地、家乡是最难忘记的地方之一。

第二个地方是南昌市。

有人讲，因为我是江西人，南昌是江西省会，所以我最难忘的。丝毫不是！又有人讲，因为南昌有滕王阁，江南三大名楼之一；有《滕王阁序》的名句：“落霞与孤鹜齐飞，秋水共长天一色。”更不是！根本原因是 1949 年 5 月 23 日这一最难忘的时刻，我在南昌这个地方迎来了解放，从而彻底改变了我的人生道路，这是永远难忘的事件。

在我国三年困难时期，我自学德文，读过一位德国女作家写的一本德文小说《第一步》(*Der Erst Schritt*)，书中描述的是一个个德国的普通群众，经过他们各自经历的某一事件后，先后走上了反抗法西斯的革命道路，并由此构成了一个动人的完整故事。当时，我就想到，我是经历什么样的一件事情后，认识了共产党，走上革命道路的第一步？那就是 1949 年 5 月 23 日在南昌迎来了解放。

当时，我正在南昌念高中一年级下学期。据说，在解放军进城的前夜，国民党守军夏威兵团准备洗劫南昌，后来商会筹款十几万大洋送给了这个兵团，才使南昌免于洗劫。我还记得，当时通货膨胀太厉害了，1948 年国民党政府为了抑制通货膨胀，稳定政局，强制进行币制改革，将旧钞票法币换成新钞票金圆券，并下令，凡民间持有金银财宝的，一律要换成金圆券，如果不换，一经查出，就是与“共匪”勾结，要坐牢，要判罪，乃至要枪毙。在国民党政府强制下，改革了币制，搜刮了大量的民脂民膏，但是经济的确似乎稳定了。我记得，那时，一封平信一分钱，可是到了南昌解放后不到 3 个月，我收到从还在国民党占领的赣州来信，一封平信贴了一张邮票，面值竟达80万圆，8000万倍呀！真是骇人听闻！真是民不聊生！还有，有些国民党的士兵，特别是伤兵，上饭馆，到商店，吃了拿了不给钱；问他们要钱，他们把胸脯一拍，讲："老子为你们'剿匪'，受了伤，还给什么钱？"国民党政府诬蔑共产党是无父无母，共产共妻，六亲不认，十恶不赦，是土匪，是强盗。读一读《毛泽东选集》第四卷的一篇文章《丢掉幻想，准备斗争》，那篇文章把国民党政府对共产党这样的诬蔑写了下来。天大的谎言，强盗的逻辑！究竟谁是土匪呢？南昌解放前，我同进步力量没接触，一点也不了解共产党，只听到国民党政府的诬蔑，要解放了，我心中忧虑，乃至害怕。解放的那天，南昌细雨纷飞，我怀着忐忑不安的心情，慢慢走上了街，完全出人意外，看到的是，解放军战士挂了彩，衣服湿了，但仍站在茶馆的屋檐下，连茶馆都不进，纪律非常严明，与国民党军队形成鲜明的对比。老百姓拿着油条、馒头、鸡蛋，捧着茶水、豆浆、米酒，慰问解放军。军民鱼水交融！这是仁义之师！国民党的兵才是强盗！这对不到16岁的我，影响非常大，我的思想大转弯：共产党好！解放军好！我跟定共产党了！这确是我人生的转折，是我走上革命道路的第一步。

当时，我正在一所教会中学上高中一年级下学期。我看到军民鱼水之情的感人场面，又看到了南下干部俭朴实在，毫无官味，与群众打成一片，极为感动。当时我就暗下决心，跟定了共产党了。我到学校要求转学，我讲，我不读美帝国主义办的中学，要转到共产党办的中学。刚解放，怎么可能转学呢？我的学习成绩当时是年级第一名，这么一个学习成绩的佼佼者。那年秋天，我考入了共产党办的中学（当时由几所省立中学合并而成的联合中学，后改名为南昌市第一中学）念高二上学期，校长是南下干部任言。学校规模很大，我念的高二有7个班，一个年级200多人。在进步同学帮助下，我进步很快；当然，这与当时新解放区的形势、全国迅速解放的形势、也有很大影响。我已讲过，我增选为院士后，记者向我提了很多问题，其中问题之一就是："哪一本书对您影响最大?”我说:“真讲不出来!有的作用很深厚、很长远,有的作用很直接、很迅速,有的作用无形,有的作用有形。如果只从有形的直观印象上讲,有两本书,一本是苏联奥斯特洛夫斯基写的《钢铁是怎样炼成的》,一本是我国艾思奇写的《大众哲学》。”因为这两本书对我解放后的思想进步起了巨大的作用。我考入南昌一中,有位进步学生给我讲了许多革命道理,我感到很新鲜。特别是介绍《大众哲学》时,讲到“量变引起质变”这条规律,讲到杭州雷峰塔为什么倒坍时,雷锋塔没倒坍时,你抽一块砖走,他抽一块砖走,砖被抽走的越来越多,当抽到某一块砖时,量变引起质变,整个雷峰塔就倒坍了,塔就不复存在了。我认为这很对,共产党真有学问。读了《钢铁是怎样炼成的》,我被保尔的英雄行为与崇高理想所深深感染。特别是读到保尔没有死于伤寒,第四次战胜了死亡,病初愈后来到郊外战友的墓前,脱下帽,低着头时,保尔所想到的一段人生体悟:“人最宝贵的是生命。生命属于我们只有一次而已。一个人的一生应该这样度过:当他回首往事时,不因虚度年华而悔恨,也不因碌碌无为而羞耻。临死的时候,他能够说:我的整个生命与全部精力都献给了世界上最壮丽的事业——为全人类的解放而作的斗争。”我与许多要求进步的同学,高唱着:“年轻人,火热的心,跟随着毛泽东前进!”投入刻苦学习,投入各种社会活动,投入奔腾澎湃的革命与建设潮流。

那时许多青年积极要求参加“革命”。“革命”在当时还是一个有特别含义的名词:一指参军,因为解放军的迅速扩大与发展,要求有大批高中生、大学生这些知识分子参军,迅速提高军队文化水平,其中包括1950~1951年冬春起,学生参加军事干部学校(简称“参干”);一指参加新解放区的地方政权建设,因为解放区迅速扩大,国民党政府垮台,人民政权亟待建设。我所在的年级,开始是7个班,两年后毕业时,5个班都不足,因为同学大批参加“革命”去了。我多次要求,没有得到批准。要“革命”,就要能入团。1950年1月26日,我入团了,这也是一个难忘的时刻,我成为了党的助手,成为我生命中有一个新的起点。

我们的校长任言对学生讲：参军、参加政权建设，是革命、是党的需要；难道努力学习，学好业务，为建设祖国做好准备，就不是革命吗？就不是党的需要吗？都是！在校学生一定要努力学习，掌握本领，这也是党的召唤！我努力学习，成绩优秀，在年级名列前茅，我肯帮助同学，特别肯在学习上主动帮助成绩差的同学，不怕麻烦，不顾自己休息；我能关心集体，爱护学校，热心公益事业，事事带头去干。我被评为当时为数不多的全市模范团员之一。

1951 年 7 月我高中毕业了。学校领导对我说："小杨，你不是要革命吗？不是要求参加工作吗？学校有个保密岗位需要人，你愿意吗？"我二话没说，留在学校，担任了这一工作。一年后，1952 年暑假，我正患肺炎，学校领导来看我，并且很关心地问我："你愿意上大学吗？"我讲："当然愿意！""那么你上大学吧！明天到省教育厅报名去！"学校告诉我，由于我国开始大规模的经济建设，急需大量的大学毕业生，因此大学要扩大招生，招生人数远远超过高中毕业生人数，因此，中央决定，从参军、参加地方工作的高中生、大一学生中，抽调足够数量的人，报考大学；凡是能抽调的，一律抽调。后来这批学生有个专门的名词，叫"调干生"。学校坚决执行中央决定，将我抽调了出来，报考大学。1956 年 4 月初，我念大四下学期，刚毕业实习回来，系里通知我，组织决定让我留校任教，毕业时间仍按 7 月。我从未想过留校，因为由于当时我的口才与性格，我认为不适合留校。我表示不愿留，系里问我："你是共产党员吗？"因为我在上大四时入了党。我讲："是！""该不该留？""该留！"共产党员时刻听从党的召唤。党要我留校任教，我就留校任教；要我干什么，我就干什么。我跟定了共产党。这条道路在 1949 年 5 月 23 日那天在南昌就确定了。顺利时是如此，受到严重挫折时也是如此，包括"文化大革命"中受到严重打击甚至蒙受"莫须有"的罪名时，也没动摇过。

第三个地方是武汉。

武汉是我成长、成熟、成人、成才的地方。我从 1952 年 10 月到武汉，至今57年了。所以，我常讲，我的确是江西人、湖口人，但也是湖北人、武汉人；原料来自江西，成品出于湖北，出于武汉，made in Hubei，made in Wuhan。这是实情，我永远不会忘记。多的不讲，我在武汉，1951年10月进入大学，1956年2月6日加入共产党，1956年4月留校任教，1980年10月破格晋升为教授，1991年增选为中国科学院院士，1992年年底任命为原华中理工大学校长，1997年、2002年分别被选为中国共产党第十五次代表大会和第十六次代表大会代表，并在1998年获全国五一劳动奖章。这都是我在成长的关键标志，也是难忘的时刻。

1951年我考入了武汉大学机械系，10月入学。1952年原华中工学院成立，1953年，因院系调整，我调入了华中工学院（1986年改名为华中理工大学，2000年5月26日，与原同济医科大学、原武汉城市建设学院合并，改称为现名华中科技大学）。

1953年，学校初建，人力不够，暑假抽调了4名学生参加建设，我是其中之一。我们来到工地，只见荒山一座，几乎一棵树也没有，荒原一片，只有很少的树。现在我校学术交流中心与院士楼所在之地，只有一座破旧的祠堂，旁边几座破旧的坟墓，几家农户的茅屋，十分荒凉。而今，在这块地方，一座国内一流的大学之城拔地而起。近百万株大大小小的树木，覆盖近7000亩[①]土地，可以说是大树参天、浓荫蔽日、鲜花竞放、四时不绝。国内为数不多的国家实验室之一的“国家光电实验室”，国内为数不多的国家重大科技基础设施之一的“国家脉冲强磁场装置”，国内唯一的引力研究中心都坐落在学校之中。1994年春，东欧某国政府代表团访问了湖北，访问了武汉，也访问了我校。访问结束，代表团团长暨该国政府副总理对我讲：“杨校长，你们学校真不错！发展快，规模大，学科齐，水平高！”后来还有人加了两句，“环境美，风气好”。副总理讲了，我接着讲：“副总理先生！代表团！谢谢你们的称赞！中国人民非常尊重贵国人民，贵国人民很伟大！”他问：“怎么伟大？”我

① 1亩≈667平方米

讲："怎么不伟大?"我将他们国家著名的科学大家，文艺大家一口气讲了8位，每个都做了高度评价，并深情地讲："多么伟大!"他很高兴，也讲："我国人民也尊重中国人民，中国人民也很伟大!"我讲："我们还尊重贵国人民的选择!"这话隐指了20世纪80年代末与90年代初苏联瓦解、东欧剧变的重大政治事件。他作为副总理听了当然高兴，就讲："我们也尊重中国人民的选择!"我接着强调讲："感谢你们的尊重！中国人民选择了什么呢？一是选择了共产党领导，一是选择了社会主义，你们看，在共产党领导下的社会主义中国，继承了、弘扬了民族优秀传统，办了一所你们亲自目睹、亲自称赞的发展快、规模大、学科齐、水平高的华中理工大学。对不对?"他讲："对!"我又讲："不仅办了一所华中理工大学，而且办了一大批高等学校，而且由于众所周知的国际原因，我们学校与许多新办的大学，在20世纪80年代初期以前，没有国外一点与半点帮助，全靠中国人民自己的力量办起来的。对不对?"他讲："对!"我紧接着讲："我们值得骄傲的是，主要不是我们华中理工大学有什么了不起，而是在共产党领导下的社会主义中国与中国人民，凭着中华民族优秀传统有力量办自己要办的事情。对不对?"他们不能不讲："对!"是的，我就是随着我们学校而成长的！在武汉成长的！在人民共和国旗帜下成长的!

1980年10月我破格晋升为湖北最年轻之一的教授后，1981年年底赴美当高级访问学者。一年期满回国后，我和同事、研究生一起，在计算机上开发了国内第一个信号处理系统，解决了世界没解决的钢丝绳断丝定量自动检测的难题，在与第二汽车制造厂的合作下攻克了美国生产厂家也未能解决的曲轴连杆颈车床强烈震动的难关，与有关发电厂合作研制了发电机故障诊断系统，出版了国内第一本《基于知识的诊断推理》学术专著，发表了国内第一篇智能制造的学术论文，出版了具有影响的《时间序列分析与工程应用》学术专著，发表了300余篇学术论文，出版了10部教材、专著；获得10余项国家级自然科学奖、技术发明奖与省部级科技进步奖，获得两项专利；1991年增选为我校第一位院士。1993

年年初接任学校校长，在原来发展良好的基础上，在党委同心协力与师生大力参与下，学校又获得长足的进展，不仅进入了教育部首批211工程大学，而且在原国家教委直接关心下，在理工科占优秀的高校中，率先开展了人文教育、文化素质教育，产生了强烈反响。我从校长位置退下后，主要精力放在高等教育事业上，并三次获得了国家级优秀教学成果奖一等奖：一次是关于文化素质教育的，另两次是关于机械工程学科教学改革的。“百年大计，人才为本；人才大计，教育为本”。但是，我还是高度关注机械学科特别是制造学科的研究与发展，并亲自动手撰写多篇有关学术论文，在我国《机械工程学报》发表。

活到老，学到老，工作到老，直到生命停止。如果后人要为我写什么墓志铭，那么请写：

杨叔子，1933年9月5日生于江西湖口；1949年5月23日在南昌迎接了解放，1949年1月26日在南昌一中加入共青团；1951年10月到武汉上大学，1956年2月6日加入共产党，1980年10月破格晋升为教授，1991年增选为中国科学院院士；后又选为中共十五大、十六大代表。

这是我最难忘的时刻、最难忘的地方。

学界往事

评席泽宗《古新星新表与科学史探索》[1]

王绶琯

《古新星新表与科学史探索》是席泽宗院士的自选集，收文126篇。写作时间始自1948年，最近的一篇作于2002年。从这部时间跨度逾半个世纪、篇幅达120万字的文集里，我们领略到了一位卓越的科学史学者的学术建树，同时感受到了一位用我国传统文化的精华辛勤灌溉现代科学园地的耕耘者的心声。

作为一门学问，科学史处在科学与人文的交汇点上。研究者不但对史料的发掘、考证、诠释要有深厚的功力，而且需要很高的科学造诣。席泽宗早年从天体物理学起步，20世纪50年代初期加入科学史攻坚，于今多年领袖我国天文学史研究，其间还把开拓范围扩大到了综合科学史和科学思想领域。

我国古代天文学成就辉煌，为今日天文学史的研究提供了丰富的素材资源。"五四"运动时期天文学的先驱者们在启动学科建设的同时发起了中国天文学史的研究。很多老一辈天文学家都在这方面下过功夫，有的投入毕生精力、卓然成家。在这个基础上，新中国成立后天文学史得以作为一门有了一定积累的学科，有组织、有计划地开展研究。席泽宗的工作的起点基本上与此同步，他的贡献在一定程度上映射出了新时期肇始迄今的学科进展。这部选集记载了他的主要贡献。入选的126篇论

① 原载于：《光明日报》，2003年6月13日

文中，科学史（主要是天文学史）研究占49篇，其中以古今科学家的贡献和生平为题的23篇；科学史综合研究及工作综述占49篇；科学思想方法、科学精神方面15篇；科学普及13篇。

古天文学史的研究，在历史科学方法的框架里，突出了利用现代天文学知识和计算方法对古资料做出解释和评价。这种“天文考古”，随着技术方法的进步以及考古资料的增多，几十年来进展一直比较快。文集中包含有对我国这种进展的阶段性介绍，包括有1949～1959年，1949～1979年，1922（实际上是1949年）～1982年，1982～1985年，1985～1987年各个时间段的综述报告；此外关于中国科技史综述的有：“中国科学院自然科学史研究所40年”（1957～1997年，该文集第649～655页）、“中国科学技术史学会20年”（1980～2000年，该文集第730～736页）和 *A Survey of the Xia-Shang-Zhou Chronology Project*（2002年，该文集第757～768页）。这些报告都是席泽宗作为学术主持人撰写的，首尾衔接起来可以看出这50年间我国天文学史研究走过的历程。

这个历程中席泽宗本人的贡献载于该文集，全部著作目录见该书第780～794页。这里举出3个我们认为最有代表性的例子。

其一，1955年的“古新星新表”（该文集第30～43页）以及含“增订古新星新表”的论文“中、朝、日三国古代的新星纪录及其在射电天文学中的意义”（1965年，该文集第103～121页，合作者：薄树人）。这项工作的目标是在古代天文记录中寻找“超新星遗迹”，作者出色地完成了这一工作，为超新星（恒星演化晚期星体剧烈爆炸的现象）的研究打开了新的局面。该论文引起了天文学界的轰动，被公认为本领域的一项杰作。这种规模的“古为今用”，效果超出了“天文考古”，常呈现为天文学史研究中的“珍品”。古代喜帕恰斯的岁差研究、中世纪哈雷发现哈雷彗星、当代竺可桢的“物候学”研究，都是这一类型工作的先例。

其二，1973年在长沙马王堆汉墓出土的帛书中发现有天文方面的文字8000字左右，作者很快投入研究、取得结果并发表了很有份量的报告（1974年，该文集第166～191页），这说明了他在学术上“厚积薄发”

的功力。

其三，1981 年发表短文“伽利略前 2000 年甘德对木卫的发现”（该文集第 242～245 页）。作者根据古籍记载、推测 2000 多年前甘氏发现的应当是木星的卫星（木卫），经过计算当年的观测时机，并组织肉眼观测木卫的试验，证实了甘氏当时确实能够实现这种发现。这种“仿古实测”，被同行称为“实验天文学史方法”，甚见特色。不久前在我国国家重点项目“夏商周断代工程”中（席泽宗是首席科学家之一），刘次沅等利用 1997 年 3 月 9 日发生在新疆的日食进行“仿古实测”，验证了古籍中所载的“天再旦”现象（2000 年，该文集第 737～741 页：“三个确定，一个否定——夏商周断代工程中的天文学成果”）。这是一项重要的天文成果，进一步体现了“实验天文学史方法”的巨大成功。

整部文集涉及的研究内容覆盖了中国天文学史各个年代的许多重要领域。这里不再赘述。这样的研究很自然地要扩大到其他地域的古代天文学并联系到西方近代天文学的影响。文集中收载的 1980 年为《中国大百科全书天文卷》撰写的一系列条目（第 213～238 页：“天文学史”、“中国天文学史”、“中国历法史”、“美索不达米亚天文学”、“埃及古代天文学”、“希腊古代天文学”、“阿拉伯天文学”、“欧洲中世纪天文学”）以及 1987 年发表的 *The Influence of Western Astronomy on China in the 17th and 18th Centuries*（第 516～522 页）可以代表作者在这些方面的探究。

文集的另一个重要部分是有关科学精神和科学思想的篇章。席泽宗非常强调在科学建设中发扬我国优良文化传统，他反对“中国古代没有科学”的观点。为此他发表了一系列很有份量的文章。这里举出其中的几篇：“孔子思想与科技”（1992 年，该文集第 464～475 页），“中国科学的传统与未来”（1997 年，该文集第 639～648 页），“中国传统文化里的科学方法”（1999 年，该文集第 671～685 页）。

为了写这篇评论，几天来我与这本近 800 页的文集结了缘，相见恨晚。文集里有不少佳作以前曾经见过，但这回好比是走进一个精心设置的展室，品类齐全，陈列有序，使人感到美不胜收。作为一个天文工作者来评论天文学史，我知道可能会带有职业偏爱，我也意识到一部科学论文集，专业范围比较窄，而且体现的主要只是文献价值（因为一些文章的学术内容，无需太长时间就会被新的研究结果所取代，而另一些，包括传世之作，则会被以更加容易理解的方式来表述，如教科书），因此面向的读者是有限的。但是这部文集收录的是科学史的文章，所赋予的人文科学性质使它会像许多史学或历史著作那样，承受得起更广泛、更持久的参阅和欣赏，加以席泽宗的文章风格，平易里藏着细致，言理不滞、博引不烦，相信更能够为同行和非同行的读者们接受。

评论这部文集，主要不在于评价作者的学术造诣，因为已经有公论。但是为了评价这部文集能否，以及如何反映这种造诣，我们选择了对若干代表性文章的介绍以说明自己的观点。这些介绍不图全面，也不过多涉及学术细节，但是希望能为感兴趣的读者们提出自己的一些体会并与之共赏。

该文集的编排精致，装帧大方，插图以及图表的制作无懈可击；几天的浏览中没有遇到错排错印。总之，“好马配金鞍”，增加了阅读的愉快。

医学泰斗　人寿德馨[①]

——祝贺裘法祖院士从医65周年

吴孟超

适逢中华民族日益繁荣富强、祖国科技水平空前发展的今天，我们迎来了中国医学界泰斗——裘法祖院士从医65周年纪念暨他的90华诞。

在近一个世纪的人生岁月里，裘法祖院士以他崇高的思想境界、纯洁的品德魅力、渊博的学识、精湛的医术、仁厚的爱心、博大的胸怀，毕生致力于祖国的医疗卫生、医疗教育、医疗科研事业，尤其是他对中国现代外科学创立和发展做出的贡献，彰显卓著，无出其右。作为中国现代外科学之父，裘法祖院士当之无愧。

裘法祖院士首先是一位爱国楷模。他早年赴德留学深造，学业优异，成绩斐然，而立之年即获德国外科专科医师并担任普通外科主任一职，这在当时的德国绝无仅有。同时与裘夫人一见钟情并喜结良缘，可谓婚姻美满、家庭幸福。在忽闻中国抗日战争胜利的消息后，他义无反顾，立即挈妻将雏，回国报效。作为同济医学院的学生，我们当时便决心以老师的拳拳报国之心为榜样。新中国成立后，老师及师母几十年如一日为党工作，爱国热情始终不减，就是在“文化大革命”期间受到不公正待遇，也从未听到他们的一句怨言。现在他虽然年届九旬，仍活跃在医疗教学和科研第一线，著书立说、笔耕不缀，言传身教、诲人不倦，他这样的奉献精神，唯有爱国主义情怀是最好的诠释，也是我们教育下一代学生的最好教材。

① 原载于：《华中科技大学学报》(医学版)，2004年12月，第33卷第6期：Ⅲ，Ⅳ

裘法祖院士是一位炉火纯青的外科大师。他以其坚实的医学基础、高超的医学技术、勤奋的工作态度、严谨的工作作风，始终站在医学发展的最前沿，引领中国现代外科事业的发展。经他改进的术形术式不胜枚举，经他总结的方法方式堪称精典，经他创建的裘氏手术规范在全国各地广泛应用，裘氏手术风格影响了我们整整一代外科医生，也将继续成为后辈外科医生的范本。他尤为精通普通外科和腹部外科，但是他更是一位“全才”医生，神经外科、胸心外科、泌尿外科、肝胆外科、矫形外科以及器官移植术等，他都早有涉猎并颇有造诣。我有幸跟他作住院医生，并至今清晰地记得他当时对我说过的话，是这段话语改变了我的一生：“当今世界上肝脏外科是薄弱环节，我们国家在这方面还是空白，偏偏我们的国家又是肝脏疾病的高发地区，如果你真有此心，今后可朝这个方向发展。”我能有今天，全在恩师指路，我没齿不忘。

裘法祖院士还是一位卓越的医学教育家。他胸怀宽阔、高瞻远瞩，不仅致力于外科学研究的尖端，更以培养祖国医学人才、提高整个国家的医学水平为己任。中国改革开放以后，他不遗余力地推进国际医学合作，成为中国对外医学交流的民间大使，经他亲自推荐出国学习进修的中国医生就有上百人。他最重视医学教育的“三基”（基础理论、基本知识、基本技能），“五性”（思想性、科学性、启发性、先进性、适用性），“三特”（特定的对象、特定的要求、特定的限制）。在他担任全国医学高等院校教材评审委员会主任的 20 余年，每一版高等医药院校教材是他殚精竭虑、精雕细琢的结晶。他在临床上带我的时候传于我有六字箴言，即“会做、会讲、会写”，这六个字既概括了外科医生循序渐进的培养规律，又强调了外科医生全面发展的成才目标，也提出了如何使外科医生这个济世救人的职业绵绵不息地发展下去的基本要求。我就是照着他的这六字箴言走过来的，真是屡试不爽，相信凡是受过裘教授教诲的各位同道也是这么成长起来的，建议中国的外科医生都要照着去做，相信会受用终生。

裘法祖院士更是一位白求恩式的医生。他毫不利己，专门利人，终生做一个有益于人民的人。他德高望众，但是在工作上从不端院士架子，善待每一位同事；在临床上从不摆名医派头，呵护每一个患者；学术上孜孜不倦，精益求精；生活上身居斗室，简朴从容。他教导我们的那些看似简单而又平实的话语，实则蕴涵丰富的人生真谛，隽永无穷，使我至今铭刻在心。“做医生不难，做好医生很难，永远做好医生就更难。”“医术不论高低，医德最是要紧。”“要当好一名医生，就要让患者信任自己，始终要问问自己——患者正在想些什么？要想患者所想、急患者所急、痛患者所痛。”他常教导我，做人的最高境界应当是“一身正气、两袖清风、三餐温饱、四大皆空（指名、利、权、享乐）”，我想，这正是老师一生的光辉写照，也应该作为我们全体医务工作者在新时期的座右铭。

值此裘法祖院士从医 65 周年暨 90 华诞之际，谨以此文与全国医学界各位同道共勉。让我们以裘法祖院士为榜样，以振兴中华、富国强民为己任，为人类的健康事业共同献上我们各自的一份绵薄之力。祝恩师及师母健康长寿！

学古文、习古字与编“大典”[1]

——略谈小学、选学、朴学、汉学

吴征镒

一

读书首先要识字，今人上小学识字读书，在我出生的那个时代，是从“山、水、田、狗、牛、羊”认起字，从四书读起书的，现在识字大约会更符合于中国字的造字过程。中国字是当今世界上最古老，学来写来最困难的一种，因为它们是从单音语产生的单音字，没有字母，但有笔画，必须逐字强记，它们的发展是从象形文字开始的。古代“小学”是从用“六书”的造字方法入手的，六书就是“象形，指事，会意，形声，假借，转注”这六个循序渐进的方法。中国字和中国历史一样，是持续发展至今的，从几百字、二三千字发展到如今的，连俗字、简体字、新造字在内，已达五万多字，还是用同一种方法。这五万多字的水平，见于中国科学院物理学部理论物理学家王竹溪院士的遗著，周培源院士为他做序的《新部首大字典》，它成为一种中国“文字学”的必备工具书，虽然初看令人吃惊，但是细想起来，它是一个真正学者的“苦心孤诣”。

象形字，如日、月、山、川、田、竹等，指事如“一”下一人形为“天”、“日”在“一”上为“旦”等，这是最先造出来的基本字，后来才发展到后面四种，其中形声字最多。凡其他，读者们可以查看东汉许慎的《说文解字》的部首和《康熙字典》，逐渐体会。总之，不认识的字，

① 原载于：《百兼杂感随忆》，北京：科学出版社，2008，216～221页

都要先查字典，尤其是草部、木部、麻部等，与草木有关的字，我们预备分别摘出，供读者查找，这是中国语言学里的文字学和字源学的基础。总之，中国字是从甲骨、金文（钟鼎）、大篆（如石鼓文）、小篆（如李斯所书的秦碑）、隶字（两汉魏晋，包括草隶），发展到晋以后的真字（楷书、行书）、草书以及印刷术兴起后的宋体，其象形指事等最初造字痕迹，几乎不可辨认了。

“小学”里还包括音韵学，如各字下，凡古一些的字典中都注有“反”或“切”，它是用前一字的子音和后一字的母音合为一新声，如“茄”，格遐“反”或“切”，即“格”字的“g”子音连上“遐”字的“ia”母音，读“$\overset{gia}{\text{伽}}$”，所以古读音为“$\overset{gia}{\text{伽}}$”，和现代的读音不同。

语音在中国至今还在不断变化，如古音有八声，即现代文字的四声平、上、去、入，四声再分阴阳，共八声。这种八声，现只保留在广东话里，到了北京，语音只有四声，即阴平、阳平、上、去；入声字归入以上三声。古音中还有平上去声，收“m”音尾的，而入声字，都收“p，t，k”音尾，这也存在于粤语里。

字义也是一样，古义每字只有一个意义，以后逐渐引申成多义，所以一方面一字多义；另一方面则有多字一义，这是因为中国地方辽阔，各地方言不同。所以读古书，需要讲求“训诂”，“训”是字义，“诂”是字解，这个字用在这里是什么意思，这是让人头疼的事。每一本书，特别是儒家的经典，自汉代从董仲舒起，建议将儒家“定于一尊”，从此封建思想得到统一，百家之言尽废，而许多思想、议论和客观事实都被挤到杂家杂说里面，所以才有“五四”运动，才有“打倒孔家店”的思想反击。现在正在将儒家归入诸子行列，似乎正在将中国传统的四部，即经、史、子、集改变为“史、子、集、丛”四部。

总之，上述的“小学”，必须要读古书，这是继承和发扬中国古代文明的必要的第一步，不要让“浩如烟海”的古籍变为一堆废纸，而要从中“披沙拣金”重放光彩。

二

宋代以后的古文并不太难读难懂，特别是唐宋八大家，起自中唐的韩愈（字退之，追封文公），韩愈是“文起八代之衰”的。我们可以先学学“韩”、“柳”、“苏”、“欧”，即八大家中的一半。“柳”是中唐柳宗元（字子厚），较韩愈稍晚，因他长期被贬在柳州（今广西柳州），常称为柳柳州，有《柳河东集》全集、诗文等，我有一本有标点的。“苏”就是北宋的苏轼，即苏子瞻(jiān)，自号东坡，平常称为苏东坡，四川眉山人，也是终身被贬，最后死在常州，我也有一本有标点的《苏东坡集》，是全集，包括志林等。“欧”是欧阳修，字永叔，北宋时期江西庐陵人，和苏轼一样，死后都被封为文忠公。这四大家都精于书法，但除苏轼外，保存很少。

学古文，包括断章句、标点，都应该先读《古文观止》中所选的这四个人的文章。例如，韩愈的“进学解”、“师说”，柳宗元的“捕蛇者说”，苏轼的“前后赤壁赋”，欧阳修的“秋声赋”、“醉翁亭记”等，这些都被选入《古文观止》，原都有更易懂的文言注解，现在是否有白话译本，可到书店去找，要从中逐渐体会古文文法、句法、章法，特别是“之、乎、者、也、焉、矣、哉、兮、耶、已、尔”等的结尾词、连缀词，从语气含义去了解。

三

初盛唐（包括李白、杜甫的文章）上溯至魏、晋、南北朝（即“六朝”）这一时期的文章，主要是文学发展史上的“骈文”，又叫赋体，选体或四六的时代（意即以三、四字句或六、七字句各为对，又称“骈四、俪六”），讲究对仗、韵律，好用“典故”，比较难懂，更不必学。《古文观止》中选有陶渊明的“归去来辞”、孔稚圭的“北山移文”、王勃的“滕王阁序”、李华的“吊古战场文”等，虽然不太好懂，但有韵律，常押韵，琅琅上口，有幼学根底的容易记、背，现在只宜浏览。专研究其字义、修辞、用典的就叫“选学”，因为梁昭明太子萧统的《文选》，是最早的骈文文集，专收各种辞赋而得名，但《草木典》等的“艺文”部分别收有不少，查查可以，不宜深究。鲁迅称他那时候的“选学”学者如黄侃（季刚）为“选学妖孽”。

四

凡读古书，须要先知道中国历史，有了“史识”，也就是历史发展规律，才能从沙里淘出金来。历史需要“倒过来”读，或“抓两头，带中间”式的读法，先从清史稿读起，从康梁变法、辛亥革命读起，弄明白从封建社会怎样蜕变成“有中国特色的社会主义”。现在，“大典”不收辛亥革命以后的书。但近现代史和中国通史的一些好的课本，如范文澜的《中国通史》和现代史研究所出的《中国近现代史》，先浏览一遍，以补知中国历史发展概况，知道中国的各种事物的来龙去脉，再读史记和白话史记、汉书（如有白话译本更好），要相互结合起来读。

搞我们这一行的，选择经籍志、艺文志、食货志等史书中的志和有关列传来读，帝王世纪“世家”等大都不必读。按通史里所载大的事物来读，“有的放矢”地读，自非历史学家，只注意本门科学的实物，寻根究底也就可以了。

五

读古书最麻烦的是假借字或通假字，即前文“六书”里的假借，也叫通假。换言之，就像现代人用计算机，偶然一两个字打不出来，暂用这个字的同义字或同音字代替。这些代用字大多是清代朴学家，专治小学、训诂的学者，熟读相关古书和它们的注解以及多种版本，又包括从古类书辑出来的古字古训和古书、佚书，用比较科学的方法求证，最终定出来“某字古通某字”，或可借用代替原字。这是朴学家的拿手本领，于学术研求颇有创进。先师闻一多继承此道，可参阅他的全集中研究楚辞、诗经等篇章。但这是专业学习考据学以后做的事，我们只好囫囵吞枣，来个“好读书，不求甚解”吧。

这里顺便说说“朴学”，朴学是清代盛世，康熙以后的康（熙）、雍（正）、乾（隆）、嘉（庆）四朝。康熙本人好学，为了统治中国，他本人也专精也潜学，曾著有《几暇格物篇》，他更提倡著书、编类书等，先于乾隆几下江南，为的是收买人心，学习汉族古文化，一时文风大振。学者开始精研经史和子部名著，期于复古，所以开始了从“小学”入手，如段玉裁的《说文解字注》等。经过雍正和乾隆初期，大兴文字狱，清初“反清复明”的势力日渐消沉，士大夫中不愿借八股文登仕途的学者，于是钻到“故纸堆”中，乃有乾嘉诸老潜心治学，其中佼佼者如高邮的王念孙、王引之父子、宝应的刘宝楠以及江苏阳湖（今武进）人孙星衍、山东的郝懿行等，大力精读古书，这种学风也带动了一些科学的萌芽，如孙星衍的《墨子闲诂》中，开始用朴学详注了墨子。这一战国时代的“诸子百家”，管子也受到注意，从而突破了“经解”的旧框框。到了嘉庆年间，当时程瑶田做了《九谷考》，认真从农民和实物那里学得了真知，打破了旧士大夫“四体不勤，五谷不分”的局面。吴其浚（本作吴其濬）是嘉庆期的状元之一，则扩而大之，写出了《植物名实图考》，他是那个时期“中国本草学的集大成者”。中国植物学的真正萌芽于是开始了，这一治学风气一直延续到“五四”运动以后，新中国成立以前。

六

读古书的方法：凡做一门学问，必先掌握这一门的已知文献，编大典就是古文献的汇总。清朝学者陈梦雷（字则震，号省斋）主编《古今图书集成》，引用晁公武（字子止，号昭德先生）的《郡斋读书志》、陈振孙（字伯玉，号直斋）的《直斋书目解题》这些书，知故温故，才能知新创新。所以分工以后，各位就其中一面去选书，把这一方面需要精读或浏览的分开，如读诗经，先读《诗草木今释》（陆文郁，1957）、《毛诗陆疏广要》（明，毛晋）、《毛诗草木鸟兽虫鱼疏》（晋，陆玑），结合《十三经注疏》（清，阮元，字伯元，号芸台），再去读诗经中有关草木的各条本文，这就都了解了各种不同解释。读《尔雅》也照样，从清代朴学家郝懿行的《尔雅义疏》读起，结合近代有关知识，弄清各条，这是精读的一方面。

浏览的方面则是有关诗经或尔雅的各种论说，随读随摘，最好做成卡片以便排比。一本书买到或借到之后，先浏览序、跋、前言、凡例、目录，了解其著书的缘起、成书年代、内容特点，最好将这些复制留在手边，以备随时查找；再从目录中选取要精读的条目，抄成卡片，最好在计算机上全文录下。再在精读时先了解全条的大概意思，仍是浏览，然后在编著的过程中，逐条仔细标点，切忌随读随标，这容易弄错意思，因为古文一般很精简，但“真意”常因精简而容易含混，“训诂”不明，又容易混淆，必须反复比较推敲，最后实标。所附图表，必须随手录下，最好用计算机扫描。

中国古文，但凭读者加以句读(dòu)，曾有许多笑话故事，早期新式标点书出版时，也有许多标错了的，鲁迅曾有文批评。所以加标点必须在全部段落和章节弄懂了以后，再正式加标。人名、地名，先加标，先下句读(dòu)，以清眉目，特别是外番传、诸番传等和宋代以后的历史记事，更必须这样，因为有许多少数民族人名改名，都是汉字译音，往往有些长而古怪的名字，混入文句中，最易点错。

读古书遇到人名、地名，先须查《辞海》、《辞源》有无此人，再按《二十四史》人名、地名检索表和“中国历史记年表”稍加了解这些人名，有些地名古今的变动，以及此人的字、号、别号、生卒年代、简单历史、著作等。

上述许多书，如字典、辞典、人名、地名检索表、纪年表等都是工具书，书目、类书、丛书许多也是工具。

七

最后谈一点“汉学”。自从明成祖（永乐）派三保太监郑和七下西洋，西达东非以后，南方丝绸之路逐渐畅通，许多南亚、中亚、非洲植物陆续引进，渐有欧洲传教士来华传天主教。番麦（玉米）、番豆（花生）、棉花、番薯（白薯）之类，逐渐在华南、西南推开。明末有卜弥格（Michel Boym）进入宫廷，曾随南明永历帝流亡到今之贵州安龙，后在那里开辟教区。清初又有不少传教士交游上层，也入宫廷，如康熙就曾从汤若望学当时“泰西”的天文历算，让他们参与绘制全国和全球舆图（地图），足见当时已有较完善的通译。但是老大的封建古国，直到西方列强于咸丰道光朝代，以武力打开中国大门，五口通商。尽管此前康熙已与北邻俄国定过《尼布楚条约》，但是到这时才有在俄国大使馆服务的有普鲁士血统的俄国人 E. Bretschneider 把前此欧洲各国传教士等所了解的中国植物写成两本书，一本已由石声汉译出 *A Preliminary Survey of the Book CHI MIN YAO SHU* 即《齐民要术概论》，另一本是 *Botanicon Sinicum*，北京植物所有此书，这似乎是外国人讲中国植物的“汉学”的开始。1833 年 A. Bunge 描写了北京植物。澳门、香港割让、开租界后，欧美各国学者纷纷来到中国，“汉学”一时在欧美学术界蔚为成风。E. Bretschneider也是发现《植物名实图考》的第一人，以后日本“明治维新”前后，也有小野兰山、伊藤圭介等都考证过中国古籍，松村任三是集大成者，他的《植物名汇》，我们编典时必须参考。此时有许多采集家，他们的植物名录采集记，旅游记也是对中国及其植物的考据学资料。一名英国海关职员 Henry 在宜昌、蒙自所收集的中国植物名，全部收在松村的《植物名汇》中。凡这类人物也可以算有关植物学的半个汉学家。此后到了如同法国人伯希和（Paul Pelliot）、德日进（Teilhard de Chardin Pielli）、桑志华（Emile Licent）则是纯料的“汉学家”。发展到最后，凡中国的古籍如四书，五经，诸子百家，李白、白居易、李商隐的诗，乃至著名小说都有各种外文译本，有些还不止一个。

民国以后，不要忘记李约瑟（J. Needham），他本是化学胚胎学家，转而研究并著作中国科技史，其好“汉学”的程度，我辈自愧不如。我曾记得“文化大革命”后来过昆明，让我和朱彦丞陪他夫妇和他的中文秘书鲁桂珍去查阅当时尘封多年的云南图书馆的古籍。最后，务必记住E. D. Merrill 和 H. Walker 的《东亚植物学文献》和续篇，其中包括中国、日本、朝鲜、琉球群岛和我国台湾地区，所有中、日作家的人名、著作、简介，以及许多古今中日植物学家的单篇著作，都按出版时间排列。此书成为中国植物学家必备的参考书和工具书。

争“气”日记

戴金星

我从事天然气地质和地球化学勘探与研究30多年，在工作的早期，即“六五”和“七五”国家天然气重点科技攻关项目时期，我与天然气科技攻关人员时常在祖国各地精心调研，不畏艰难去取气样，出现了许多与之有关的平凡而又动人的事迹。今摘录日记四则，以见一斑。

1980年5月24日，天蓝日煦，阳泉煤矿

为了研究煤形成天然气的勘探潜力与地球化学特征，戚厚发与我对全国高瓦斯（甲烷）煤矿进行了调研，首先选定山西阳泉煤矿一矿井瓦斯抽放井取气样。上午在一矿瓦斯组长宋广柱同志的指导下，在该矿北四尺井二下山6052工作面20号井深约60米瓦斯抽放井取样。宋广柱用橡皮袋帮忙取了气样，之后我们以气排水法把气样转入玻璃瓶中。高瓦斯的煤矿，容易发生瓦斯突出和爆炸等重大事故，因为当矿井空气里混有5%～16%的甲烷，遇高温时能发生爆炸，所以为了安全，在高瓦斯矿井要从巷道外向内大量送气通风，来稀释降低开采工作面与巷道中的瓦斯浓度。取好气样后我们沿巷道步行出矿井的过程中，逆通风方向而行，估计相当5～6级风的通风流，把空间不大的巷道中的煤灰和煤粒扬卷在其中，打在脸上不仅痛而且眼睛难以睁着。我还好戴眼镜有所抵挡，不戴眼镜的戚厚发只好眯着眼加速步行。到地面后，阳光灿烂，空气新鲜，我们除了牙齿和眼睛是白的，脸全被煤灰染成黑色了，事后洗澡时发现头发中有大量煤灰和煤粒，并且手上漆黑，短时间内洗不干净（3～4

天后，我擤鼻时还有煤黑）。

下午我们乘火车送气样去成都四川石油管理局研究院分析（5 月 29 日分析结果：甲烷含量为 98.88%，还有少量 CO_2 和 N_2，$\delta^{13}C$ 值为 −38.2‰，是高热值的煤层气）。列车飞驰在煤炭之乡山西大地上，由于盛产煤炭，许多行驶在公路上的运煤汽车扬撒出大量煤灰，使路面及其两侧披上黑纱。常称煤为乌金，因为煤是远古植物在光合作用中蕴存了太阳能，而后深埋地下上千万亿年才生成，所以称太阳石更妥。在奔驰的列车上，我不仅为这次安全完成取样并将获得第一手科学数据而庆幸，同时深感煤矿工人对国家和人民的重大贡献。这些开发太阳石的可敬的工人兄弟，冒着患矽肺病和瓦斯突出、爆炸的危险，在煤宫里辛勤地劳作着。过去我一直认为石油钻井工人在数九寒天滴水成冰的松辽盆地，狂风时发、飞沙走石的准噶尔盆地古尔班通古特戈壁沙漠上，气温比体温还高、湿度很大的江汉盆地，昼夜操作在钻井平台上，抗冰雪、抵风沙、顶烈日是极辛苦的，但他们毕竟工作在一片广阔的天空下，在无大的危险环境下劳作。这次下井取样使我对煤矿工人无比尊崇，他们默默无名，但这些奉献太阳石的人，给人民送来温暖、光明和动力。列车不断前进着，远离阳泉煤矿，我遥祝在地下煤宫的工人兄弟岁岁安全、日日吉利，平安是福。

1984 年 3 月 29 日，天气晴朗，云南怒江猛古渡口

滇西的大地绿山碧水，风光旖旎。千峰万峦，巉崖峭壁的横断山脉，以豪迈气势贯穿南北；斩隔高黎贡山与怒山的怒江，从北向南奔流着。

因在怒江流经保山县境内多处发现气苗，斯日云南石油地质研究所桂明义、黄自林带领我们去调查。我们在猛古渡口下游 50～70 米的怒江中，发现了较多的气苗。在江中有相距约 15 米的两处较集中的冒气区，南面的面积为 3 米×4 米，北面的约 20 米×20 米，内有 50 余个冒气点，

多数是间断冒气，也有少数连续冒气。冒出气泡直径大小不等，从2～0.2厘米，一些气泡冒至水面破裂时还发出吱吱声。

此外，在江西边的浅水沙滩上还分布有星点状冒气点，多属间断性冒气。在这里，我们选择了较固定的冒气点，以1.7厘米口径玻璃瓶口对准冒气点排水采一瓶550毫升气样，需25～37分钟。在这儿取气样真不易。因为怒江是雪山融化的水，水凉刺骨，人只要站在江中2～3分钟，脚就被冰得酸麻。这时只能到干沙滩上跳跃或按摩，才能使冻紫的脚暖和一下。我和桂明义、黄自林、关德师4人，轮流着下水，约花了1小时才取了2瓶气样。为了战胜这种冷祸冻灾，我们拣来树枝搭成三角架撑在水中，再把取样瓶用塑料绳系好倒悬在三角架下，瓶口对准冒气点取样。这样用搭架法自动取样，我们就可以不下水了，蹲在干沙滩上，凝视着水如明镜的怒江，银白色气泡从水底沙中蹦跳出来，像晶莹的珍珠，窜进取样瓶。当晚霞染红天际之时，我们又顺利地取了2瓶气样（之后气样分析结果：甲烷为90.30％～94.04％，氮为5.31％～8.84％，二氧化碳为0.65％～0.86％；甲烷碳同位素为－53.1‰～－53.3‰，为生物成因气，并受氧化变重）。

在怒江冰水中搭架取气样

晚霞映染着怒山和怒江

1987年7月26日，万里晴空，新疆克拉玛依市

7月的克拉玛依是领略炎热的好季节，我一来此，嘴唇就干裂开了。昨天气温达42℃，据说柏油路面温度达63～65℃。

在这热浪袭人、骄阳似火的日子里，参加“七五”国家天然气科技攻关项目的新疆石油管理局石油勘探开发研究院和中国科学院兰州地质研究所的科技人员，为了及时系统地进行气源对比，找到更多的天然气，人们轮流着到戈壁沙漠里的油气井上取气样。

火辣辣的太阳照射在没有一棵树木的古尔班通古特戈壁沙漠上，把沙子晒得滚烫，把采油树烤得炙手，戈壁沙漠犹如火海。取气样的同志们，穿火海奔井场，有时为了取油井的伴生气，还得把汽车上200多公斤的分离器抬下抬上，真是热累交加。

高温下取气样真是一件辛苦事。我向年过五旬的范光华建议说：“可否停几天，等气温低点再取。”他答：“要取一个多月样，停下来影响任务，还是继续取好。”青年技术人员许万飞插嘴说：“采油树热得虽然可烫坏手皮，但戴着手套干就没事了。”

他们的言行使我深受感动，我和同来出差的同事说：“他们这种工作态度多么值得我们学习啊!”

1988年3月17日，天气由晴转阴，海南岛兴隆农场

我们取到了海南岛上第一口工业气井金凤1井气样后，还想在岛上多取一些气样。按照张腊昌总地质师的介绍，今天我们决定前往有气苗的万宁县兴隆农场。

兴隆农场宾馆内有两处较大的温泉，一处为流量较大同时出气泡的泉水。由于在宾馆旁打了深井，装泵抽热水用于淋浴等，我们去观察时，已见不到这个温泉露头了。另一处的温泉较大，是一个用水泥墙围成的2.5米×2.5米方池，水深约2米，池壁高出温泉水面约1.5米。在离池10余米远，便可见到池子上空升腾的热气。池中水温达80～83℃。泉水

从池底涌出，还伴有间断性气泡。冒气泡点不下10个，气泡直径为3～0.5厘米。由于温泉被高的墙壁围住，因此无法用手拿瓶直接取样。我们利用池壁上三个比水面稍高的出水洞，以木棍搭成丁字架，由陈学亮站在丁字架交汇处准备取样。但由于冒气点大部分远离人手可及范围之外，为了防止取样瓶掉入池中，我们只好把取样瓶用塑料绳系好倒垂在马口铁桶中，把玻璃漏斗倒缚在一小竹竿上，再用橡皮管使漏斗管与取样瓶连结起来，最后由石宝珩紧靠池墙操作竹竿上的漏斗，并在池中紧张地移动以捕捉各点冒出的气泡。经过2小时5分钟，终于取到了约200毫升气样，此时，石宝珩已累得满头大汗了，再看从池内丁字架上下来的陈学亮，已经汗流浃背，裤衩湿透，脸色绯红。热池之上热气之中一场“争气”活动结束了，大家才漫步欣赏风光旖旎、树绿花艳、湖碧水清天净的海南著名旅游点——兴隆农场。

良师与机遇助我成长

梁敬魁

我出生在一个普通的工人家庭。祖父是福州市郊闽侯县的农民，由于父亲兄弟多，土地少，难以维持生计，所以父亲17岁就背井离乡，到福州市电力公司当学徒，而后当工人直至退休。由于当时家庭清贫，交不起学费，小学毕业后，我就面临着辍学的威胁。当时国民党政府办了一些可以免费入学的公立学校。那时父亲所在的工作单位——福州市电力公司的工会为了鼓励职工子弟学习，对于那些学习成绩优秀的子弟设有奖学金。当时父母认为，只要我能解决自己的学习费用，就可以继续学习，而对于希望改变在旧社会贫困处境和有很强求知欲望的我来讲，能够继续学习是我最大的愿望。为了能实现自己的愿望，我清楚地知道，必须考入公立学校，同时成绩必须名列前茅，以便能够获得福州市电力公司工会的奖学金。经过努力我考取了公立的福州市立第一中学（现福州三中）。在这种公立学校读书的主要有两类学生，一类是学习成绩优秀的学生；另一类是有政治背景的社会名流子弟。因此在这种竞争十分激烈的环境中，要名列前茅，谈何容易，特别是对家庭学习条件比别人差的我，必须靠自己付出加倍的努力。那时学校离家很远，我每天早出晚归步行上学，中午只能带饭在学校吃。当时连铝饭盒都没有，所谓带午饭，就是把米放在草绳编织的饭包内蒸，另外加一些咸菜，几乎天天如此。由于我的勤奋努力，功夫不负有心人，我的成绩一直名列前茅，每年除了免交学费外，还能获得福州市电力公司工会颁发的奖学金，得以继续学习，直至1949年8月福州解放。

在我读书期间，有这样一件事对我影响深刻，至今难以忘怀。记得那还是新中国成立前，我的一个表兄书读得很好，开始他就读于福州高级航海专科学校，那是一所很好的学校，毕业后很容易找到工作，可他突然转学到三民中学。那是一所国民党三青团势力很强、公众印象很坏的学校。表兄也变得很少去上学。他行为的突变使我感到很奇怪，于是我问他为什么不好好读书，他回答说，他之所以这样做，是为了将来更多的人能够念书，并鼓励我要读好书，学好本领，将来建设我们的国家。新中国成立后我才了解到表兄当时参加了共产党的地下工作，到三民中学去是为了开展地下斗争的需要，不幸的是在福州解放前夕，表兄被国民党军队活埋于福州市郊区的长乐县。这件事对我的人生观影响很大，它一直激励着当时还在读书的我，许多革命者为了解放事业，牺牲了宝贵的生命，难道我们还不应该学好本领建设我们的国家吗？这件事以及新中国成立后翻天覆地的变化，使我渐渐懂得读书不仅是为了生活，为了谋取职业，更重要的是为了把我们的国家建设强大。

如果不是新中国成立了，我根本不可能上大学。新中国成立初期上大学是无需交纳学杂费的，学校还提供免费食宿，对于家庭有困难的学生还可以申请助学金。在报考大学专业时，为报答国家的培养，我本希望学地质，开掘我国960万平方千米下的地下宝藏，使国家富强，但是由于平足，不符合报考地质院校的身体条件要求，使我的愿望不能实现。我想我不能走遍千山万水探宝，那也得为探宝做化验工作，于是我报考了化学系，并于1951年秋如愿考取了原福州大学（由新中国成立前的协和大学和华南女子文理学院合并而成）的化学系，成为我们家祖祖辈辈的第一个大学生。

我十分珍惜能够在大学深造的机会，平时我学习努力，成绩一直优秀。1953年秋，原高教部对有关大学院校进行了院系调整，我们转入厦门大学化学系三年级就读。厦门大学依山傍海，景色秀丽，环境僻静，是读书的好地方，更重要的是化学系具有很强的师资力量，这里汇集着一批学识渊博、学风严谨、爱护学生、诲人不倦的优秀教师。他们高尚的品德和优良学风，一直教育、鼓舞和鞭策着我们，努力学习，将来为国家的科教工作做出应有的贡献。

厦门大学学习期间，在众多的课程中，我最喜欢的是分别由卢嘉锡先生和田昭武先生讲授的“物理化学”和“物质结构”。卢先生讲课声音洪亮，很有感染力，不是填鸭式的照本宣科，而是用一张写好提纲的卡片，作为授课提要，一讲就是二节课，或是一个上午。他的讲课由浅入深，简明扼要，生动而风趣，富有哲理性和启发性。卢先生讲课板书清秀，条理清楚，层次分明，逻辑性强，推导严密。课堂笔记根据内容分布，段落清楚，易于学生理解和掌握。即使像比较难懂的热力学第二定律，他也能化难为易，先用严谨而准确的语言介绍热力学第二定律不同的经验说法：热总是从高温物体传到低温物体，而不能相反方向传递而不引起其他变化；第二类永动机是不可能造成的；在隔离体系中熵总是增加。继而通过严密的推论和数学推导，导出与其相关的基本关系式，再用实例运算加以说明。同时在课堂上不时富有启发性地提问，以巩固和加深我们对基本概念的理解，考试形式和考试题目都很灵活，以达到学以致用的要求，因而大大提高了我对“物理化学”这门课程的认识和兴趣。特别是其中的物质结构部分，它涉及事物的本质，且具有广泛的应用前景，深深地吸引了我，使我改变了当初由于平足不能学习地质专业，走遍千山万水为祖国探宝，而想为地质矿藏作化验工作的分析化学专业的初衷，决定选学“物理化学”专业。一位优秀的老师，他是能够影响学生的志向，选择将来所从事的专业，并增加学生对专业的热爱。这一选择成了我以后由于偶然的因素被分配到物理研究所从事晶体学研究的重要基础知识的来源。

卢嘉锡先生不但教我们课本的知识，更重要的是教我们学会对问题的思考方法，培养我们解决实际问题的能力，如何把复杂的问题分解为简单的问题来认识，遇到问题要先进行“毛估”，他常说“毛估”比不估好，并要求学生在解决问题之前，把问题的结果先估计出大致的数量级，这样可以训练学生避开繁琐的计算，立即抓住问题的本质，必要时再仔细计算，这就大大地增强学生解决问题的能力，并提高了解决问题的效率。卢先生对学生要求严格，言传身教，他强调一个科学工作者要用 C_3H_3 来要求，即 Clear Head（清楚的头脑）、Clever Hands（灵巧的双手）、Clean Habit（洁净的习惯），引导学生自觉培养科学工作者应有的素质。当我们在学生时代，卢先生已是我国少数年轻的中国科学院学部委员（院士）、一级教授，但他平易近人，对我们提出的问题，有的甚至是十分幼稚可笑的问题，都给予认真的回答，使我们受益匪浅。

20 世纪 80 年代初，卢先生调来北京担任中国科学院的领导，随后兼任党组书记的重任，和他接触的机会就更多了。他虽然工作十分繁忙，但是对学生的业务成长仍是满腔热情，倍加关怀，不遗余力地给予指导和帮助。他精通中、英文，稿件经他修改往往能起到画龙点睛的作用。当时，《中国科学进展化学卷》（*Advances in Science of China*（*Chemistry Series*））英文版编辑部约我结合自己的工作（关于碘酸盐热力学性质和结构化学方面）撰写一篇综述评论文章。我将初稿送卢先生征求意见，卢先生对英文稿进行了认真仔细的审阅，从文章的结构、段落、标点符号、错别字、用词不当、图表题目，以及哪些地方应该用定冠词，哪些地方应该用不定冠词，并都加以认真推敲修改，使我从中获得极大的教益。20 世纪 90 年代，卢先生在我的院士“自述”文章中还指出了错别字和用词不当的地方。例如，我把闽侯县的“侯”字误写成气候的“候”字、名列前茅的“茅”字误写成矛盾的“矛”字、“照本宣科”误为“照本宣讲”……卢先生这种一丝不苟、严谨治学、细致认真、讲究用词的学风是一种无形的榜样力量，教育我们应该如何治学做学问。

1955 年高教部在全国高校招收留学苏联预备生，经学校推荐和全国统一考试，我被录取。1955 年秋至 1956 年夏在北京俄语学院（北京外国语大学）留苏预备部学习俄语和哲学（苏联研究生必修课程），并做留苏的相关准备。1956 年中苏两国科学院协议由中国科学院派遣一批留学生到苏联科学院学习。偶然的机会，我和其他一些同志从高教部的留学计划中调到了中国科学院作为中国科学院派去苏联科学院的留学生。1956 年 9 月我被分配到莫斯科苏联科学院巴依科夫冶金研究所从事金属合金热化学和晶体化学的研究工作。师从该所副所长阿格耶夫通讯院士(后为院士)。第一次到研究室，导师对研究室主要研究方向、人员、设备条件做了一般性的介绍，后由副导师带领参观实验室和认识有关工作人员。最后，还参观了研究所的物资部门回收的一些仪器和零件。这些零件如果需要，可以领回改装使用。苏联对研究生着重于能力的培养，培养学生独立从事科研工作的能力。先让学生查阅文献资料，提出自己的想法。论文题目比较宽松，只要求结合实验室的设备条件和自己的研究方向，选题只需要包括一个苏联富产的元素就可以了。在导师的指导下，制定研究生工作计划。研究生开题报告在实验室通过后，即可开始工作。研究所有很多公用实验室，如金属合金的制备实验室，那里有高温炉、电弧炉、电阻炉，均可在不同的气氛条件下制备试样以及材料性能测试实验室等。全所人员均可登记使用，由管理人员作具体安排、操作。由于当时中苏关系很好，加上我的导师与公共实验室也打了招呼，一般我们的要求总是优先安排。加上当时在该研究所学习的中国留学生很多，下班以后，各个实验室一般只剩下中国留学生，到各个实验室做一些测试可以畅通无阻，工作效率高。

经过 3 年多的努力，1959 年年底我的导师出于好意和对中国科研事业的关怀，认为我的论文工作已基本达到苏联科学院副博士研究生（相当于欧美的博士研究生）的要求，可以准备答辩。余下的时间（学制四年）可以到苏联其他加盟共和国的相关科研机构参观、访问、考察，了解本专业的研究情况，扩展知识面。因为他认为我们这批留学生（当时是中国科学院首次大批派往苏联科学院的留学生）回国后不但要能够从事科研工作，同时还可能要参与一些国家科研发展规划的制定、组织实施等工作，参观访问扩大知识面是有好处的，我很乐意接受这种安排。1960 年年初我顺利地通过了学位论文的答辩，但是当时驻苏使馆规定留学生离开驻地外出，必须经过大使馆批准。当我向大使馆申请离开莫斯科去其他城市访问，大使馆同志告诉我，既然已经答辩通过了，国内“大跃进”急需人才，留学生以后总是有机会再来苏联参观访问的，应该早一点回国参加工作（回国后，1960 年 5 月我才知道，没有被批准去参观访问的原因是中苏关系恶化，赫鲁晓夫在中印边界问题上支持了印度）。虽然外出参观、考察、访问未能成行，但是我仍然十分感谢苏联导师为中国科学事业所做的周到安排，体现了中苏两国人民的友谊。在苏联留学期间给我最大的收获就是接受了严格的科研工作的基础训练，培养自己独立从事科学研究工作的能力，学习掌握了金属合金热力学的基础知识，为以后从事材料科学热力学研究打下基础，是我从事科研工作的另一重要的知识来源。

我于 1960 年 1 月回国，成为同一批留学生中首批通过论文答辩后回国者。当时国家的形势是，“大跃进”后国防科委出台了科技 14 条，中国科学院出台了 72 条，开始重视基础研究，恢复老科学家的基础研究工作。物理所中国科学院学部委员（院士）、一级教授陆学善先生，由于所从事的是基础研究，在“大跃进”中，被认为是脱离实际的研究工作，被批判。课题组的同志都已改做其他工作，恢复陆先生的工作，他就没有助手了。由于陆先生有心脏病，不能天天来上班，难以直接指导新招来的大学生。在这种情况下急需有一个助手，我就是在这种情况下被分配到物理所，作为陆先生的助手，这是我一生中的一大偶然。我怀着惴惴不安的心情来到物理所，因为我在大学学的是化学，留苏学的是金属材料，物理基础较差。通常认为搞物理的人比较高傲，考大学理科最高分也多是学物理的，两者思维的方法也不尽相同，搞物理多是演绎法，搞化学更多的是归纳法。到了物理所，又耳闻陆学善先生很严厉，上班都只能做实验工作，如果实验记录和报告的阿拉伯数字写不规范的话，将被罚抄对数表，因为他认为，如果一个人连阿拉伯数字都没耐心写好，就很难保证其观察结果的严谨性和可靠性。我就是怀着这种不安的心情，开始了在物理所的科研生涯。

开始工作是艰难的，研究组主要设备据说是 20 世纪 30～40 年代陆先生由英国带回的 Raymax 可折式 X 射线发生器，外加比长仪和显微光度计。所需的 X 射线不同辐射波长靠自己镀不同材料的靶，设备条件无法与苏联科学院相比。根据研究工作的需求，且不浪费 X 射线照片，由陆学善先生亲自设计各种不同直径的粉末衍射照相机，张道范同志绘制加工图，由物理所所办工厂加工的 Bradley-Jay 正规装片法的德拜-谢乐型 X 射线粉末衍射照相机（其中一种直径为 14 厘米的照相机现陈列在物理所 D 楼 2 层橱柜中）研制成功，这些相机的加工精度要求十分高，装照相胶片圆柱面的轴线与样品转动轴线必须同轴线重合，一次加工完成。后来这些相机还作为物理所赠送给阿尔巴尼亚科学院代表团的礼物。由于可折式 X 射线发生器经常漏气，钨（W）丝挥发，沉积在铍（Be）窗口上，不时需要清洗、抛光铍窗口。铍粉末有毒性，大家不分彼此，都争着去清理。没有炉子自己绕制，我们通常安排在星期六大家一起动手，绕炉丝、装耐火砖、填 Al_2O_3 砖和石棉粉保温，搞得满脸是灰尘。之所以安排在星期六下午干这个事，是因为当时只有星期六傍晚澡堂开放，干完可以洗澡。物质相变的测定需要热分析仪，我们也自己设计，由中国科学院物理研究所所办工厂加工。特别是吹制异形石英器件，具有较大的难度，工人师傅高超的技艺，给我留下了难忘的记忆。没有程序控温仪器，我们用变速器带动经稳压的变压器连续升温，精确度虽然不是很好，但基本上可用。衍射线的积分强度用求积仪（陈列在物理所 D 楼 2 层展柜），数据计算用手摇计算器和算盘。初期的研究工作主要是继续陆先生在“大跃进”中被认为是脱离实际的 Cu-Au 二元系的超结构和 Al_3Ni_2 δ-相结构及其固溶体类型（这一部分工作由傅正民同志承担），同时开展一些 Ga 与过渡金属合金的晶体结构和相关系的研究。为了提高实验结果的精确性，陆先生注意实验操作的每一环节，为了获得细锐的 X 射线衍射图谱，用女同志细头发丝粘制粉末试样，为了正确判读衍射线的位置，用蜘蛛丝制作显微目镜中的十字叉丝。在这段时间里，我深深地感受到陆先生从事科学工作一丝不苟、精益求精的治学精神。他使测量晶体点阵常数的精确度达到五十万分之一，进入国际先进行列。在

Al－Ni－Co三元系的τ相以及 Cu－Au 二元系的超结构研究方面得到一系列新的缺陷点阵和超结构现象，这是经国外同行多年研究仍没观察到的，能取得这样的结果靠的是高精确的实验数据和严密细致的思维判断。他对所有记录都要求过了若干年后还能看懂记录的内容。我亲眼目睹，在“文化大革命”后 70 年代后期，他还拿出他保存的 50～60 年代所整理的实验记录和对结果分析的笔记，用以作为依据，撰写论文发表。他对学生所撰写的论文要求字迹清楚、文笔通顺、图表清晰。他甚至要用放大镜检查所绘制的图面（当时没有计算机绘图）。学生稿件一般经修改后也不马上投稿发表，而是先放在抽屉中放一段时间，再拿出来修改，他认为过段时间再修改，才易于发现问题和不足。总之，他对所发表的学术论文要求尽可能的完善。

陆先生对科学的忘我献身精神令人难忘。他常说：“搞科研要生活就是工作，工作就是生活，要生活在工作中。”“搞科研要自始至终处在忧虑之中，一个忧虑解决了，又要开始新的忧虑。”即搞科研工作要不停地思考，它没有终点只有起点，要不懈地追求新知识。从忧虑中孕育出知识和智慧，这使我深受感染。我通过努力学习和工作，逐渐掌握了 X 射线晶体学的基本理论和主要实验方法，特别是 X 射线粉末衍射法测定晶体结构、晶体点阵常数的精确测量，以及 X 射线晶体学在材料物理中的应用等方面的知识。这是我从事科研工作的第三方面的主要知识来源。

在我不同的求学阶段和工作初期，知识渊博、诲人不倦的老师给我打下了物理化学、材料热力学和 X 射线晶体学扎实的基础。老师的高尚品德、一丝不苟的治学态度和献身科学的精神为我树立了榜样，严肃认真的工作态度、严格规范的科学方法、严密细致的思维判断的三严精神使我受益终生。为我以后在晶体结构化学、材料科学和固体物理三个学科交叉领域从事基础和应用基础研究工作所做出的成绩，以及顺利完成属首创的“核试验测温装置”的研制打下了良好的基础。

1965 年国防科委有关负责同志到中国科学院物理研究所提出有关地下核试验测温装置的研制，征询物理所是否能够承担。当时与会者谁都没有把握，只是承诺，回去考虑后再议。这个测温装置必须在地下核爆炸冲击波把测试装置摧毁前，收集到全部数据。光速最快，因此我想我们的研究工作是用已知的X射线辐射波长，研究未知的晶体结构，是否可以倒过来用已知结构的晶体去研究核爆炸时的辐射分布，从而提出了X射线分光装置测定核爆炸温度的实验方案。这一总体思路被国防科委采纳作为一种测温方案，在我国第一次地下核试验（1969年9月23日）测温工作中获得成功（见国防科委领导程开甲院士在1981年院士大会期间给陆学善院士的信件："……这个方法是可行的，也是当前的一个主要方法……梁敬魁同志在这项工作中是有功的，应当给以奖励……"），为国防工作做出了贡献。它的成功与工厂的精确加工是分不开的，稍有差错，将会造成无可挽回的损失。从这件事中，我深刻地体会到基础研究工作的重要。实际上我从事X射线晶体学研究工作时，绝没想到有可能对国防工作有所作为，但一旦掌握了基础知识，心系国家需要，就有可能在实际工作中得到应用。

在完成国防任务后的20世纪70年代初期，我们研究组经过调研，开始在碘酸盐体系中探索新型非线性光学材料的研究工作。当时我国原子能研究所有关同志观察到α-$LiIO_3$单晶体在静电场的作用下中子衍射强度显著增加，随后对α-$LiIO_3$的光学和电学性能在静电场下变化及其微观机制进行了大量的研究。然而，由于X射线穿透能力差，在我国众多的从事X射线衍射研究的单位都没有观察到α-$LiIO_3$单晶体在静电场的作用下X射线衍射强度的变化。我们分析其原因，可能是由于中子衍射和光电性能的测量都是整体效应，而晶体只是被辐照了部分的体积，且入射X射线辐射波长范围窄，辐照面积小，且强度低导致了此结果。继而我们根据平行排列双晶衍射的基本原理，在国产衍射仪的基础上，增加了一些附件改装成符合平行排列双晶衍射原理的谱仪，增大发散狭缝，增加晶体被辐照的面积和辐射波长范围，提高了入射X射线的强度，成功地观测到α-$LiIO_3$单晶体在静电场下X射线衍射强度异常增强及其随电压和时间的变化。这一高灵敏度和高准确度的X射线衍射工作获得了同行的广泛认可和高度评价。

20 世纪 70 年代邓小平同志复出协助周恩来总理主持国务院工作，1978 年 3 月全国科学大会迎来了科学的春天，科学的基础研究工作受到重视。如何结合国家的需要，定位研究组的研究方向，扬长避短，结合实际，开展研究工作，就成为当时面临的重要问题。当时晶体生长组接受国防科委援越任务，生长半波电压及其温度系数都比较低的光电调制材料铌酸锶钠锂单晶体。然而生长出的晶体锂含量时有时无、时多时少。按常规退火以提高其均匀性和完整性，反而开裂，原因不明。我们研究组结合这一课题在我国首先开展了相图在晶体生长工作中应用的研究，通过 $LiNbO_3-NaNbO_3-SrNb_2O_6$ 三元系相关系的研究，确定了铌酸锶钠锂是由包晶反应形成，包析分解的固溶体化合物，解释了晶体生长存在的问题，为生长优质铌酸锶钠锂单晶体提供了热力学依据。

优质紫外倍频材料低温相偏硼酸钡（BBO）是中国科学院福建物质结构研究所发现的，但是在研究初期，在多元的硼酸盐体系中具有倍频效应的物质错误地被认为是“硼酸钡钠”，无法生长出其单晶体。1979 年冬在苏州全国晶体生长学术会议上，我建议由中国科学院福建物质结构研究所派人到我们研究组合作研究与硼酸钡相关体系的相图和相变。在其后的工作中，我们确定了具有倍频效应的物质是 BBO，其中钠盐所起的是助熔剂的作用。并依据相图用钠盐作助熔剂，熔盐提拉法生长出了两小块 BBO 单晶体。从而在理论和实践上解决了 BBO 单晶体生长的原理问题，为随后中国科学院福建物质结构研究所生长大块 BBO 单晶体的开发研究和出口创汇打下了坚实的基础。

相图研究结果为解决晶体生长中存在的实际问题提供了热力学依据，我们的研究成果获得了同行广泛的重视和肯定确定了物理所的相图研究工作在国内的地位。全国相图学术会议纪要指出“中国科学院物理研究所研究碘酸盐、硼酸盐、铌酸盐相图有效地指导了晶体生长和材料的研究工作，具有很好的理论和实用价值”。从而根据我们的优势和长处，以及国家的需要，确定了无机功能材料的相关系、晶体结构及其与物理性能的关系作为我们研究组的研究方向，它是材料科学不可缺少的基础研究。

由于圆满完成国防任务，我们研究组在 X 射线粉末衍射晶体学和相图应用研究方面所取得成绩也得到了同行的好评和中国科学院以及物理所领导的肯定和支持，陆先生向中国科学院申请进口先进的 X 射线粉末衍射仪，得到当时中国科学院副院长严济慈先生的支持，购买了德国 STOE 公司全自动粉末衍射仪，带两台测角仪，其中一台具有入射线和反射线单色仪高精度和高分辨率测角仪，并有高温衍射附件（此台仪器现已调拨给北京科技大学，因为我们近年又进口了日本产高功率和荷兰产高分辨率的粉末衍射仪）。当时购买进口设备很困难，且手续繁多。当时我们购买衍射仪，我记得在申请报告书上盖过 10 多个红公章，其中还包括国内生产衍射仪厂家提供的目前国内不能生产且有进口借鉴价值的证明。随后在中国科学院物理研究所领导的支持下又进口美国 Dupont 公司的综合热分析仪，日本真空株式会社的低中温（液氮～800℃）比热仪和 Guinier-Lennè 高低温（液氮～1300℃）粉末衍射单色聚焦照相机。至此课题组的设备具有国内从事相图、相变和相结构的一流水平。我们课题组一位同志去美国马里兰大学化学系攻读博士学位，他来信说，马里兰大学他所在的研究组设备条件不如我们研究组，像物理所我们课题组那样的设备他们没有，他的博士学位论文工作必须到美国商业部国家标准局（National Bureau of Standard，NBS），现改名为国家标准与技术研究院（National Institute of Standard and Technology，NIST）去做。由此可见当时我们研究组的设备条件达到与国际相当的水平。十分感谢所领导在当时科研经费不十分富裕的条件下，为我们研究组提供了十分良好的工作条件，建立了科研方向较为稳定明确的基础和应用基础研究团队，即为从事物理所研究的功能材料的相关体系相关系和晶体结构，以及 X 射线衍射在材料学中应用的方法研究打下了良好的基础。

回顾半个多世纪的经历，我深深地体会到一个人的前途与国家命运紧密地联系在一起，一个人的一生中可能会经历许多偶然事件和机遇。要善于适应客观环境和根据自身条件，把握机遇，实事求是，要有自知之明，正确定位，扬长避短，发挥优势才有可能为国家的科教事业、国防建设事业和人才的培养做出力所能及的贡献。饮水思源，回顾我的学术生涯，使我更加怀念我求学和工作不同时期现已故去的老师——卢嘉锡先生、阿格耶夫先生、陆学善先生的谆谆教诲。我愿以“老骥伏枥，志在千里”的精神，发挥余热，报效祖国。

恭贺何泽慧院士 95 华诞[①]

陆 埮

2009 年 3 月 5 日是何泽慧院士 95 寿辰的喜庆日子。2009 年正好又是国际天文年。在这个大好时光里恭祝何先生 95 华诞，这是十分高兴的事。

2009 年 3 月 17 日拜访何先生（右）时摄于其家中

虽然我没有直接在何先生那里工作过，但是她的许多重大科学成就，早就已经深深地印在我的脑海中。后来，在各种各样的学术活动和会议中，她的敬业精神、她的平易近人、她的远见卓识、她的和蔼可亲、她的踏实俭朴、她对后辈的关心爱护，都给我留下了深刻的印象。我一直非常敬仰她，敬仰她的为人、敬仰她的创业、敬仰她的务实。她一直是我的老师，也是我的榜样。2002 年，我的学生为我 70 岁生日举办了

① 原发表于：《现代物理知识》，2009（2），21 卷，63～64

一次“当代天体物理及相关物理前沿研讨会”，当时88岁的何先生还专门从北京到南京参加这个会，并热情洋溢地发了言，作为后辈的我真是深为感动，也更加激励了我要好好地干活、认真地做事，才能对得起老一辈对我们的厚望。

还在我读书的时候，就知道何先生和钱先生（钱三强院士，下同）发现铀核三分裂和四分裂现象的故事。他们的这些成就，对我们在求学道路上选择科学、选择物理，曾起了积极的作用。

1946年在法国巴黎，何先生和钱先生发现铀核三分裂和四分裂现象。三分裂现象大约在几百次裂变中才会观测到1次，而四分裂现象的发生概率更为稀少，约5000次裂变中能观测到不足1次，这个发现有相当的难度。众所周知，铀核裂变（两分裂）是在1939年被哈恩（O. Hahn）和斯特拉斯曼（F. Strassmann）发现的。6年以后（1945年），格林（L. L. Green）和李弗西（D. L. L. ivesey）用乳胶观测裂变碎片时，摄得了一张照片，显示除两个比较大的碎片以外，还有一个小的碎片。他们把这个小碎片解释为由大碎片衰变出来的α粒子（^4He）。也就是说，他们仍然把这个过程看做是普通的二分裂现象，只是裂变子体（大碎片）之一还可以产生α衰变而放出一个作为小碎片的α粒子。何先生、钱先生敏锐地感觉到，这里可能有新东西。于是，他们与另外两个法国年轻人沙士特勒（R. Chastel）和微聂隆（L. Vigneron）一起，用乳胶技术观测研究了大量裂变现象，发现了相当数量的三叉形径迹。的确，第三个粒子往往要轻得多，很多是α粒子，但并不都是α粒子。这里有比α粒子重的原子核，如^6He、^8He、^7Li、^8Li、^9Li、^9Be、^{10}Be等；甚至也有比α粒子轻的原子核，如^1H、^2H、^3H、^3He等。而且，三叉的三条径迹大多是在同一平面上，且第三条径迹特别长，也就是能量特别大，如果它是α粒子，也不会是通常α衰变放出来的。特别是，他们发现在大多数情况下，第三个粒子的出射方向倾向于与两个大碎片的垂直方向。如果第三个粒子是大碎片之一衰变放出来的，不可能有这种方向性。由此可见，三叉现象无法用二级α衰变来解释；三叉应当是从同一点发出来的。

因此，确认他们发现了三分裂现象，这是一种新的裂变方式。

1946 年 12 月 20 日，何先生又发现了第一个四分叉事例；随后，第二个四分叉事例又被发现。这些显然是更难发现的四分裂现象。当时何先生和钱先生所在的居里实验室的领导人约里奥·居里先生，还在巴黎召开的一次国际科学会议上首先宣布了这项发现，他说：这是第二次世界大战以后物理学上的一项有意义的工作。这些科学发现的故事是十分动人的，钱先生曾在他的《重原子核三分裂与四分裂的发现》（科学技术文献出版社出版）一书中详细叙述了这些故事。

钱先生与何先生 1946 年在巴黎法兰西学院原子核化学实验室工作

实际上，何先生早在 1936 年就出国留学了。她在发现铀核三分裂和四分裂现象以前，已经在物理方面做出过重要贡献。她原是去德国柏林留学，攻读弹道学，1940 年获德国柏林高等工业大学工程博士学位；随后去柏林西门子工厂弱电流实验室工作；1943 年去德国海德堡皇家学院核物理研究所，在诺贝尔物理学奖获得者波特（W. Bothe）处从事核物理实验研究。

1945 年，何先生在德国时，利用磁云雾室研究锰同位素 ^{52}Mn 放射出的正电子与电子的作用，摄得了一张呈 S 形的径迹照片（见下图）。由于云雾室是放在磁场中的，不同电荷的粒子在其中留下的径迹是向不同方向弯曲的。图中的放射源 ^{52}Mn 放在左下角，^{52}Mn 放射出的正电子从左下朝右上方向运动。由于带正电，其轨迹向逆时针方向弯曲。当正电子

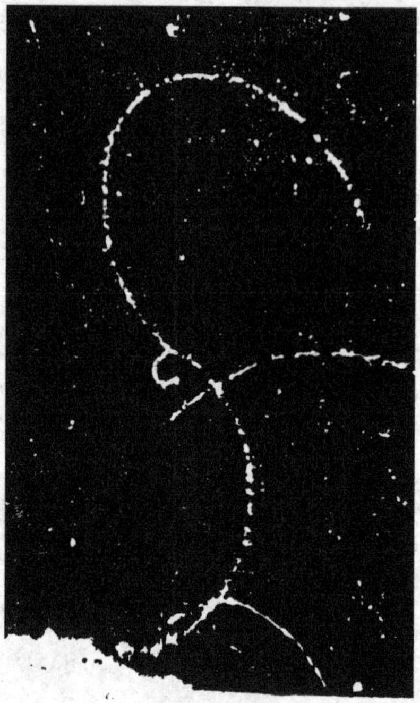

何先生摄得的大能量转移正电子-电子弹性散射的云雾室照片

走到图的近中心位置附近与那里的一个静止的电子碰撞，把几乎全部能量都交给了原来静止的电子，使之变成一个几乎与原来正电子同样能量的电子。由于电荷变了，其轨迹走向也变成了顺时针，使整体轨迹成为了S形。值得注意的是，在图中心位置附近的碰撞点处出现了一个逆时针短曲线，它正是原来正电子给掉几乎全部能量后所变成的低能正电子的轨迹。何先生的这个工作当时是寄给钱先生，由钱先生在1945年9月下旬在布列斯托尔举行的英法宇宙线会议上报告的。1945年11月3日的英国《自然》（*Nature*）杂志报道了这件事情，并称何先生的这一工作是一项科学珍闻。通常，正电子与电子相撞是要发生湮灭的，但何先生看到的是两者之间的弹性散射，而且是极大能量转移的特殊事例，真是一项珍闻。正电子与电子之间的弹性散射，通常称为巴巴（H. J. Bhabha）散射，以区别于称为缪勒（H. A. Mϕller）散射的电子与电子之间的弹性散射。何先生还详细地研究了这个问题，并把观测结果与巴巴、波特、贝特（H. Bethe）的理论计算做了比较，相符很好。这些结果还于1946年7月在英国剑桥召开的国际基本粒子与低温会议上宣读，其后还与波特联名在刊物上发表。

1946年春，何先生到法国巴黎法兰西学院原子核化学实验室从事研究工作。此后，何先生和钱先生就在一起从事核物理方面的实验研究。铀核三分裂、四分裂就是在那里发现的。事实上，那时他们在国际物理界已有很高的声誉，1947年夏，钱先生晋升为“研究导师”。人们也都猜测他们会长期留在居里实验室工作了。可是，出于强烈的爱国心，不久（1948年），何先生和钱先生就回到了祖国，接着迎来了新中国的成立。在新中国，他们更积极地参与并领导了全国的原子能事业。为了建立我国自己的实验设备，何先生与陆祖荫、孙汉城等亲手研制成了对质子灵敏的核乳胶，后来他们又与刘惠长一起研制成了对电子灵敏的核乳胶。1956年，何先生与陆祖荫、孙汉城获得了国家自然科学奖三等奖。

随后，何先生在领导、建设中国科学院原子能研究所和高能物理研究所方面做了大量工作。她领导建立了中子物理和裂变物理实验室，完成了大量核参数的测量，开展了相关基础科学研究，培养了一批高素质的基础科学研究人才，为我国原子能事业的发展做出了重大贡献。

1998年在呼和浩特召开的中国天文学会张衡天体物理会议期间的一张照片。左起：罗辽复、何先生、陆埮

何先生是很有远见的。早在20世纪70年代，她在领导高能物理研究所时，就特别关心宇宙射线，并亲自抓空间天文和高能天体物理的建设和发展。我是在1978年从粒子物理转入天体物理的，此后，我在许多空间科学和高能天体物理会议上就经常见到何先生，如青岛、乌鲁木齐、重庆、呼和浩特、宁波、丽江等地的会议上。何先生还参加了1997年3月9日在我国“最北”的漠河地区观测日全食的活动，那时漠河非常寒冷，气温约为－25℃。我国目前高能天体物理发展的大好形势与何先生的支持是分不开的。

吴健雄教授的科学贡献①

陆 埮

我很高兴来健雄职业技术学院，来太仓，来吴健雄教授的故乡参加她诞辰95周年纪念座谈会。今年还是她逝世10周年，也正巧是她发现宇称不守恒50周年。在这个重要的纪念日回顾一下她的科学贡献是有意义的[1~4]。

20世纪50年代的吴健雄

吴健雄1912年5月31日生于江苏省太仓县浏河镇。1934年毕业于中央大学（现南京大学、东南大学的前身），两年后进入美国加利福尼亚大学，于1940年获博士学位。1952年任哥伦比亚大学副教授，1958年升为教授，1972年起担任普平（Pupin）讲座教授，直到1980年退休。其间，她于1958年被选入美国科学院，1975年任美国物理学会主席。

吴健雄教授一生中获得过许多奖励和荣誉。1975年，美国总统授予她国家科学勋章；1978年，她又获得了沃尔夫基金会首次颁发的奖金，1964年，美国国家科学院授予她康斯托克（Cyrue B. Comstock）奖；1990年3月11日，国际小行星中心和小行星命名委员会公布了将紫金山天文台1965年9月20日发现的2752号小行星命名为“吴健雄星”；1991年又获普平奖章。她被北京大学、南京大学和中国科技大学等许多大学授予名誉教授称号。

① 原发表于：《物理》，2007（9），36卷，681～686

第一个推翻弱作用中的宇称守恒定律

我第一次见到吴健雄这个名字是我在北京大学物理系读书的时候，那时在原子核物理书中看到过“C. S. Wu”。当我读到四年级时，那是1957年的春天，吴健雄的名字突然出现在几乎每天的报刊上，报道她第一个用实验验证李政道和杨振宁的理论预言，发现那个几乎是天经地义的宇称守恒定律在弱作用中不成立，以及随后全世界许多实验室在各种弱作用过程中也相继证明宇称是不守恒的。这是一个基础科学领域内极为罕见的、在新闻界持续了相当长时间的轰动性事件！

20世纪50～60年代是粒子物理发展的巅峰时期。1956年，为了解释粒子物理上出现的$\tau-\theta$之谜，李政道和杨振宁研究了各种原子核过程和粒子过程，发现那时所有已经做过的实验都没有证明过弱作用中宇称是否守恒，因而建议了一批可以检验弱作用中宇称是否守恒的实验[5]。为什么以前人们都没有看出这一点，甚至还误认为宇称守恒是早已被验证了的？原因在于，宇称守恒就是左右对称，这个“定律”一直被认为是天经地义、自然成立的。甚至人们在测量β衰变发射的β粒子角分布时，往往只测左边一半，因为他们认为“右边一半根据宇称守恒定律必定同左边一样，不必再测”！因此，在李政道和杨振宁提出弱作用中宇称可能不守恒后，并不是马上就有人响应去做实验，大物理学家泡利（W. Pauli）甚至写信给另一位大物理学家韦斯科普夫（Victor Weisskopf）打赌：如果宇称不守恒，他愿意输一笔巨款。吴健雄却“独具慧眼，认为宇称守恒即使不被推翻，此一基本定律也应被测试”（见杨振宁题词[6]）。正是基

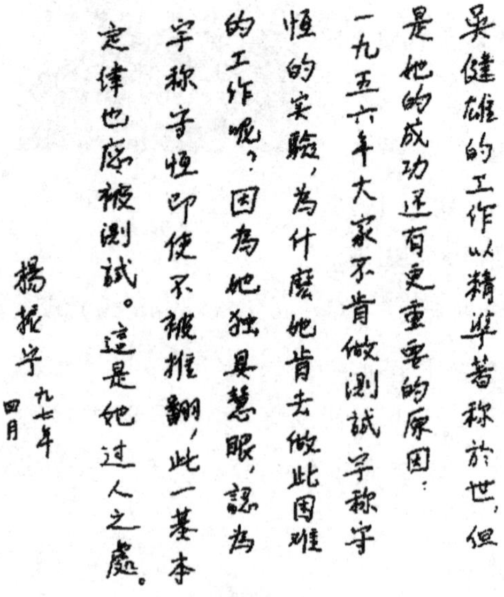

杨振宁题词

于这一认识，她全力投入了这个实验。

原则上，要检验宇称是否守恒，必须安排两套实验：一套是另一套在镜子里的像。吴健雄选择的实验是要测量放射性原子核^{60}Co沿自旋方向和相反方向发射出来的β粒子数是否一样多，见吴健雄实验示意图（a）[7]。图中（a）的中间线代表一面镜子，吴健雄测量的正好是镜子两边互为镜像的情形。其实，图中（a）右下部分转180°就变成左上虚线所示部分，而这个虚线部分正好就相当于^{60}Co反过来转动的情形。实际上，虚线部分正好可以将^{60}Co原子核的自转反转方向而后仍用左下的探测器来测量。^{60}Co原子核自转方向的改变可以用线圈电流方向控制。因此，吴健雄的实验只需要用一个探测器，见吴健雄实验示意图（b），其中蒽晶体就是测量β粒子的探测器，而两块NaI晶体是通过测量同时放射出的γ射线来监测^{60}Co原子核极化程度的。在线圈电流改变方向前后各测一次，就相当于进行了图中（a）左右两边的测量。吴健雄测出的结果显示两者差别很大，表明左右很不对称，从而推翻了宇称守恒定律。

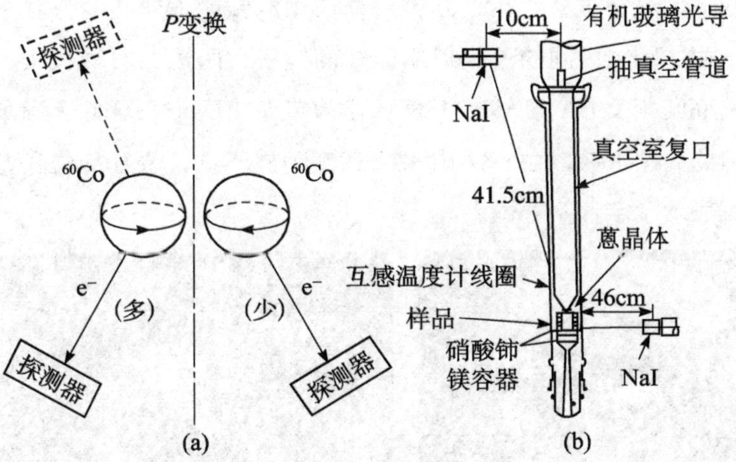

吴健雄实验示意图

这个实验有一定的难度。为了把^{60}Co的核自旋整齐地排列起来，使得^{60}Co的核极化，必须把它们放置在很强的磁场中，且保持在0.01K（离绝对温度零度只有约百分之一度）的极低温度下，否则热运动会破坏核的整齐排列。在^{60}Co原子核整齐排列的情况下，测量衰变放射出的向上和向下的β粒子数是否一样多，就可以判定宇称是否守恒。她与美国国家标准局的四位学者（安勃勒（E. Ambler）、海华德（R. W. Hayward）、豪泊斯（D. D. Hoppes）和胡德森（R. P. Hudson））合作，利用那里的低温设备，经过约半年的努力，在1957年年初明确地测出了沿^{60}Co的自旋方向发射出的β粒子计数率远比相反方向的少得多，从而得到了宇称不守恒的确凿结论（这个实验同时也确凿地推翻了电荷共轭对称性）[8]，轰动了整个物理学界，使杨振宁和李政道当年就获得了诺贝尔物理奖。这个发现也使人们对中微子的认识有了很大改变，原来认为是4分量的，现在却发现只有2分量。那位首先提出中微子概念并为宇称守恒打赌的大物理学家泡利在得知吴健雄发现宇称不守恒的实验结果后感慨地写信给吴健雄说："无论如何，我祝贺你（与我自己的情形相反）。这小粒子中微子（对此我并不陌生）仍然纠缠着我。"在那期间，吴健雄常被邀请去作各种报告，讲解宇称问题。1月底在纽约召开的美国物理学会年会上，也为这个题目特别安排了一场讲演。

李政道为吴健雄墓（在江苏省太仓市浏河镇明德学校）所作的物理设计见下面的图，中间的玻璃板象征一面镜子，两边的石球代表^{60}Co原子核，它们向相反方向旋转，正表示互为镜像。两个石球向上喷的水柱代表发射的β粒子数，左右两边水柱高度明显不同，象征β粒子数相差很大，正表示了宇称不守恒。

吴健雄墓及李政道写的碑文

吴健雄的这一工作完全达到了获得诺贝尔奖的水平。至于为什么没有授予她，众说纷纭。谜底也许不久就会透露出来，因为诺贝尔奖的档案50年后才能解密。杨振宁和李政道1957年获奖的档案今年（2007年）

应该就可以解密。当时曾有一种说法，说是因为有许多实验几乎同时都证明宇称不守恒，同一项目的诺贝尔奖不可能给许多人。例如，与吴健雄的文章发表在同一期刊物上，且紧靠着仅一页之差，就有另一篇加尔文（R. L. Garwin）、勒德曼（L. M. Lederman）和温利希（M. Weinrich）的验证宇称不守恒的文章[9]。不过，请注意，在加尔文等的文章中明确写明，他们是在得知吴健雄等实验的初步结果后才决定做实验的。同一刊物的下一期发表的伏利德曼（J. I. Friedman）和特勒格迪（V. L. Telegdi）的文章[10]又写明他们的实验是在得知加尔文等的结果后才完成的。所以，吴健雄是第一个用实验验证宇称不守恒的人，所有其他实验都是在得知她的实验结果后才开始做的，她的首创性没有任何疑问。

从 1957 年 1 月 2～8 日这一个星期是吴健雄在美国国家标准局与其他 4 位合作者进行实验检验最紧张的一段时间。1 月 9 日凌晨 2 时，他们小组举行了组内庆祝。1 月 10 日夜，吴健雄匆匆赶回哥伦比亚大学。1 月 15 日下午，哥伦比亚大学物理系召开紧急会议，向公众宣告宇称守恒定律被推翻。

β 能谱学的精确研究

吴健雄之所以能做出如此重大的发现，是与她极好的实验基础分不开的。事实上，早在 20 世纪 40 年代，她已经是一位出色的实验核物理学家，尤其是在 β 衰变的实验研究方面。

β 衰变是三种放射性现象中最神奇、最微妙、最富有革新内容的一种，它是核物理中的一种典型的弱作用过程。它的连续谱特性甚至使玻尔（N. Bohr）等怀疑过能量是否守恒！为了挽救能量守恒，泡利提出了令人难以捉摸的中微子假设。在吴健雄开始研究 β 衰变时，人们已经知道费米（E. Fermi）在中微子假设基础上提出的 β 衰变理论，但是这个理论在那时还没有被证实，中微子也还没有被发现。费米理论所预言的 β 能谱包括有容许谱以及各级禁戒谱。那时人们的实验结果甚至与最简单的容许谱也不相符合，特别是其低能端有过剩电子。吴健雄与艾伯特

(R. D. Albert）合作，将放射源做得足够均匀、足够薄，对^{64}Cu的β谱进行了仔细的测量，消除了低能电子过剩，得到的结果与费米理论预言的容许谱符合得非常好。这个结果很快得到了许多人的证实。为了对费米理论进行彻底检验，还必须对各种禁戒谱进行测量。吴健雄与她的合作者进行了一系列的实验，对禁戒谱（特别是唯一禁戒谱）的测量，也支持了费米的β衰变理论。吴健雄的这些工作澄清了当时存在的许多严重分歧，对于β衰变机制的确立起了关键性的作用[11]。

正是由于她在β衰变实验研究方面造诣很深，且精通这个领域的实验技巧，又有持之以恒的毅力，才使她能够第一个做出推翻宇称守恒定律的划时代贡献。

第一个证明弱矢量流守恒定律

在宇称不守恒被发现以前，弱作用被误认为由标量（***S***）和张量（***T***）两种流产生，但在宇称不守恒被发现以后，弱作用的正确形式就很快确定了下来，它是由矢量（***V***）流和轴矢量（***A***）流产生的。众所周知，电磁作用是电流与电磁势相耦合。电流是一种矢量流，这种流是守恒的（即电荷守恒）。最早，葛尔希坦（S. S. Gershtein）和泽尔多维奇（I. B. Zeldovich）于1955年提出了弱矢量流也守恒的可能性[12]，但那时人们甚至还不知道弱作用中是否有矢量流参与。只有到宇称不守恒被确立以后，人们才知道弱流由矢量流和轴矢量流组成（即所谓的V-A理论）。1958年，在宇称守恒被推翻以后，费曼（R. P. Feynman）和盖尔曼（M. Gell-Mann）再一次提出弱矢量流守恒的假设[13]。

弱矢量流守恒定律的实验检验在于比较同位旋三重态（自旋宇称为1^+：^{12}B的基态、^{12}C的15.11MeV激发态和^{12}N的基态）向同位旋单态（自旋宇称为0^+：^{12}C的基态）的跃迁，测定^{12}B和^{12}N衰变的β能谱的形状修正因子，并做出比较。虽然已有人做过这种实验，但终未获确切结论。1963年，吴健雄和她的合作者首次成功地完成了这个实验，确证了弱矢量流守恒。这个实验的意义非常深刻，它不仅建立了一条新的守恒定律，而且也为弱作用和电磁作用的统一成功地铺设了第一块里程碑。

这里有一段有趣的插曲。无论弱矢量流，还是弱轴矢量流，均可以有G宇称不同的项。所谓G宇称，是指电荷对称和电荷共轭的联合作用。弱流中具有与通常项的G宇称相反的项就称为第二类弱流。吴健雄和她的合作者验证弱矢量流守恒的实验同时也证明不存在第二类弱流。20世纪70年代，吴健雄和她的合作者1963年的那个著名实验[14]受到了两方面的指责：一方面，有人声称在一些实验中存在着不小的第二类弱流；另一方面，还有人指责她们在分析数据时用了有些问题的巴拉-罗斯(Bhalla－Rose)的β衰变费米函数。1977年，吴健雄等仔细地研究了这个问题，发现当改用正确的贝伦斯-姜奥克(Behrens－Janeoke)的β衰变费米函数重新计算，固然会大大改变$^{12}B-^{12}N$的β能谱的形状因子，然而当实验中所用的分支比和ft值等参数也改用更好的新值后，却正好对该形状因子产生了相反的影响，使弱矢量流守恒的结论依然成立[15]。显然，1963年的那篇文章，问题仅出在所用别人的结果，吴健雄等的实验数据本身精确无误。这再一次告诉我们，吴健雄的实验是可靠的。同时，许多实验也明确否定了第二类弱流的存在。

1977年9月在东京的一次核结构国际会议上，道依奇(Deutsch)曾十分风趣地借用莎士比亚的一部戏剧的名称《无事生非，劳而无功》(Much Ado About Nothing)来概括这阵关于第二类弱流可能存在的风波。吴健雄非常确切地进一步借用莎士比亚的另一部戏剧的名称《圆满收场，皆大欢喜》(All's Well That Ends Well)来描述这阵风波所导致的满意而且和谐的研究结果。

吴健雄的科学贡献是多方面的

吴健雄的科学贡献涉及面广，大多与物理学的基本问题密切相关。特别是在β衰变的实验研究方面，她是20世纪这个领域内的第一人。上面列举的推翻宇称守恒定律、β能谱的精确研究和验证弱矢量流守恒等是她最主要的三项贡献，其中任何一项都足以使人名垂史册。

此外，吴健雄还有许多其他贡献[1]。例如，她在内轫致辐射、^{135}Xe对核裂变链式反应的重大影响、双β衰变、奇特原子、穆斯堡尔（R. L. Mössbauer）谱学、血红蛋白、量子力学的隐参量问题、正电子偶素、超低温核物理、核能级图、仪器以及探测方法等方面都做过不少重要且具有基本意义的工作。

早在吴健雄读研究生的时候，她已经开始研究了一些轫致辐射和核裂变方面的问题。她在原子核的电子俘获过程的内轫致辐射等方面做出了很出色的研究。她们关于^{37}A和^{55}Fe，^{131}Cs和^{204}Tl的研究成果，已经被几本教科书引用。她们在低能中子激活铀裂变中发现了氙（^{135}Xe），对识别在华盛顿的核反应堆中引起减慢甚至最终导致终止链式反应的物质起了相当大的决定性作用。

吴健雄在双β衰变方面也做了许多工作。双β衰变有同时放射双中微子和不放射中微子的两种可能模式，与中微子质量是否为零和轻子数是否守恒密切相关。她们用^{48}Ca和^{82}Se做双β衰变实验，均没有发现无中微子的双β衰变，测量得到的相应寿命下限约10^{21}年，轻子数不守恒的上限约3×10^{-4}。

吴健雄还在奇特原子领域做了深入的研究。所谓奇特原子，指的是某个原子中的电子被另一个带负电的粒子取代而成的原子。例如，某原子中的电子换成μ^-，就成为μ原子；换成π^-或K^-，就成为π或K原子等。由于μ、π或K均比电子重得多，它们离原子核的距离应小得多，原子核的形状、结构等性质会对原子有很大的影响，而且奇特原子的能级间距也要大得多，因此，跃迁放出的光子往往在X射线波段，通过测量它们的X射线，可以研究原子核的许多性质。吴健雄的研究不仅测定了一些粒子的基本性质，研究了一些真空极化效应，还检验了一些基本理论，精度也提高了不少。

吴健雄对物理学的基本问题一向非常敏感。在穆斯堡尔效应刚发现不久，她和她的合作者（1960年）利用这个效应的高灵敏性，清晰地显示了能量与时间之间的测不准关系。

去氧血红蛋白的氧亲合性低，而离析的 α 和 β 亚单位的氧亲合性高。培鲁兹（Perutz）曾认为氧的亲合性与电子状态有关。吴健雄注意到铁是血液中的重要成分，而它的同位素^{57}Fe正好是最典型也最理想的穆斯堡尔核素，她与她的合作者就利用穆斯堡尔效应做了研究，证明去氧血红蛋白及其被离析的亚单位之间氧亲合性的巨大差别并不来自 Fe^{2+} 的不同电子结构。

吴健雄和她的合作者还利用$^{3}He-^{4}He$稀释致冷机，完成了一些超低温核物理实验研究。她们研究了 $FeNH_4(SO_4)_2 \cdot 12H_2O$ 的穆斯堡尔谱，在无外磁场时，发现它在 0.024～0.029K 存在一个磁相变；有外磁场时，出现明显依赖于磁场和温度的弛豫效应。此外，还研究了超低温极化核$^{110}Ag^m$的衰变，验证了时间反演不变性，精度提高到了10^{-3}水平。

围绕量子力学的基本问题，出现过爱因斯坦与玻尔之间的十分尖锐、十分深刻的论战，特别是关于 EPR 之谜（Einstein-Podolsky-Rosen Paradox）的解释。开始时，主要是哲学性的、思辨性的。1964 年，贝尔（J. S. Bell）证明了一个关于关联量的不等式。定域隐参量理论给出的关联量遵循此不等式，而量子力学却可以不遵循。在某种意义上，贝尔不等式把这场哲学论战还原到了可用实验检验的物理领域。吴健雄和她的合作者利用^{64}Cu的 β^+ 放射性，测量了 e^+e^- 湮灭放出的两个光子的极化关联。她们的实验结果不遵循贝尔不等式，却与量子力学符合得非常好。值得指出的是，早在 1950 年，在贝尔不等式出现前 14 年，吴健雄和她的合作者已经做过此类关联实验[11]，上面的实验正是在此基础上完成的。

由此可以看出，吴健雄的实验研究的面很宽，思想非常敏锐，同时紧紧抓住了物理学的基本问题。因此，她的许多实验都是意义重大的。

为人、学风、榜样

上面介绍的主要是吴健雄的一些科学研究成果。其实，她的为人、她的品格、她的作风都是我们学习的榜样。

她发现宇称不守恒的那一年，正是我在北京大学物理系读书即将毕业的时候。那时，《人民日报》上几乎每天都有关于宇称不守恒研究进展的报道，我们也天天处于兴奋状态。其实，她们的实验在 1956 年 12 月已经完成，但在发表之前她们还是反反复复进行检验，直到检验结果完全可靠后才决定发表。这种严谨、踏实的作风，给我们后辈树立了很好的榜样。

勒德曼为 1997 年夏在南京状元楼宾馆召开的纪念吴健雄逝世的题为“宇称对称破坏以来的物理学”的国际会议文集撰写了一篇短文，讲述了吴健雄生活中的一个星期的故事[6]。那是在 1957 年 1 月初，吴健雄与她合作者的实验经过约半年的艰苦工作，已经取得初步结果，明显表示有大的不对称性。这个结果激励了加尔文、勒德曼和温利希等，使他们意识到，在他们的 π 介子、μ 子、电子（$\pi-\mu-e$）衰变链中也应该有大的不对称性。于是，他们立刻去做这个衰变链的实验。要知道，这个衰变链的实验比吴健雄的极化 ^{60}Co 的实验要简单得多，几乎“24 小时”就可以得出结果。果然，他们的实验很快也显示出大的不对称性。正当他们写出文章打算要去发表的时候，吴健雄却表示她还要仔细检查她的结果后才能投寄出去。加尔文等的实验是在得知吴健雄等实验的初步结果后才开始做的，道义上讲至少应当与她的文章同时发表。但是他们的实验容易做，不仅已经完成，而且文章也已经写好。特别是考虑到吴健雄等的初步实验结果已经传开出去，而且，全世界当时至少有 8 个加速器可以产生 π 介子，他们都将是这个项目的竞争者。其中要有 2、3 个或 4 个竞争者也去做这种“24 小时”的实验，那将是非常“危险”的。因此，加尔文等不得不等待着这些难熬的日子。但是，作为一位科学家，吴健雄坚持要再严格检查她的实验，不愿匆忙拿出去发表。等到吴健雄仔细检查妥当，又过去了一个星期。勒德曼讲完这则故事，他深深地感受到，这一个星期的痛苦等待对他实在是一个很好的教育，使他懂得了怎样才是一位伟大的科学家。这则故事，对于年轻一代也有重要的教育意义。

1990 年 8 月，我正在美国参加学术会议，有机会到吴健雄家访问。

我去的时候，只有吴健雄在，她丈夫袁家骝出去修理新买的汽车。当晚我就住在她家的书房里，并与她们老两口谈了几个小时，倾听了她们过去做实验的种种经历。她们深入细致的工作作风，确实十分感人。在那次访问过程中，她带我到哥伦比亚大学普平物理楼，下面的照片就是在该楼前的合影。

1990 年，与吴健雄教授合影于
美国哥伦比亚大学普平物理楼前

大约在 20 世纪 80 年代末，冯端先生提议与我一起主编一本吴健雄和袁家骝文集，起名为《半个世纪的科学生涯》[1]。下图就是吴健雄、袁家骝与文集编辑委员会成员的合影。编委会为此收集了不少有关吴健雄和袁家骝的资料。本文内容不少可以从这本文集中找到。

吴健雄与袁家骝非常关心祖国的科学和教育事业，非常关心人才的培养，差不多每年都要回国来看看，用他们的积蓄对祖国的许多学校、研究所给予各种各样的支持和帮助。在南京大学、东南大学和明德学校先后设立了“吴健雄奖学金”。南京大学、东南大学是吴健雄的母校，他们为母校建立了一笔基金，邀请名家来校讲学。明德学校溯源于她父亲吴仲裔在 1913 年创办的明德女子职业学校，现在已经发展成为集幼教、小学、初中、高中于一体的明德系列学校。她于 1988 年还设立了“纽约吴仲裔奖学基金会”，奖励明德学校的优秀师生。

吴健雄、袁家骝与《半个世纪的科学生涯》编辑委员会成员合影
前排右起：冯端、吴健雄、袁家骝、陆埮，
后排右起：包世同、秦涛、沙振舜、夏元复、方杰

由于她的贡献，她获得了许多奖。为了纪念她，许多地方还用她的名字来命名。1992 年，南京大学物理系建立了“吴健雄图书馆”，东南大学建立了“吴健雄实验室”。1997 年吴健雄逝世后，1998 年“吴健雄墓园”就在明德学校内建成。2002 年，东南大学建立了“吴健雄纪念馆”，袁家骝先生和美国哥伦比亚大学已将吴健雄的遗物（包括奖章、手稿、书信、图片、声像资料、实验设备、起居用品等），无偿捐献给了吴健雄纪念馆收藏。明德学校还建立了“吴健雄科技楼”、“明德楼纪念馆”。其实，这里所述还只是一小部分。

综上所述，吴健雄不仅是一位杰出的实验物理学家：她第一个推翻了宇称守恒定律和电荷共轭守恒定律，导致了弱作用规律的最终解决，她第一个验证了弱矢量流守恒定律，为弱电统一理论的建立铺设了第一块里程碑；而且她也是一位爱国者，她十分关心祖国科学事业的发展，十分关心年轻一代的培养和成长，用她的个人积蓄，设立了不少奖励基金，鼓励年轻人蓬勃向上。她赢得了大家的尊敬和爱戴，人们以各种各样的形式来纪念她。她的精神将激励一代又一代人的成长。

参考文献

[1] 冯端，陆埮．半个世纪的科学生涯—吴健雄、袁家骝文集．南京：南京大学出版社，1992.7 [Feng D，Lu T. Scientific Careers of Half a Century—Selected papers and lectures of Chien Shiung Wu and Luke C. L. Yuan. Nanjing：Nanjing University Press，1992.7（in Chinese)]

[2] 陆埮．吴健雄和袁家骝的科学贡献．物理，1992，21：752 [Lu T. Wuli (Physics)，1992，21：752（in Chinese)]

[3] 陆埮．吴健雄的主要科学贡献——为纪念吴健雄逝世一周年而作．现代物理知识，1998，10（2)：43 [Lu T. Modern Physics，1998，10（2)：43（in Chinese)]

[4] Lu T，Wang F. C. S. Wu：A World Renowned Female Physicist，AAPPS Bulletin，2007，17（4)：10

[5] Lee T D，Yang C N. Phys. Rev.，1956，104：254

[6] Lederman L M. Proceedings of the International Conference on Physics since Parity Symmetry Breaking in Memory of Professor C. S. Wu. Ed. Wang F. Singapore：World Scientific，1998. 661

[7] 陆埮，罗辽复．从电子到夸克．北京：科学出版社，2005 [Lu T，Luo L F.，From Electrons to Quarks. Beijing：Science Press，2005（in Chinese)]

[8] Wu C S，Ambler E，Hayward R W，et al. Experimental Test of Parity Conservation in Beta Decay. Phys. Rev.，1957，105：1413

[9] Garwin R L，Lederman L M，Weinrich M. Observations of the Failure of Conservation of Parity and Charge Conjugation in Meson Decays：The Magnetic Moment of the Free Muon. Phys. Rev.，1957，105：1415

[10] Friedman J I，Telegdi V L. Nuclear Emulsion Evidence for Parity Nonconservation in the Decay Chain $\pi^+-\mu^+-e^+$. Phys. Rev.，1957，105：1681

[11] Wu C S. Recent Investigation of the Shapes of β-Ray Spectra. Rev. Mod. Phys.，1950，22：386

[12] Gershtein S S，Zeldovich I B，Zh. Eksperim. I Teor. Fiz. 1955，29：698

[13] Feynman R P，Gell-Mann M. Theory of Fermi Interaction. Phys. Rev.，1958，109：193

[14] Lee Y K, Mo L W, Wu C S. Experimental Test of the Conserved Vector Current Theory on the Beta Spectra of B^{12} and N^{12}. Phys. Rev. Lett., 1963, 10: 253

[15] Wu C S, Lee Y K, Mo L W. β Spectra of ^{12}B and ^{12}N Reanalysed. Phys. Rev. Lett., 1977, 39: 72

怀念核物理学家虞福春教授[①]

陆 埮 等

惊悉虞福春教授于2003年2月12日不幸病逝，深感悲痛。他的逝世是我国核科学事业的一大损失，也使我们后辈失去了一位令人尊敬的导师。

虞福春先生是著名的核物理学家，祖籍福州，1914年12月出生于上海。1936年，他毕业于北京大学物理系。曾先后在中央研究院物理研究所和西南联大物理系工作10年。1946年赴美留学，1949年在美国俄亥俄州立大学物理系获博士学位。随后在美国斯坦福大学物理系做博士后研究，成为布洛赫（F. Bloch）学派的重要成员，在原子核自旋、磁矩和核磁共振领域做出了一系列先驱性的工作。1951年回国后，一直在北京大学任教授，从事教学工作。

虞先生在攻读博士学位和做博士后研究期间，正是核磁共振和核壳结构模型的始创时期，这两个项目导致了1952和1963年两次诺贝尔奖的颁发。他的研究对这两个领域均做出了重要贡献。他（与普洛克特（W. G. Proctor）合作）是世界上最早发现核磁共振谱线与核所在的化学环境有关（称为核磁共振化学位移效应，也可称为普洛克特—虞效应）的科学家，现在核磁共振已经成为化学、生物化学领域高精密的标准测量手段之一。他发现的自旋耦合劈裂效应，为核磁共振波谱学奠定了基础。他精确测定了20多个稳定核素磁矩，为核结构研究打下了基础，对检验核壳结构模型做出了重要贡献。在这短短的三五年内，成果如此显赫、丰硕，令人敬佩。他严谨的工作作风和扎实的实验功底，为我们树立了榜样。

---

① 原发表于：《物理》，2003（10），32卷，24～25。本文作者：陆埮（中国科学院紫金山天文台）、罗辽复（内蒙古大学）、王凡（南京大学）、许伯威（上海交通大学）

核磁共振现象首先是在1946年由哈佛大学的帕塞尔（E. M. Purcell）和斯坦福大学的布洛赫发现的。在此后的5年中，核磁共振技术只有物理学家使用。虞先生1950年在斯坦福大学发现的核磁共振化学位移效应打开了核磁共振技术在化学领域应用的大门。化学家很快认识到核磁共振谱对探测复杂分子中的微小结构变化是非常有效的。1957年虞先生发表了蛋白质（核糖核酸酶）的第一个核磁共振谱。随着超导磁铁代替铁芯磁铁系统的出现，核磁共振进一步进入了生物化学领域。人们可以在硕大的生物聚合物中“看见”单个的质子。氢键引起的谱线的化学位移是研究这类聚合物结构和功能的重要手段。质子核磁共振谱的化学位移已经为分子生物学家提供了大量蛋白质结构和动力学信息。现在，核磁共振已经成为和X射线相提并论的两种主要的测定蛋白质结构的实验方法之一。从某些方面来看，核磁共振具有更诱人的前景，因为X射线结构分析要求先对样品进行结晶，而核磁共振方法没有这样的要求。而且，X射线结构分析主要决定于样品中电子云的散射，因而对重元素灵敏。然而在有机化学和生物聚合物中，数量众多而且在生物功能中扮演特殊重要角色的氢元素和质子，它们在X射线结构分析中可能看不到，但由于质子磁矩很大，对核磁共振就特别灵敏。作为分子生物学和蛋白质工程中如此重要而基本的实验方法——核磁共振，它所依据的原理主要就是虞先生发现的核磁共振化学位移效应。

尽管核磁共振的化学位移对于分子生物学实验是如此重要，但很少生物化学家知道虞福春先生的名字，虞先生的原始论文也似乎并没有一个和“化学位移效应”相匹配的高引用率。即使在信息通畅的今天，这种“遗忘”现象在学科的交叉发展中仍然存在。虞先生淡泊地度过了一生，没有多少荣誉，没有多少桂冠。然而，他给世界留下了丰富的科学财富，他是我国杰出的物理学家。当后人用核磁共振的化学位移效应来研究大分子的结构时是不应该忘记这位先驱者的。

核壳结构模型是1949年由美国芝加哥大学的古帕特·迈耶（Maria Goeppert Mayer）和德国海德堡大学的金森（J. Hans D. Jensen）创立的。

1949年是原子核壳模型刚刚提出的年代，自旋轨道耦合引起能级较大劈裂是壳模型为了得到正确的幻数（也即正确的单粒子能级）的一个重要假设！壳模型的另一假设是原子核基态中成对核子耦合成自旋为零的对，核基态的自旋和磁矩由最后一个不成对的核子的自旋和磁矩决定。核的自旋和磁矩成了检验壳模型假设的重要数据。当时这些数据还较缺乏，有的磁矩只知道数值不知道正负号。虞先生和普洛克特等人在1949～1951年用核磁共振技术测定和检验了Be^{9}、N^{15}、O^{17}、Mg^{25}、$Cl^{35,37}$、Sc^{45}、V^{51}、Mn^{55}、Co^{59}、$Mo^{95,97}$、$In^{113,115}$、Sn^{115}、$Sb^{121,123}$、$Xe^{129,131}$、$Re^{185,187}$、Pt^{195}、Hg^{199}、Bi^{209}等24个核的磁矩和自旋，确定了其中不少核磁矩的正负号，证实了的确是最后一个未配对质子或中子在起作用。有些核原有自旋数据不对，例如，Co^{59}原定的自旋为5/2，后经虞先生等从磁矩测定中得到改正，应为7/2，对应轨道为$f_{7/2}$，和壳模型预言符合。$Mo^{95,97}$中的中子处于$d_{5/2}$轨道也是由他们测定磁矩为负值而定下来的。O^{17}的自旋也由他们的磁矩测定而定出，为5/2，对应轨道为$d_{5/2}$。这些测定对于早期验证壳模型理论起了很重要的作用。

虞先生也是我国著名的教育家，是我们尊敬的老师！半个世纪以前，我们在北京大学物理系学习普通物理课程时，虞先生就教我们“光学”。他是一位实验物理学家，但他的讲课却非常重视理论系统。例如，他讲的菲涅耳（A. J. Fresnel）原理，概念清晰、推导严谨，使我们深深地体会到物理理论的力量。当然，他也非常强调实验的头等重要性。但是，他并不停留在实验本身。无论实验结果，还是实验方法，他都还要从理论上加以考究。正是因为这样，他的实验研究能很快找出物理根源，并及时抓住物理成果。事实上，一个实验物理学家必须理解物理理论，同样，一个理论物理学家也必须理解物理实验。虞先生就是这样做的，也是这样教我们的。他的这种言传身教，对我们产生了很深的影响，在我们自己的教学生涯中，也时时处处学着这样做。

1955年，作为主要负责人之一，虞先生在北京大学筹建了我国第一个核科学教育基地，这就是后来的北京大学技术物理系。我们有幸成为这个领域的早期学生，又聆听过他讲授的《原子核物理实验方法》以及《β、γ射线能谱学》等课程！他备课努力、讲课认真，他阐述生动、推导严谨，他板书工整、一丝不苟，他诲人不倦、平易近人，他作风正派、待人热情，这一切都给我们留下了深刻的印象，也影响了他的几代学生。

附录：虞福春先生关于原子核自旋、磁矩和核磁共振的部分原创性著作

1. Proctor W G，Yu F C，On the magnetic moment of Sn^{115}，Cd^{111}，Cd^{113}，and Hg^{119}，Phys. Rev.，1949，76：1728

2. Proctor W G，Yu F C. On the magnetic moments of Mn^{55}，Co^{59}，Cl^{37}，N^{15} and N^{14}，Phys. Rev.，1950，77：716

3. Proctor W G，Yu F C. The dependence of a nuclear magnetic resonance frequency upon chemical compound，Phys. Rev. 1950，77：717

4. Proctor W G，Yu F C. On the magnetic moments of Xe^{129}，Bi^{209}，Sc^{45}，Sb^{121} and Sb^{123}，Phys. Rev.，1950，78：471

5. Proctor W G，Yu F C. On the muclear magnetic moments of several stable isotopes，Phys. Rev.，1951，81：20

6. Alder F，Yu F C. On the spin and magnetic moment of O^{17}，Phys. Rev.，1951，81：1067

7. Alder F，Yu F C. On the magnetic moment of Mg^{25}，Re^{185}，Re^{187}，and Be^{9}，Phys. Rev.，1951，82：105

先生之风万古流

马在田

傅承义院士是为数不多的中国第一代地球物理学家。现在60多岁以上的地球物理学界的代表性人物基本都是在他的培养和引领下成长起来的。因此傅先生对我国地球物理学的发展特别是在地震学和勘探地震学的发展做出了奠基性的工作，他的第一流的学术地位为大家所公认。事实上在60多年前，他在美国加利福尼亚理工学院国际著名的地震学家古登堡的指导下攻读博士学位期间就在地震波的基础研究方面做出了创新性的工作。其研究成果的代表作是当时发表在美国 *Geophysics* 杂志第Ⅺ卷和Ⅻ卷上的三篇关于地震波研究的论文。当年的 *Geophysics* 杂志是一个全科性的杂志，它的副标题为 *Journal of general and applied geophysics*，该杂志后来才变为以应用为主的地球物理杂志。此外，在此期间他还在美国声学学会上发表了2篇有关地震学的论文。傅先生的这三篇论文有一个统一的标题："地震波研究"，分Ⅰ、Ⅱ、Ⅲ独立成篇，英文标题分别为 *Studies on seismic waves*：Ⅰ. *Reflection and refraction of plane waves*；Ⅱ. *Rayleigh waves in a superficial layer*；Ⅲ. *Propagation of elastic waves in the neighborhood of a free boundary*。

这三篇论文对地震波（体波和面波）在界面的传播行为从基本原理上进行了创新性的阐述，为后续研究奠定了基础。*Geophysics* 在其出版发行50年之际选择已发表过的优秀论文作为经典论文重新发表的文集中，就有傅先生的2篇论文。由此可知傅先生在国外地球物理学术界有重要的地位。他在中国地球物理界的领衔地位也是此时建立的，我在青年时期就很仰慕傅先生，但并未做过傅先生的门生，也未在他的领导下工作过，只不过是一种精神向往而已。有时也关注傅先生的状况，记得是1963年春天我在《人民日报》上看到有关中国科学院著名学者的一个座谈会的报道。在这篇报道中看到有关傅承义学部委员的内容，其中有一句话至今记忆犹新，他说："二十年一场春梦。"那时我正在山东省广饶县一个叫石村的小村庄做地震勘探资料的解释和地质构造研究工作。我望着窗外茫茫的田野思考着傅先生当时说这句话的心情。我感到先生的思想深处"似诉生平不得志"之意，从1963年向前推20年，正是傅先生到美国留学的时期，新中国成立前回国至1963年的20年他正值青壮年，是人生最有能力发展之际。而这20年也是我国变化最大的多事之秋的年代，这对他自己的才华展现一定是有影响的，但又不便明说，只好用"一场春梦"来隐喻。后来我在*Geophysics*上读到傅先生的早年论文，特别在20世纪80～90年代与傅先生有所接触之后，埋在我心头中的傅先生的"一场春梦"的记忆得到了实际印证。1992年我与傅先生有一次对话。我说：傅先生对中国地球物理学界的贡献和作用是很大的，是领军人物。傅先生立即说：我回国后没做出什么大的事情，主要是培养了一些学生。当然这是傅先生的谦虚。不过我联想到他的"一场春梦"，还是感到了傅先生对自己的工作成就不够满意，这是正常的。一个人特别是像傅先生年轻时就有突出成就，又在著名地震学家古登堡的指导下做过研究工作，本来应该有更大的作为，但是傅先生这一代人为环境所迫，发挥不理想实在是一种时代的损失和悲哀。受到损失的不只是傅先生这一代人，包括我们这一代人也都曾经历过动荡的年代，个人的能力得不到应有的发挥。今天我们在缅怀这位国际知名学者、我国地球物理学的创始人之时，应当努力创造一种更好的学术环境使中国的地球物理学成为地球科学领域的强势学科，涌现更多的领军人才。

我个人与傅先生直接相识甚晚。记得那是1984年在福州召开的第八届中国地球物理年会上由李幼铭先生带我去见傅先生。李幼铭向他介绍，这是石油部的马在田，搞地震勘探的，傅先生并不知道我，他当时说，不是有个叫田在艺的吗？我说他是地质学家。这说明那是他第一次听到我的名字，后来直接接触也不多。直到1988年同济大学科技处成果科认为在我承担的国家自然科学基金和地震学联合基金资助的项目和我以前在石油工业部所从事关于地震勘探数据处理研究中，有关地震偏移成像方面的成果有国际前沿性的创新，认为可以申请教育部的奖励。为此要做一次专家鉴定，要求专家组中有知名专家。经与中国科学院地球物理所李幼铭教授联系建议请中国地球物理学会出面组成由傅承义先生、曾融生先生任正副主任的评审专家组，并在北京召开了评审会。傅先生认真地听取了我的汇报。评审委员会对"波动方程地震偏移成像理论与应用"的项目给予了高度评价，并认为达到国际领先水平。评审会后傅先生对我说：工作不错，在中国做出点成果不容易啊！这是他给予我的最大鼓励，更使我增强了信心。傅先生在美国加利福尼亚理工学院攻读地震学博士学位之前曾在Colorado矿业学院攻读了应用地球物理硕士学位。新中国成立后，在北京地质学院曾兼任过地球物理系主任之职，因此对应用方面也很关心和了解。并曾表示应将应用方面的一些有效的处理方法在理论地震学研究中加以应用。这说明傅先生的视野是宽广的，正是由于由傅承义院士和曾融生院士为首的评审专家的高度肯定，该项研究成果获得了1990年上海市科技进步奖一等奖、1991年获得了陈嘉庚地球科学奖和1991年国家科技进步奖二等奖等奖项。其中我特别看重"陈嘉庚地球科学奖"。因为他比其他奖项具有更令人信服的国际性前沿性水平。我之所以能获得陈嘉庚地球科学奖是与傅先生的客观评价和推荐分不开的。如果没有傅先生对我的研究的肯定，我的研究成绩可能被否定，此前就曾遭遇过某些专家们无知的扼杀，也曾被某著名专业杂志编辑否定。

傅先生对我的厚爱还不止于此。在1991年的院士（当时称学部委员）增选中，我本来无意争取当院士。因为我认为这要走通过本单位本系统上报再由中国科学院院士们讨论通过的程序。考虑到我来同济大学不过5年，连博士生导师都没有被评上，而学校里已有几十位博士生导师要竞选院士。在此情况下我对当选院士一事想都没想。那时我在新疆有科研项目，我在忙于我的研究工作。1991年年初在江苏召开的一次学术讨论会上李幼铭先生告诉我说：傅先生问他，为什么马在田不向我送申报院士的材料，已有不少人送来了，我想推荐马在田。我当时心中很感动。因为我与傅先生直接接触此前从1984年福州地球物理学会年会算起只有2～3次。既不是他的门生，也从未在傅先生领导下工作过。傅先生不但记得我，还充分了解了我的工作和做出的一点成绩。可见傅先生是位对人对事是不分亲疏、公正耿直、实事求是的大家。后来因为傅先生推荐名额已满，而且截止推荐时间已近尾声，我想放弃1991年的这次申报。后来还是在傅先生的积极支持下和地球物理学界朋友的帮助下，通过学会系统在最后几天内被中国地球物理学会通过上报科学技术学会学部委员推荐会，并被同意推荐上报，然后再上报给中国科学院学部院士评选委员会（即现在的院士工作局）。最终当选那一届的学部委员（院士）。由于我偶然当选为中国学部委员（院士）在同济大学引发了不少的震动，使得同济大学在上海高校中当选人数排名第一，当年在上海高校中一共有6名教师当选为中国科学院学部委员（院士），其中同济大学占3名。

本文作者（右）与傅先生的合影

我从傅先生那里学到了要努力做一个正直无私的人。有时我在评审会上或评审各种职称，特别推选和评选院士时总会想到傅先生做出的不以个人感情用事，要做到公正无私地表示自己的意见。总是以傅先生为自己的行事的榜样来规范自己。我认为这是我对傅先生对我的知遇之恩的最好的回报。无论事前或事后我送给傅先生称得上是礼物的，只有一听咖啡而已，这还是我请教了李幼铭教授后第一次登傅先生家门时送的。傅先生的伟大形象已永留我心中，在此我用已发表在《当代科学家诗文选》中写给傅先生的一首诗表示我对傅先生的深深怀念之情：

贺傅先生院士八十寿辰

傅翁高寿八十秋，

一世英名探地球，

春风雨露催桃李，

先生之风万古流。

参考文献

马在田．2005．当选院士的前前后后．华人世界，6：23～26

马在田．2002．贺傅老八十寿辰．载：贾宝琦．当代科学家诗文选．北京：电子工业出版社．4～5

怀念我的导师

郑国锠

我的导师段续川教授辞世已10多年了，回忆往事，历历在目。

我第一次见段续川老师是在1939年1月重庆中央大学柏溪分校的教室里。当时我在博物系学习，1939年春就开设生物学课程，由段老师讲授。当时，柏溪分校刚建成，有些教室还在建筑中。我们的生活很简朴，段老师从沙坪坝校本部来柏溪分校上课也很辛苦。因为当时两地的交通不便，从沙坪坝到磁器口渡过嘉陵江，沿江坐上滑杆（用竹子做的简易轿）走20多里[①]再爬坡1里多路才到分校，上完课又回沙坪坝。晴天还好，遇上阴雨天气，走路就困难了。有几次半路遇上大雨，我们在教室里看到段老师的头发还是湿的。有时遇上空袭警报，又要躲避日本飞机的轰炸，可见当时来分校上课确实是件苦事。

我们是柏溪分校的第一届学生，生物学是为博物系专开的（生物系的学生不上这门课），所以听段老师讲课的只有我们博物系一个班共12个学生。他用的教本是Woodruff著的*Foundation of Biology*。在抗日战争期间，大部分的同学都没有这本书，只有上课记笔记，下课后到图书馆参考教本整理笔记。现在还很清楚地记得段老师讲“Hay Infusion”

---

① 1里＝500米

一节。这是用干稻草浸泡后培养草履虫的实验，经我们依法炮制，几天后竟在显微镜下看到了草履虫，大家非常高兴。当时老师讲课，都是中英文掺杂着讲，黑板上写的几乎全都是英文。写满了就要擦掉一部分，记笔记非常紧张，深怕跟不上。段老师也是这样讲的，所以一堂课下来要花几小时才能把笔记整理好。段老师讲课条理清晰，也很风趣，深入浅出，经常举一些浅显的例子来说明原理和要点。如讲营养三要素时，他先不讲三要素是什么，而是讲：你们吃过蛋炒饭吧？营养三要素就在其中，一想就可知道了。像这样的情况很多，对我们这些初入学的一年级学生来说是很适合的。段老师是我们博物系第一位系主任，但他从没有召集我们谈过话，因他不愿意担任行政工作，不到一年就辞职了，由陈义教授继任。

段老师在沙坪坝校本部为生物系开三门课：植物形态学、细胞学和细胞遗传学。1941 年秋，我们已经三年级了才从柏溪到沙坪坝松林坡上的生物系上课。段老师讲授的三门课也是博物系学生的必修课，于是我们又听了段老师的课。1943 年毕业后，我留校任助教，先在柏溪分校待了一年；1944 年考取中央大学研究生院生物研究所细胞学研究生，后又回到松林坡成为段老师的研究生并兼任助教，从此以后和他接触就多了。我在工作中知道段老师喜欢植物显微技术，技术熟练，在制作显微切片时他告诉我们用饱和的苦味酸作为苏木精染色后的分色溶液，效果非常好。后来在 Johansen 所著的 *Plant Microtechnique* 一书上看到有一节“Tuan's Modified Hematoxylin Method”才知道这是段老师对这一方法的改进和创新，既缩短媒染和染色的时间，也缩短了分色的时间，效果比先前的方法好，所以 Johansen 在书中称赞这一方法的优越性。后来，我在编写《生物显微技术》一书时，也将这一方法写进去了。

我是他的第一位硕士研究生。他在指导研究生时有一种观点，他认为：教人学游泳，在讲述了一些基本操作技术和注意事项后，就将学生推入水中，让他自己去游，老师只能在旁观看，是无法越俎代庖的。他主张指导研究生也是这样，主要还是让研究生自己去探索研究，这样才能培养独立工作的能力，有所发现，有所创新。所以从第一学期（1944年10月）他提出要我对“摇蚊唾液腺染色体”方面的问题进行探索研究，没有定具体的题目，工作开展以后再定。随后又做了交待：国际上目前研究巨染色体都是以果蝇幼虫为材料，我们现在没有培养这种材料；另外换用摇蚊，其幼虫与普通蚊子的幼虫孑孓一样，不过颜色是红的。在沙坪坝的水塘里到处都可找到；唾液腺就在幼虫的第二、第三节之间，用针一刺就出来了，然后用苏木精染色制片。此后我就依照他的指点，找到了幼虫，取出唾液腺，用苏木精染色后观察到了巨染色体，请段老师确定无误时，才把这个课题定下来。至于如何进行下去，就都是我的事了。

此后我就开始阅读一些这方面的文献，总结唾液腺染色体的一般特征和特性有：①唾液腺染色体存在于昆虫的双翅目（果蝇、摇蚊）膜翅目（蜂）脉翅目（螳螂、蜻蜓）的幼虫中；②形状，像扭曲的蚯蚓那样，有几百条平行的条纹；③大小，比本身有丝分裂中期染色体大100～150倍，因此又称巨染色体；④时期，永久停留在前期1，以后再不见细胞分裂；⑤成对，两条同源染色体合并成一条，因此唾液腺细胞中的染色体数目为体细胞的一半（是 n 而不是 $2n$）；⑥唾液腺染色体在胚从卵孵出之前，已经形成，以后再未见有丝分裂；⑦每一个幼虫组织的细胞数目在很早时期已经组建完毕，数目不再增加，随后的生长主要是细胞的增大，幼虫越大，细胞和染色体也越大，最大的幼虫出现最大的染色体。

当时国际上研究唾液腺染色体的都是从幼虫开始，最早观察摇蚊唾液腺染色体也是从早期的幼虫为材料。这时期的染色体，基本上已定型。基于这种情况，我就决定把研究的重点放在胚胎时期，并进一步了解摇蚊的生活史。

摇蚊的成虫在空中交配后，其受精卵就产入水中（附在枯叶片或石块上）。这些受精卵都是被包裹在胶质内，产在水中就立即膨胀，其中约有15～20个团块，每团有7～8个卵。这些包有卵的胶囊，可在静止水中的枯叶片或石块上采集到。在一般情况下，采集到的胶囊中的卵块已发育成胚或幼虫期，单纯的卵很难找到。这些胚在一两天内就可以孵化成幼虫，脱离胶囊游到水中，幼虫生长到成熟期就形成蛹蜕皮为成虫，飞到空中。

1945 年，我的工作是在沙坪坝进行的。在松坡林周围的水塘中，到处可以采集到摇蚊的幼虫，但是从未找到胶囊。1946 年 5 月我复原回到南京四牌楼中央大学原址。在校内有一个 20 平方米大小的长方形蓄水池，池中有不少摇蚊幼虫，而且在池壁上挂满了大量的胶囊，我对这一发现真是喜出望外，但采集回来一检查，时期已晚，都已到了早期幼虫。后来我又提前到早晨五六点钟去采集，仍然是这样。最后想到了一个办法，在傍晚我把在水池壁中附着的胶囊全部清除掉，一个不留，然后守在那里观察，如果发现有胶囊，一定就是新产出的，就采下来立即固定。这样一直工作到次日清晨，我想采集的早、中、晚期全过程的胶囊都采集到了，满载而归。

下一步就是把固定好的含有胚的材料做成切片，用段氏改良苏木精染色制作永久封片。这部分的切片可供观察早期唾液腺染色体的形成全过程。另一批材料是采集的一些大小不等的摇蚊幼虫，将每条幼虫的两个唾液腺取出来用醋酸洋红涂抹法制片，作为对照（本法是国际上研究唾液腺染色体常用的方法)。另外，用海登汉铁矾苏木精染色法和段氏改良海登汉铁矾苏木精染色进行比较。实验结果表明，与对照组相比，以段氏改良法的效果最好。虽然如此，在唾液腺染色体的带纹仍然有些分辨不明显。于是我又试用了几种其他方法。结果表明，以泰勒氏液的固定和结晶紫染色的材料最理想，即使带纹很靠近的也能分辨清楚。因此，其后所有的制片，都用这种方法。

我所有的实验到 1947 年春天都做完了。到 5 月硕士论文的初稿也完成了，题目是“摇蚊唾液腺染色体的综合研究”。经段老师审阅修改后即定稿，由生物研究所将论文寄到校外三位教授评阅。6 月就进行硕士论文答辩。答辩会由秉志老先生主持，段老师、陈义和欧阳翥老师参加，进行近两小时后才结束，最后宣布一致通过，同意授予我硕士学位，三年的研究生生涯，到此结束。

到1947年7月，段老师应上海实验生物研究所罗宗洛教授之约，离开中央大学生物系到上海工作，我也于当年12月离开南京到美国田纳西大学动物昆虫系学习。以后我和段老师天各一方，虽然仍通信联系，但是见面的机会就少了。

新中国成立后，我于1951年3月回国到上海，又在上海实验生物研究所拜访了段老师。不久我来到兰州大学工作，段老师也从上海调到北京植物所。在那里，段老师在植物显微技术方面又有创新。关于多细胞生物体内细胞的形状，一般都是在显微镜下观察切片得到的印象，往往不易看到它们的实际三维空间形状。段老师创建了离散法，可将小麦叶片用离散法把叶肉细胞离散开，观察到叶肉细胞的实际情况，它们都呈环状。一个细胞最多可有7～8个环。文章发表后，引起国外植物学家的注意。关于这项工作的情况，可能许庆霖教授知道得更多，因为他们在一起工作了很长时间。在我编著的《细胞生物学》教科书上，还有段老师提供的小麦叶片五环细胞的照片。每当我看到这些照片，或指导学生应用段氏苏木精改良法时，就会想起段老师对我的一些教导，当时的情况又会呈现在我的眼前。

回忆从1939年第一次在重庆柏溪中央大学分校生物学课堂上聆听段老师的讲授开始，直到他离开人世的几十年期间，我从段老师的言传身教和谆谆教诲中开始了从事细胞学的教学和研究，同时在和段老师的接触中也由衷地敬佩他的聪明才智和创新精神，他的教导使我受益终生，我将永远怀念他！

人生感悟

耄耋之年工作忙

师昌绪

人们都说“人到了老年应该享享清福”，可是我做不到，因为我不知道怎么才算是享清福。所以我虽年近 90 岁，仍然忙个不休。查了一下工作手册，2008 年我总共出差 20 多次，去了 15 个城市，做过 11 次报告，写了约 20 万字的自传，发表了两篇论文，接待了无数来访的客人。

2008 年 1 月 5 日受陈国良院士的邀请，与美籍华裔中国工程院外籍院士，我们的好友刘锦川一家，一同在深圳大亚湾参观访问休养。一周后，又与弟弟师昌纶一家在珠海小住两个月。在此期间，除了安心写自传以外，2 月 17～26 日

2008 年 1 月在大亚湾核电站

还到广州主持召开了以徐坚研究员为首席科学家的“973”碳纤维会议，3月2日回到北京。在珠海的日子里，正逢多年罕见的寒冷天气，本来到南方是为了避寒，却反而受了罪。

3月2日回京后，琐事成堆。包括材料研究学会难题的处理，资深院士联谊会的召开，国家科技图书文献中心决策方案的讨论以及写推荐信、为书作序、电台采访、鉴定会与评审会等，几乎天天有事。3月26日还参观了正在建设中的我国最现代化的唐山曹妃甸首都钢铁公司。

“中欧镁合金研讨会”在重庆召开，邀我前往参加。4月16日除了到重庆大学做报告以外，还参观了镁合金实验室。重庆大学的国家镁合金材料工程技术研究中心在潘复生和刘庆等教授的努力下，成为了世界级的镁研发中心之一。他们人员队伍整齐，工作有朝气。在一家宾馆里，我偶尔看到一幅对联，颇耐人寻味：

让一步海阔天空，忍一忍长命百岁。

这也是我此生一贯主张的做人箴言。我从1945年曾多次去往重庆，重庆成为直辖市后发展突飞猛进，除“精神堡垒（现为解放碑）”依然存在外，国民党执政期间的建筑，几乎荡然无存，特别是长江夜景引人入胜，不亚于广州珠江。

2008年4月参观重庆大学

4 月末，为了颁发桥口隆吉奖，到了长沙的中南大学。桥口隆吉原是东京大学材料物理著名教授，是少有的对日本侵华战争认罪的一位学者。生前他是“日中学术友好交流协会会长”，他去世前出卖豪宅，将其所得部分捐献于我国，在清华大学建立了一个“桥口隆吉实验室”，在中国科学院设立了一项“桥口隆吉奖”。我作为奖金的评委会主任，在科学院国际合作局的主持下，曾颁发过该奖 8 届，受奖人包括葛庭燧、严东生、闵恩泽、卢柯等著名材料科学界的学者。

2008 年 4 月在长沙颁发 2007 年度
“桥口隆吉奖”

5 月初，中国航空工业第一集团公司成都飞机设计研究所（611 所）开展院士行活动，我受邀参加。该所是我国当代最好的歼击机设计单位之一，10 年前因考察我国 CIMS（计算机集成制造系统）执行情况，我曾率团来过这里。这次院士行，我看到的情况十分喜人，从飞机设计到自动驾驶，CIMS 确实起到了关键作用。我深感当时科技部的远见卓识，为今天我国航空事业做出了奠基性的贡献。位于德阳的中国第二重型机械集团公司是我倡导并主持立项的名列世界第一的“8 万吨锻压机”承担单位，在考察 611 所结束后，我和金属所李依依院士一行于 11 日到达德阳谈合作，12 日上午主持该项目建设的曾祥东副总经理接待了我们。在参观过程中，他告诉我，他不久前曾访问欧洲，各国重型机械企业对我国建造一台 8 万吨锻压机都给予了高度重视，纷纷要求合作，从而打消了某些领导认为这种大型装置建成后利用率将太低的疑虑。由于李依依等人急于返回沈阳，他们没吃午饭就赶赴机场，我们则回到成都等待由中国科学院成都分院协助召开的“两院资深院士联谊会”。入住岷山饭店后约半个小时，“5·12”汶川大地震发生了，桌子上的茶杯落地，屋门摇晃不停。我当即意识到发生了强烈地震，资深院士联谊会没召开，事隔两天，我们才回到北京。

2008年5月12日中午在中国第二重型机械集团公司留影

碳纤维是我关注的热点之一。6月4日，我应邀前往江苏连云港，那里有个神鹰公司，规模大、建设快；在中国复合材料集团领导下先建成了一条百吨级碳纤维生产线，正在计划建一条千吨级生产线，以后还要建一个年产万吨级的生产厂，很有气魄。我国正在大力发展风力发电，他们以风机叶片作为下游产品，在国家大力发展新能源的方针指引下，很有发展前途。

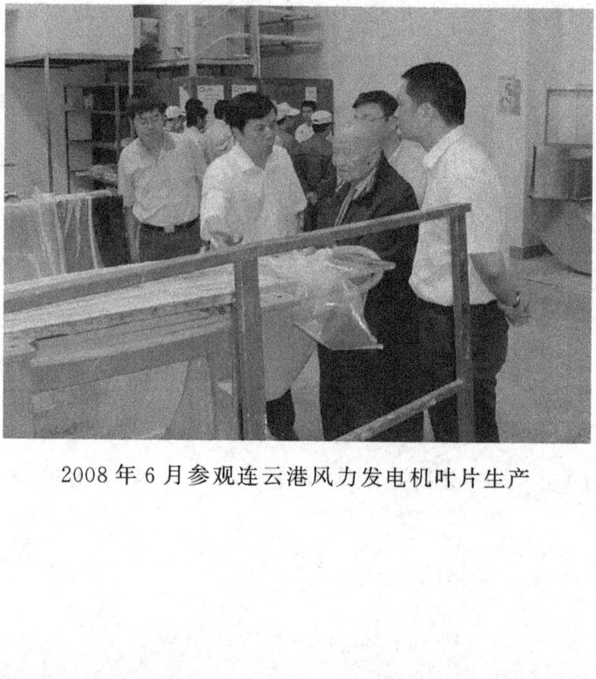

2008年6月参观连云港风力发电机叶片生产

7 月骄阳似火，我和夫人及小孙子一起回到沈阳。在沈阳期间，为了何梁何利基金的初评和参加人才交流协会会议，多次来往于沈阳和北京之间。在沈阳期间，还在华晨汽车公司主持召开了清华大学翁端教授完成的“汽车尾气材料”成果鉴定会。

和孙子 Kevin 在一起

西北工业大学的前身是国立西北工学院，在 10 月 5 日迎来了她 70 岁的生日。我作为老校友前往西安参加纪念活动，会后顺便走访了西北有色金属研究院和西安建筑科技大学，并做了关于“做人、做事、做学问”的报告，这两个单位朝气蓬勃，很有发展前景。

一次更为艰难的任务发生在 10 月 14～20 日这一周。为了考察翁端教授主持的咨询项目执行情况，我从北京飞宜昌到了湖北荆门。这是以我和李恒德院士为负责人向中国工程院申请的一个项目（蓄电池与废电池回收与利用)。深圳格林美公司在荆门办了一家工厂，专门开展废电池的回收，利用粉末冶金法将电池中的稀有金属（镍、钴等）提炼出来，成本低，绿色环保，很有创意。特别是他们以武汉为试点，发展了一整套收购废电池的体系，十分奏效。15 日上午开会，下午参观生产线，随即乘车行 600 公里，于当夜抵达郑州，这是一次艰苦的旅行。休息一日后，参加教育部在郑州大学召开的“全国材料科学与技术博士生论坛”，并做了“材料与社会可持续发展”的报告。次日又要到南京参加“宇航科学与技术博士生论坛”。郑州没有直达南京的航班，于是在北京转机才到了南京。第二天在大会上做了一个报告，题目是“材料与航空航天”，会后参观并参加座谈会，次日返回北京。

在荆门参加报废电池回收加工利用会议

在南京航空航天大学的校园里

10 月 30 日我到天津参加“化工材料峰会”，大会发言 30 分钟，之后访问了天津开发区的纳米技术研究院和天津大学，那里都是我过去熟悉的地方。

11 月 11～13 日，我在北京召开了“香山科学会议”，讨论在研发碳纤维中的科学难点以及我国在发展碳纤维产业中存在的问题。会议结束后，我又主持召开了两三次小型会议，针对我国在发展碳纤维存在的问题，提出了几点建议，并上报中央及国务院。中央领导当即做出重要批示，转发给有关部门。其主要内容是我国碳纤维生产出现过热现象，核心技术需要进一步开发，能耗和污染要进一步降低，生产成本必须大幅度下降，否则在国际上没有竞争能力。为此，国家有关部门已经限制了碳纤维产业的盲目发展，以免日后产生被动局面。

11 月 16 日赴深圳，我召开了两院资深院士联谊会广东地区会议，讨论三农问题及科学发展观。而后，又赶赴广州参加了中国材料研究学会年会，并做大会报告。此后，我还两次回沈阳，一次是讨论核电材料寿命“973”项目，一次是迎接胡锦涛总书记视察金属所。

这仅仅是2008年来我在外出差所做的一些工作。平日，在北京正常上班，既不午休，也很少闲聊，生活倒也是愉快，这就是我所了解的人生。

再晤“德”“赛”先生[①]

王绶琯

“五四”运动时期我国从西方请来了“德先生”和“赛先生”，是为了医治封建思想和愚昧的。

“五四”运动已经载入史册。转眼81年，今天我们再来请教这两位先生，不提旧话，估计他们会有哪些新的要说？

赛先生：“那时你们叫我赛先生，其实我代表着两个人。一是自然科学，一是技术科学，都姓赛。两者关系密切，但本质上很不相同。自然科学旨在认识自然，他不以任何实际功利为目的。技术科学旨在利用自然、改造自然，他追求的正是实际功利。自然科学的研究目标是发现自然现象，掌握自然规律，探索的是自然界固有的奥秘。自然科学的研究贵在洞察力。技术科学的研究目标是‘工具’（和材料）的创造和运用，造出的是自然界前所未有的‘物品’。技术科学的研究贵在创造性。”

“还有一个人物，非常重要。援例可称他为‘特先生’，即‘技术’。技术的进步是人类文明发展的一大支柱。重大技术发展往往是划时代的：从远古的石器时代到今天的信息时代，人们一直很自然地用技术进步的阶梯来标志文明的升级。”

“技术创造财富。技术科学创造技术。100年前，洋务派意识到了技术的重要，主张‘师夷长技以制夷’。到‘五四’运动时期，有识之士意识到了技术科学的重要，请来了我们赛氏兄弟。今天大家都把技术科学看作创造财富的原动力。这是对的。不过，直接创造财富的是技术。一

---

① 原载于：《民主与科学》2000年

门技术往往使用了多种技术科学的成果。反过来，一个技术科学领域的应用，则可以覆盖多门技术。技术，主要结合生产，通常要求面向市场。技术科学则重在创造，要求留有‘想象力空间’。要得到两者的良好结合，就必须尊重两者各自的发展规律、按客观规律行事。”

“技术科学和自然科学之间也有着类似的关系：为了能够利用自然、改造自然，首先就要对利用和改造的对象有所认识。”

“认识自然按深刻程度可以分为三个层次。第一是认识其存在和形象。第二是认识其表象的‘经验规律’。第三是认识其本质的‘自然规律’。前两个层次‘知其然而不知其所以然’，通常只对一事一物有效。历史上‘地心论’、‘日心论’，直到登峰造极的开普勒三大定律都是属于这个范围。第三个层次从‘知其然’跃进到‘知其所以然’，适用的范围遍及具有这共同本质的万事万物。牛顿的万有引力和力学定律是历史上这个层次的最先的范例，从此自然科学才被赋予了‘现代’的意义。300年来，技术科学以现代自然科学的进步为推动力，呈万马奔腾之势。从中我们看到：一门自然科学的重要发现，其应用可以覆盖多种技术科学，而一种技术科学的研究往往需要多于一种的自然科学的支持。这种关系产生了巨大的实用功效。而要做到两者的良好结合，同样必须尊重两者各自的发展规律（如功利与非功利，洞察与创造等），按客观规律行事。”

说到这里，赛先生望着德先生，颇为感慨地说：“当然，如果没有德先生领路，恐怕是什么也说不上，当年提出‘日心论’就会被烧死。如果这种情况没有改变，哪能还有开普勒和牛顿的成就!”德先生赞成这种看法。他补充了一句：“其实，我还有一个伙伴‘劳先生’——‘法治’。‘五四’运动时期没有邀请他。没有法治保证的民主是脆弱的。而法治本身，长期以来曾经是非民主的。烧死布鲁诺的也是一种‘法’。所以，需要的是为保证民主而设的法治，并运用由此体现的民主以保证法治的实施，这是一种不可缺少的良性循环。”

现在“劳先生”已经上班了，据说正等着“包老爷”腾出办公室。

谈敬业、创新与报国[①]

吴孟超

我是马来西亚归侨，童年、少年和青年时代的命运和旧中国贫穷落后的苦难历史息息相关，使我深刻体会到“国家不强盛，华侨受欺侮，个人无知识，家庭遭白眼”的道理。1943 年我考入同济大学医学院，战争年代艰苦的求学生涯又使我深深的体会到，没有共产党就没有新中国。1949 年大学毕业后我来到华东人民医学院（第二军医大学前身）开始了我的外科生涯。50 多年来，回顾自己走过的路，颇有感慨。感受最深的是，作为一名外科医生，敬业精神至关重要，只有把自己的个人前途和国家的命运紧密联系在一起，全心全意为患者服务，才会有所为，才能成为一名受患者欢迎的好医生。

所谓敬业精神，就是一种忠于职守、热爱本职工作、兢兢业业为人民服务的精神。作为医务工作者，以患者为中心，全心全意为患者服务，对业务精益求精，就是医务工作者必须发扬的一种敬业精神。

讲敬业，必须要有强烈的社会责任感

一个人不论职位有多高，技能有多强，他毕竟仍是社会的一员，一个集体也毕竟是社会的一小部分。医务工作者所从事的医疗事业，只是社会分工的一部分。社会给予一切，我们每个医务工作者也必须服务于社会。因此作为具有较高文化科学知识的医务工作者，应该更具社会责任感。换句话说，要有一种“爱党，爱人民的崇高情怀，为民族争气，

---

① 原载于《中国医院》，2002 年 8 月第 6 卷第 8 期，本次略作修改

为社会争光，为人民服务的人生理想和价值观念”。世界第一例肝脏外科手术发生在100多年前的德国，而在我国，肝脏外科至新中国成立前夕还是一片空白。1956年，外国的一位肝脏外科专家来沪访问后断言，中国的肝脏外科要想达到他们的水平，起码要二三十年。当时我正师从著名外科专家裘法祖教授，听了非常气愤，从此也坚定了我献身中国肝胆外科事业的志向。

要刻苦钻研，勇于创新，多作贡献

江泽民同志曾说过：“创新是一个民族精神的灵魂。”对于我们每一位医务工作者，有崇高敬业精神的人，应当对技术精益求精，应当不怕一切艰难险阻，为社会、为人民做出更多的贡献。我的老师裘法祖教授告诉我：“从发展来看，外科医生有两种，一种是搞临床，不断磨炼和进取，就有望变成技术精湛的一把刀；另一种是结合临床搞科研，专攻一项，如出成果对医学做出一些贡献，那么就是医学家了。当然后者更难得多，许多医生花毕生精力也未必能在这一项上有所突破。”我选择了第二条路，他传授了“会做、会说、会写”六字诀。“会做，是指手术，业精于勤，要不断实践，才能保持高的成功率；会讲，是指知识面宽，才思敏捷，旁征博引，在各种讲台上应付自如；会写，要善于总结经验，会写文章，著书立说，才能对人民的卫生事业做出更大的贡献。”50多年来，我始终牢记这“六字诀”，同样我也把它传授给我的学生，严格要求，培养人才，只有这样，才会出成果，才会有创新。

1. 要有创新，必须以实践为基础，敏锐地探索问题

20世纪50年代，国内对肝脏解剖的知识仅限于对肝脏分为左右两叶以及内部分布着肝动脉、肝静脉、门静脉和胆道四种管道系统。1958年长海医院收治了一名肝癌患者，并特请一名权威开刀，我做助手，手术进行了5小时，肝脏不断渗血，两天后，患者终因失血过多而去世，这给我极大的震动。要解决这个问题，在当时只有开创性地研究肝脏解剖，于是我们肝脏小组自己动手制作标本，树立了向肝胆外科进军的信

心，经过反复论证研究，提出了中国人肝脏解剖的“五叶四段”的新理论，为肝脏外科的开展奠定了重要的解剖学基础。我有时想，当时如果我们不从解剖入手，怎么会有以后肝脏外科技术难题的突破。人体的奥秘还很多，需要我们不断去探索。

2. 要善于比较，发现类似，灵活转移经验

经验是人的宝贵智能财富。当我们把解决某个问题取得的经验来解决类似的其他问题的时候，就要运用转移经验的能力。在 20 世纪 60 年代初，肝脏手术中有人用肝门阻断低温麻醉切肝法，当时这种切肝法容易造成多种并发症，当时我就想有没有其他办法替代，当我看到自来水龙头时突然眼睛一亮，肝脏手术在肝门处是否也可以间歇阻断类似闸门以控制血流，经多次试验，“常温下间歇肝门阻断切肝法”终于成功，并一直沿用至今。因此，我的体会是，作为医生，在获得经验的同时，要善于比较，转移经验，攻克难关。

3. 善于学习，知微见著，高瞻远瞩

作为一名医务工作者，必须善于学习、借鉴国外的先进经验，为我所用，保持学科特色及领先地位。一个人的能力很有限，要推动我们肝胆外科以及我国其他学科事业不断向前发展，就必须高瞻远瞩，努力造就一个具有实力的学术群体。我从 20 世纪 80 年代末开始，就积极扩大对外合作，相继成立了中日合作内窥镜中心、中美合作肝脏移植中心、中德合作生物信号传递中心以及中美合作肿瘤免疫和基因治疗中心等，提出了培养科研人才的“哑铃模式”等，目的很明确，就是与国际接轨。尽管我们肝胆外科有自己的特色，但是必须要站得高一点，看得远一点，要把我国的肝胆外科事业推向世界，保持其应有的地位。令人欣喜的是，一幢有 600 张床位的肝胆外科医院病房大楼已投入使用 10 余年，这将为我们国家肝胆外科在 21 世纪的发展奠定较坚实的基础。

敬业与修身相结合，以病人为中心，有爱心，讲职业道德

爱心是一个医生的基本道德规范。职业道德是敬业精神的体现。敬

业爱岗，对事业和专业精益求精，同时又要具备良好的职业道德，做到这两者的统一和结合不容易，我认为最根本的当然是在于人的世界观、人生观和价值观。作为一名医务人员，要把患者当作自己的亲人，痛患者所痛，苦患者所苦；我们必须捧出一颗真诚的心，伸出一双温暖的手。我经常告诫我的学生“看病收红包，会玷污医生神圣的称号”。50 多年来我始终牢记“全心全意为人民服务的宗旨”，1996 年中华人民共和国中央军事委员会授予我“模范医学专家”称号，这是党和人民军队给我的荣誉，以后我更要严格要求自己，严格要求我的学生，为患者服务，肝胆相照，为肝胆外科事业的发展奋斗终生。

展望

科学技术是第一生产力。当今世界，信息技术、纳米技术及生物工程技术将代表 21 世纪的潮流。江泽民同志指出：“人类正在经历一场全球性的科学技术革命，我们面对着世界经济和科学技术前所未有的大发展，也面对着前所未有的激烈的国际竞争。”人类已跨入 21 世纪，尽管我国的卫生事业取得了较显著的成绩，但医学的很多难题仍未解决。每当我目睹许多深受肝癌折磨的患者，真令人痛心疾首。“老夫喜作黄昏颂，满目青山夕照明。”尽管我已步入老年，但我仍奋战在临床一线，报效祖国的拳拳之心，为医学事业奋斗的责任感丝毫未减当年。科学的发展，人才是关键，我将与广大的医务工作者一道，一如既往地努力奋斗，爱岗敬业、勇于创新，培养出更多的名医，为我们国家、我们军队的医药卫生事业做出更大的贡献。

普陀樟问

王 夔

我 来 此 处 六 百 年，
世 事 沧 桑 略 得 参。
深 知 诸 公 明 事 理，
谨 有 一 偈 问 诸 贤：
历 经 二 十 万 昼 夜，
为何犹以翠叶青枝探青天？
莫 道 此 问 功 夫 浅，
精 参 细 悟 天 地 宽。
待 到 你 我 千 岁 时，
再 来 普 陀 齐 说 禅。

2008年10月15日化学部资深院士摄于普陀山600年樟树下，望诸公与樟同寿长青
自右至左：田昭武、郭慕孙、张存浩、查全性、唐有祺、戴立信、王夔

思语心声

穆 穆

西方某哲人云：我思固我在。余仿效之，偶有所得，特录于下。倘对他人有点滴启发，则不胜欣慰。

有人说历史是任人打扮的小姑娘，但是科学可不是随意粉饰的。

——科学的第一要义是求真。

How to be a good scientist?
First, to be a question maker.
Second, to be a problem solver.
Third, to be a results propagator.
(如何成为一个好的科学家?
第一，要善于提出疑问；
第二，要能够解决难题；
第三，要重视传播成果。)

——笔者对新入学研究生提问的回答。

作为研究生，最重要的不是从导师那里学到学问，而是要学习如何做学问。

把优秀学生变成优秀学生的教师，未必是好教师。
把普通学生变成优秀学生的教师，应该是好教师。
把优秀学生变成普通学生的教师，是不合格的教师。

七八分熟的牛排味道最好。

——教师把知识讲的过于透彻，未必是最成功的。

教师对学生的爱，相对于父母对子女的爱，是更高层次的。前者将人类社会的优秀基因，一代代传承下去。而后者是几乎所有的动物都具有的。

误人青春，有过；误人子弟，有罪；二者皆误，该杀！

——有感于做研究生（特别是女研究生）的导师不易。

做气象科学研究，是猜老天爷的心思；做气象预报与预测，是猜老天爷将来的心思，这是极具挑战性的。

考题是老师出的，猜老师的心思比较容易；科研是做大自然出的题，猜他的心思更难。

——试答“为什么有的学生考试成绩很好，但是做科研成绩平平？”

过程有时比结果更重要：手工产品比自动化流水线产品更贵；虽然人造金刚石可能比天然金刚石还要硬，但是前者是在实验室中生产出来的，缺乏后者在大自然中形成的过程，所以比较廉价。

——与研究生谈科学研究过程的重要性。

引用与抄袭的区别：读了你的论文或著作，对其中的观点、方法、结论，读者可能产生三种印象：属于作者，属于他人，无法区别。一篇论文或著作，把前两种严格界定清楚，杜绝第三类，就没有抄袭。

——对学生“引用与抄袭的区别”的回答。

引用比例高就是抄袭？贷款多就算偷窃吗？抄袭比例低就不算抄袭？偷钱少就不算偷？

做科学研究，很累，但是不苦。苦与累是不同的。因为你热爱这个工作，所以不会感到苦。

人世间，最宝贵的东西是时间。如果你对时间有支配权，利用它做自己最愿意做的事，又能对人类作贡献，社会又承认你的贡献，你就是最幸福的人。

人的体力、智力与创造力，像金钱一样，既不能长期储蓄，也不能透支。前者可能大幅度贬值，后者可能导致破产。年轻人要善用其体力、智力与创造力，实现其人生价值。

爱你的人，你爱的人，与你共同生活的伴侣，三者合一，是美满的婚姻。你热爱的工作，最能发挥你聪明才智的工作，能为人类社会做出贡献的工作，三者合一，是完美的职业。

什么是人才？在你所从事的领域，你属于前10%，你就是人才。

有知识，缺文化，少思想。

——有感于某些学生严重“营养不良”。

中国学者论文的低引用率，与博士、硕士培养的高成功率，是中国真正成为世界科学强国的两大障碍。

学而优则仕是科举，研而优则仕也是“科”举。仕则研必优，是对这两类科举的亵渎。

——科举制度从隋文帝就开始了，到1905年才取消。中国科学界要消除科举的影响，任重道远。

普及什么是科学，什么是技术，什么是工程，弄清三者之间的关系，要从儿童抓起。等到他们成为社会各界精英与领导，中国的科学技术事业一定会崛起。

这些年来，“创新”已经快沦落为最无新意的一个词。

二流的队伍、三流的管理，出了一流的成果。不是神话，也属奇迹。

SCI，是SMART CHINESE IDEA，还是STUPID CHINESE IDEA，取决于如何善用它。

金钱不是万能的，但是没有金钱是万万不能的；SCI也同样。

计划经济行不通，计划科学也行不通。

死猪不怕开水烫，“学腐”何惧网民批。

——有感于一些人对学术腐败麻木不仁。

钱多解决不了问题，引进外援与洋教头也解决不了问题，仿效×××制还是解决不了问题。

——但愿中国的科学技术事业不会重蹈中国男足的覆辙。

你射门得分了吗？你妙传助攻了吗？你拼抢化险为夷了吗？都没有，但是你的确上场踢球了。

——有感于一些科学家“拼搏”在国际科学前沿。

当一种疾病令当今医学界束手无策时，名医与江湖郎中都是世界先进水平。

——有感于极个别科研成果忽悠社会与大众。

少花点时间在网络上，今天的新闻大多不会成为重要的历史事件。多花点时间看历史书，它会帮助你理解今天的新闻。

——有感于一些学生被“网”所困。

如果客人就餐后90％都要看医生，大概可以肯定是食物中毒，而不是他们的抵抗力问题。如果一个地方的官员腐败成风，则也大概可以肯定是体制出了问题，而不是该地的官员都特别坏。

——学术界的腐败也应同理。

官员二戒：

一戒利用一部分下级压制另一部分下级，将下级当工具；

二戒成为一部分下级压制另一部分下级的工具。

著名学者二戒：

一戒利用一部分科学家压制另一部分科学家，将科学家当工具；

二戒成为一部分科学家压制另一部分科学家的工具。

只宣传该校培养了多少精英，而不谈出了多少腐败分子与犯罪分子，似乎不太公平。

我的科学人生

陈学俊

1919年3月5日，我出生于安徽省滁州市乌衣镇，这一天正好是农历的元宵节，更巧的是这一年发生了“五四”运动，3月5日又是敬爱的周恩来总理的生日，所以我出生的年月日都很好，我很荣幸，人们也很容易记得这一天。

我有亲兄弟5人妹1人，最小的弟妹2人在抗日战争期间逃难农村，因缺医少药因病早夭，他俩聪慧可爱，至今我仍然非常怀念他们。我的哥哥学仁及弟弟学义现都定居美国。祖母汤氏是农民，不识字，一辈子劳碌，勤俭持家，每天起得最早，睡得最晚，管理家务，照管门户，大家都很尊敬她，称她为陈老太太，抗日战争期间在南京病逝。我的父亲陈克钧幼年在私塾念过书，相当于初中文化程度，依靠自学，中文基础较好，在乌衣镇经商，曾任商会主席，为人正直公平，热心公益事业，为办学、修桥、铺路等事业，得到全镇居民的尊敬；而且父亲生活俭朴，烟酒不沾，严以律己，诚恳待人，这些对我们子女教育很深。我的母亲也是农民，不识字，但为人忠厚，每天忙着干活，做饭做菜，非常辛苦。父母均已逝世多年。

父亲眼光看得比较远，要我们兄弟读书，并不要我们接他的班去经商做生意，但要求我们品德要好，要诚实，要勤俭，要劳动。当发现我们有缺点和错误时，从来不打我们，最多要求我们罚站片刻，要我们认真思考错在何处。我们兄弟对父亲都很敬畏，但也很爱戴。

当我在高中读书的时候，有一件事情终生难忘。有一次我邀祖母到南京来玩，因为祖母终日辛苦，未离开过乌衣镇，更没有看过电影，我请她来南京同去一家电影院看一场电影，当银幕上出现人物时，她一时好奇，想走近一些看，未想到是梯级座位，摔了一跤，眼睛也受了一些伤，我一辈子也忘不了这件事，我在1947年编写我的第一本书《燃气轮机》时，书上第一页特别写上“纪念先祖母”，寄托我的怀念。多少年来，只要我去南京，必定要去雨花台一次，在草坪上朝着祖母墓地的方向三鞠躬，默哀5分钟，以寄托我的怀念之情。

1935年，16岁的我从南京的安徽中学毕业，考取了南京的中央大学、金陵大学及在青岛的山东大学。当时我也报考了上海交通大学，我知道考不过那些有名中学的毕业生，但是我站在上海交通大学工程馆楼上说：以后我一定会来的。1937年抗日战争期间，中央大学迁重庆，我大学毕业后进入重庆中央工业试验所工作。在此期间日本飞机经常来重庆轰炸，最高纪录是一个月空袭28次，见天气晴朗进防空洞，天气大雾进教室，一次大轰炸，我亲眼目睹死亡同胞万余人，惨不忍睹，至今不能忘记。当时我唯一的想法是我要努力读书和学好工程，今后要“以工程救国”。

1941年我写了一篇锅炉制造工艺方面的论文，并出席了在贵阳市举行的第十届工程师学术年会，因此我在22岁时就登上了全国性学术会议的讲台，宣读了这篇锅炉方面最早的论文，从此我也决定终生为动力工业服务。在会议期间我还写了一篇题为“工程师与音乐”的文章，刊登在《贵阳日报》上，其中还有我为工程师写的一首歌，歌名是《工程师进行曲》，歌词是“争名利，无意义，学工程，有志气，为人民谋福利，为社会求进取，我们大家一致把心齐，爱团体，我们永远为中国工程奋斗到底；山河破，倭寇獗，我会员，需立志，建国家，装机器，卫国利，靠兵利，我们大家一致把心齐，爱团体，我们永远为中国工程奋斗到底”。中华民族是勤劳、勇敢、聪慧的民族，战争带来的苦难是压不倒我们的，一定要把国家建设好，这是我们当时的心情。记得有一次在中央大学安徽同乡会聚会时，我唱《念故乡》这首歌时，大家都流泪了。这首歌的歌词是："念故乡，念故乡，故乡真可爱；天甚清，风甚凉，乡愁阵阵来；故乡人，今如何，常念念不忘；在他乡，一孤客，既没有凄凉，念故乡，念故乡，故乡真可爱，好河山，成战场，空忆从前乐，空忆从前乐。"当然总的来讲，我们更多的时候，是唱抗战歌曲，鼓舞斗志，如"大刀向鬼子们的头上砍去……""我们都是神枪手，每一颗子弹，消灭一个敌人……"等。

1944 年我被中央工业试验所派出国实习考察，出国乘坐的是小型飞机（20 个人左右），还要翻越喜马拉雅山，冒着一定的风险，但当时只有这唯一的出国通道，我总算是幸运地于当天安全到达印度加尔各答市，后乘车去孟买，在离开孟买时，为了避免日本飞机轰炸，客船由两艘驱逐舰保护一直向南驶至澳大利亚墨尔本市后，再直接驶往美国，一个多月才到达美国，我开始了在美国燃烧工程公司实习与考察。我当时主要在该公司位于查但罗加城最大的锅炉制造厂工作，并参加当时最大的 10 万千瓦机组安装直至运行。在此期间该公司也付给我出差费，因此我不急于回国，在普渡大学攻读研究生。

在美国期间，中国人备受歧视的情景深深刺痛了我，当时的中国，是反法西斯侵略战争的四大盟国之一，可事实上，中国留学生反不如日本留学生受欢迎。美国报纸在 1944 年还提美苏英中四大国，到 1946 年则是美英苏法四大国了，面对这种种歧视，我立下誓言：一定要为中国人争口气，努力学习，发奋图强。最终仅用了一年时间就获得了硕士学位。面对导师的挽留、高薪和美国的舒适生活，我开始考虑人生道路上一次重要的选择，望着遥远的东方，我想起在太平洋彼岸苦难深重的祖国，心潮起伏，不能平静。我深深体会到，只有国家富强了，中国人才有出头之日，因此 1947 年我毅然回到贫穷落后的祖国，决心用自己在美国学到的先进科学技术，使我国动力工业尽快起步。

回国后我认为要"工程建国"，必须要有人才，因此我到上海交通大学担任教授，同时也实现了我在考大学时的愿望。当时上海交通大学使用的教材都是美国麻省理工学院的教材，我认为必须改变这一现状，一定要让著名高等学府里的学生拥有本国文字的教材，我开始编写动力工程的成套书籍，并开创了我国第一个热能工程学术刊物《热工专刊》。

当时燃气轮机在国外刚刚开始应用，技术上尚处于发展初期。为了把这一崭新的学科介绍到国内，我利用在美国学习期间广泛搜集资料，回国后立即着手撰写《燃气轮机》一书。该书于1949年出版，当时国际上也很少有，无怪乎1985年瑞士苏黎世高等工业大学动力学术家苏特教授到我家中做客时，看到这本20世纪40年代出版的专著以后，大为惊奇连声称赞："陈教授，你还是燃气轮机方面的先驱者！"

1948年底上海解放前夕，我又面临人生道路上第二次重要选择，是留在上海还是去台湾与亲人团聚？最后选择是留在上海，在东海之滨迎接新中国的诞生。新中国的成立给我带来了希望，受到党的培养、教育和重视，我知道自己真正有了用武之地。1952年我筹建了我国第一个锅炉专业，担任教研室主任，以后又担任动力系主任，主持解决了上海市电厂高压直流炉的严重脉动问题，参加了国产第一台12.5万千瓦及30万千瓦直流锅炉的实验运行，为我国锅炉工业的发展做出了重要贡献。

1956年，为了加快西北经济建设，国务院做出上海交通大学内迁西安的决定，我将自己的事业与祖国建设需要紧密相连，我和夫人袁旦庆教授坚决拥护周总理主持敲定的上海交通大学迁校方案，放弃自己的上海住房，1957年全家迁来西安，几十年来我们一直在祖国的大西北致力于教育事业。

20世纪50年代核能发电站刚刚兴起，管内汽液两相流及传热问题日益重要，我开始进行这方面研究。我认为人要敢于创新、勇于探索，既要结合当前实际，又要着眼未来；既要学习和掌握现有知识和经验，又要敢于创新、勇于探索新事物、新问题，这样才能立足于世界先进之林，为科学、教育与工程技术做出重大贡献。

1959年我指导研究生进行下降流动截面含气率的研究，通过大量实验和分析指出：在下降流动中，截面含气率不总是大于容积含气率，在某一范围内可小于容积含气率，这一新论点8年后为国外的研究结果所证实。20 世纪 60 年代初，为了配合大容量高参数直流锅炉的发展，我对不同型式水冷壁管屏中的两相流动静态不稳定性问题进行了理论研究，得出的结论与几年后苏联学者发表的研究结果是一致的。

1964 年，我进行了两相混合物在弯管中流动特性的研究，关于这个问题，当时国外研究者极少，一般认为，由于离心力的作用，重相（水）总是沿着管子外侧流动，而轻相（汽）总是在管子内侧流动，我们通过多次试验和理论分析，提出当轻相（汽）流速很大时，将能迫使重相（水）移到管子内侧壁流动，即发生“液膜倒置”现象，这一重要流动机理，国外学者几年后才认识到。与此同时，为配合电厂向高容量大压力参数发展，在国内倡导发展超临界压力机组，我曾主持进行 60 万千瓦超临界压力机组参数选择的研究，提出报告并开始筹建超高压试验台。

从 1947 年归国到 1966 年，除上述科研成果外，我陆续出版了《燃气轮机》、《蒸汽动力厂》、《锅炉学》、《汽轮机学》等 10 本著作，合计近 300 万字。并已培养了 8 名二年制、四年制研究生（当时学位制度尚未建立）。正当我满怀信心准备教学与科研上夺取更多成果时，厄运降临，“文化大革命”开始了。以所谓的“反对学术权威”和“海外关系”等问题，使我和我爱人长期隔离审查，不能回家达一年半之久。粉碎“四人帮”后，我的错案得以彻底平反。1979 年我担任了工程热物理研究所所长，1980 年被任命为副校长，并率领西安交通大学代表团到瑞士与第一个西方国家的大学——洛桑高等工业大学签订了姊妹学校合作协议，不久以后又代表学校与美国康奈尔大学及明尼苏达大学签订了同样的协议书，这使我深感自豪，我国不仅在政治上，而且在教育上、学术上也站起来了，美国有名的大学都亲自找上门来，这更需要我们自己在教学科研上不断提高水平，为“科教兴国”不断提高认识水平。虽在花甲之年，我决心一切从头开始，而今迈步从头越。在我与同志们的共同努力下，建立了高压水蒸气实验台及油气水三相流试验台，前者是国内当时唯一的可工作到超临界压力的试验系统，在国外也属于罕见；后者比英国 Harwell 三相流试验台还早一年。

1990 年，为了使多相流研究工作进一步深入，我负责主持了动力工程多相流国家重点实验室的建设工作，1992年12月竣工验收，达到国家的要求。近10多年来，我在繁忙的科研教学工作之余，争分夺秒，在国内外杂志及国际学术会议上发表了140余篇论文，出版了《锅炉原理》、《两相流与传热——原理与应用》、《两相流热物理学》3本著作，并出版了英文专著 *Two-phase Flow and Heat Transfer* 两册。

我一直信奉这样的人生哲学：人，应该对祖国有所贡献，对别人不能要求太高，但对自己要求不能太低！1987年我主持的“管内气液两相流动与沸腾传热特性研究”荣获国家教委科技进步奖一等奖，1988年获国家自然科学奖三等奖。1988年我参加的“能源技术政策研究”项目，获国家科技进步奖一等奖，并获得原国家经委、计委、科委颁发的有重大贡献证书。1991年“螺旋管内沸腾流体两相流与传热规律研究”获国家教委科技进步奖二等奖。1992年“高压汽水两相流与传热试验系统”获国家科技进步奖二等奖。1993年“受热沸腾管高压汽水两相流传热恶化规律的研究”获原国家教育委员会科技进步奖一等奖（排名第二）。2007年“复杂约束条件气液两相与多相流及传热研究”获国家自然科学奖二等奖。

在几十年的教学实践中，我认为不仅要注重理论，也要注重与实际相结合，更要时时记着不忘教书育人，培养德才兼备的人才。几十年我亲自教过课的学生有2500余人，亲自指导过的博士生30余人、硕士生10余人。他们中的绝大多数已成为我国锅炉工业和电站建设中的技术骨干和专家，其中有卓有成就的高级工程师、教授和6位两院院士。学生们取得的成就是他们自己努力的结果，同时包括党的培养和教育以及集体的力量，我认为自己不过做了“领进门”的工作而已。我曾总结的关于指导博士生的教学成果：《思考教育与知识教育紧密结合，培养德才兼备博士生》获得1991年陕西省教委优秀教学成果奖一等奖。

1983年，我作为教育部第一个大学发展项目中国审议委员会副主任，在去法国出席会议并到英国访问时，曾应邀对在巴黎、伦敦地区学习的我国留学生和访问学者讲话，我说：“巴黎繁花似锦，伦敦绿草如茵，多么美好的环境，但世界上最美丽的地方，不是巴黎，也不是伦敦，而是我们中华人民共和国，那儿有雄伟壮丽的万里长城，奇峰险浪的长江三峡，风景秀丽的黄山，山水甲天下的桂林……世界上最好的工作地方不是在国外，而在我们伟大的祖国，那里有 960 万平方公里的广阔天地，有 11 亿勤劳勇敢的人民，有宏伟的四化建设规划，有领导全国各族人民前进的伟大的中国共产党，希望大家努力学习，早日学成归国，为祖国的四化建设贡献自己的力量。”在我的教育下，我培养过的研究生在国外进修，除个别留在国外，绝大多数都回国，参加祖国的四化建设。

我曾在意大利、美国等三个国家有关国际学术会议担任组织委员和学术委员，同时担任《国际多相流》等三种国际学术刊物的高级顾问；曾任国务院学位委员会工程学科评议组成员、国家自然科学基金委员会学科组成员、中国工程热物理学会理事长、中国科学院院士、全国政协常务委员会委员、陕西省人大常委会副主任、九三学社中央副主席。现任中国工程热物理学会名誉理事长、九三学社中央名誉副主席、中国科学院资深院士、第三世界科学院院士。

60 多年的风尘岁月的奋斗，我实现了自己的诺言，把自己的赤诚之心全部奉献给了祖国。

做一辈子的研究生

林为干

我于1919年10月20日出生在广东台山县，从小就目睹了被外国侵略者蹂躏的国土，聆听过父辈讲述虎门销烟的故事，遂立志要当一名科学家，用科学拯救祖国。为科学而献身的人，不仅需要在学习上异常刻苦，而且还要有一个强健的体魄，踢足球、游泳、长跑、打乒乓球都是我酷爱的体育项目。我初二就已经考取了当时广东最好的中学——广雅中学，并于1935年一举考上清华大学、中山大学和中央大学三所名校，当时中山大学有天数系，给我入学考试时的数学打了100分，对我鼓舞极大。三所名校都向我张开怀抱，经过一番深思熟虑，15岁的我决定去清华大学上学，我以家乡的状元身份考入清华大学电机系。祖国最负盛名的高等学府升腾起的热望，使人忘记了饭难饱肚的灾难和凛冽北风的凌辱。圆明园废墟迸射出的愤怒使我醒悟到："科学技术落后的国家必然受欺辱。"在清华大学，大师如云，高手林立，勤奋读书、勇争第一的精神，蕴涵着清华良好的学风与习惯。我更加勤奋刻苦，虚心听从老师指导，与同学认真探讨，图书馆常能看到我伏案钻研的身影。清华的考试制度非常严格，一门不及格就要留级。我所在的年级，入学时共40多位，四年后，只有20多位顺利毕业。我虽然在班里年纪最小，但是有一股倔犟不服输的劲儿，成绩一直名列前茅，经过清华这座大熔炉的历练，拥有了扎实的基本功。

1937年，七七事变，全民族陷入危机。在日本侵略的炮声中，日军占领清华园，清华师生被迫南迁。战火让偌大的中国放不下一张平静的书桌，但我始终不坠青云之志，依然刻苦钻研。战乱中，政府对教育的费用支出锐减。教授们一贫如洗，学生的生活更是困顿。我此时已无钱缴纳学费，一日三餐勉强果腹。从小生长在衣食无忧的律师之家的我，在战乱和流亡中真切地体验到了什么是饥饿。我的学业随清华大学搬迁到长沙，又迁移到昆明持续进行着。在昆明成立的国立西南联合大学，聚集了北京大学、清华大学、南开大学三校的精华，师生们在最艰苦的条件下做出了当时第一流的研究成果。在这样简陋的校舍里，走出了许多后来闻名于世的科学家，我于1939年顺利完成了本科学业。1940～1945年，我在昆明交通部工作，希望能实现满怀的梦想。那时，我经常把本来就不多的吃穿费用节省下来寄给参加抗日战争的二哥。二哥为革命捐躯的精神，更使我清醒，祖国利益永远高于一切。

1937年在清华大学读书时留影

战争一结束，我获得了公费去美国学习的机会，并顺利入读加利福尼亚大学伯克利分校。后来成为美国国家科学院、国家工程科学院和国家科学艺术院三院院士的温纳里教授是我的导师，他曾经问：“林，你已经是系里最勤奋的学生。我想知道，你学习的动力来源于什么呢?”“我的祖国!”我脱口而出。我解释道，中国还处于积贫积弱的状态，无论是政治、经济、科技都非常落后，“在这种情况下，更需要有志之士学有所成，报效祖国。”

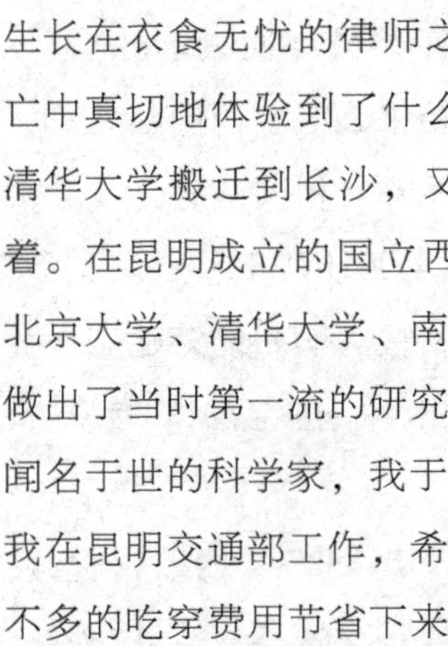

1946年在Boulder（科罗拉多州博尔德市）留影

开国大典的礼炮声震撼了漂泊在世界各

地炎黄子孙的心，祖国在召唤游子回家。我反复研读华罗庚写的《致留美学生的公开信》，“为了抉择真理，我们应当回去；为了国家民族，我们应当回去；为了为人民服务，我们应当回去；就是为了个人出路，也应当早日回去”。每读一遍，我都激动不已。

1951 年 8 月，满怀报效祖国之情的我踏上了归国之路。就在船行驶在公海即将到达香港时，我们却被通知因为所拿的不是新中国的护照，不能在香港登陆，将被原船遣回。作为领队的我立刻召集大家商量，试着利用船上的无线电给广东省教育厅留学生招待委员会发去求救信号(SOS)。不到两天，对方回电，内容说祖国将派船来公海接他们回广州，要我们耐心等待。接到这一消息后，船上的留学生高喊祖国万岁。

在广州工作七年后，我又服从国家安排，举家西迁，来到成都，参与并领导成电（成都电讯工程学院，现名为电子科技大学）的筹建工作。这一待就是一辈子，我以开创者的身份见证了成电的沧桑巨变，为成电的改革建设发展做出了自己的贡献。

我常说二哥对我的人生影响最大。1943 年，年仅 27 岁的二哥林为梁和陈潭秋、毛泽民等被新疆军阀盛世才秘密杀害。林为梁在狱中经受严刑拷打，但他坚贞不屈，写下了气壮山河的《囚徒歌》：“……砍头枪毙，告老还乡；严刑拷打，便饭家常。”表现出了共产党员的崇高气节。

新中国成立后，我放弃了美国优厚的生活，经历重重曲折回到祖国。我当时心中只有一个信念：“我答应了二哥，要回来建设新中国。”

我一直认为最引人自豪的事就是加入了中国共产党，能为国家出力。1954 年我就递交了入党申请，之后又多次递交过，但都因为“政治的原因”没有得到批准。1957 年底，我在递交的入党申请书中写到：要努力提高修养，在党的领导下，严格遵守党的纪律、执行党的政策和决议，做群众的小学生，在群众中起模范作用；要时刻记着要不愧为工人阶级的一名教授，不愧为一名共产党员。一年后我被批准为预备党员，因为政治历史的问题，直到 1962 年才被批准成为正式党员。虽然历经了诸多波折，但是都没有动摇我对祖国的爱、对党的忠诚和对共产主义的追求。

如今我已是有50多年党龄的老党员，在这50多年里，我努力争取进步，以一个真正的共产党员所具有的优秀品质和对祖国的爱，以实实在在的行动践行着我入党时的誓言。我对党有极为特殊的感情，“我是党员，党安排我到哪里我就到哪里”。我也始终告诫学生和晚辈们，要听党的话，不断学习，不断为国家的科学事业而奋斗。在获得何梁何利基金技术科学奖时，我说：“我在乎的不是这个奖项，而是希望能够为祖国母亲的繁荣富强尽自己的一份力量。”

19世纪中叶，英国科学家麦克斯韦在总结前人研究电磁现象的基础上，建立了完整的电磁波理论。他认定了电磁波的存在，并推导出了电磁波与光具有同样的传播速度。1887年，德国物理学家赫兹用实验证实了电磁波的存在。之后，人们又进行了许多实验，不仅证明光是一种电磁波，而且发现了更多形式的电磁波，它们的本质完全相同，只是波长和频率有很大的差别。人们称波长从1毫米至1米的电磁波叫微波，这短短的微波正是我一生执著研究的对象。

1950年，我博士毕业于美国加利福尼亚大学伯克利分校。一年后，我的博士论文发表于美国《应用物理》杂志8月号首页，题为“关于一腔多模的微波滤波器理论”。该论文创新地提出了一个圆柱有五个同谐振频率的简并模可以应用的新发现，打破了微波学界长期以来的一个圆柱谐振腔有两个简并模可以利用的观点，学界轰动一时。该理论的最大意义在于使用一个谐振腔就能代替多个谐振腔从而极大地减小体积和重量，在20世纪60年代卫星通信中得到广泛的应用和发展。1971年美国的《卫星通信评论》，1987年及1992年的美国《微波理论与技术汇刊》都重提我的这一重要发明的意义。“一腔多模”理论是我曲折而壮丽的科研道路的第一个波峰，从那以后，我在微波科研的道路上乘风破浪，不断前行，攀登在电磁理论、微波技术、光纤技术、电磁辐射与散射等领域的世界学科研究前沿。

1963年，我与助手钟祥礼在《物理学报》上合作发表的《矩形内导体圆柱外导体同轴线的特殊性研究》论文，建立了新的计算公式，该计算公式被英国“马可尼”丛书收录，根据他们提出的计算公式制成了曲线图表，其精确度和方便之处，远远超过包括谢昆诺夫这样的微波理论创始人在内的其他欧美科学家的计算方式。其计算方法被誉为“林-钟”方法。

1979 年，我在椭圆直波理论的研究方面取得了重大的成就，发表在《中国科学》(英文版) 的《椭圆直波导理论》一文，纠正了国外的结论，成功地为我国制定椭圆波导尺寸提供了理论依据，这个理论已经被广泛地应用于卫星通信地面站中。

20 世纪 80 年代初，我带领的团队开展了 8～3 毫米频段前端接收技术的全面研究，以及有源无源的关键电路的研究。1987 年，共有 4 项研究获得部级成果鉴定，特别是宽带毫米波源，已达到 1986 年世界先进水平，被国内同行广泛应用，为开拓我国毫米波事业做出了自己的贡献。一项项科研成果，见证着我的辛勤劳动，凝结着我的点滴心血。继 1978 年被评为全国劳动模范之后，1980 年，我在 61 岁时当选中国科学院技术科学部委员(即中国科学院院士)，成为“文化大革命”后首批院士。

与学生一起做实验

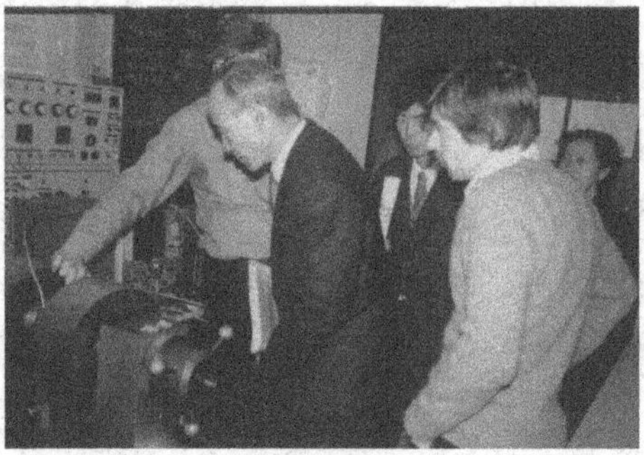

1982 年在德国访问时参观大学的实验室

在我 70 周岁之际，电子工业出版社出版了《微波场论与应用研究论文选集》一书，该书收集了我近 40 年来在国内外一级刊物上发表的具有国际先进科学水平的微波场论与应用研究论文 40 多篇，概括了我多年来的主要学术见解和重大贡献，全面系统地梳理了我的学术思想。著名电子科技专家孙俊人院士评价说：“该书是我国微波科学界的宝贵财富，对我国科学事业，特别是对微波理论以及传输技术的发展有重大的促进作用。”

除了一个又一个的科研成果之外，我深感国内无线电技术，尤其是微波技术教育的落后，教材、参考书的缺乏。我根据自己长期在一线的教学实践经验，整理撰写了4本专著：《微波网络》（国防工业出版社，1978）、《微波理论与技术》（科学出版社，1979）、《电磁场工程》（国防工业出版社，1978）和《电磁场理论》（邮电出版社，与助手合作，1984），这4本凝聚着我无数心血的著作共计380多万字。其中，《微波理论与技术》一书曾获得全国高校优秀教材奖，《电磁场工程》一书被评为全国优秀科技图书。这些著作对提高我国电子科学技术教学研究队伍的理论水平起了重要的作用，并在我国设立学位制度后成为研究生学习的重要参考书。

1985年在实验室做科研

时间跨入20世纪90年代，我已经成为一个年过七旬的科学老人，似乎我的科学人生已经走到了尽头，科学贡献可以盖棺定论。然而，事实并非如此，我依然践行着我“做一辈子研究生”的誓言，不断书写着科研历史上的传奇，青春依旧……

1995年12月，我的论文《一个介质球的静电镜像群》发表在美国《静电学》学报上，该文的发表宣告一道百年难题的攻克。这个难题就是自1892年麦克斯韦的《电磁学》（第三版）出版以来，关于点电荷在介质球中能够形成多大的镜像、位于何处的研究一直是一个未知数，也是从那时候开始，这个镜像问题就成为历代电磁学界的“哥德巴赫猜想”。

我从1951年开始走进了这个难题，因为不相信难题永远是难题。寒窗钻研八载，1959年成果初现，当年先后在美国《物理学报》发表了三篇论文，其中第三篇论文《格林函数在计算部分电容中的应用》，专注于计算一个静电点电荷的作用，研究了麦克斯韦提出介质球中的点电荷问题。由于社会种种变迁，又经过近40年的不懈求索，我终于成功地找到解决这个百年难题的钥匙：$\alpha = 1/2$。通过旋转退化双极坐标系（α,β），我求解出了 $\alpha = 1/2$ 这个表示式，从而发现了有介质平面的双镜现象，解决了这一经典难题。

具体来讲，我提出在电磁学中，给出一个点电荷在一个介质球中所产生的镜像的位置及大小，计算球外的电场要考虑外电荷及两个镜像的影响，计算球内的电位分布时只考虑两个镜像的影响，我用一个介质球的静电镜像方法求解。1968 年 Smythe 在《静电学与电动力学》（第三版）中，用平面分界面的两个不同介质中任意一介质中的点电荷所产生的双镜像现象来验证他的结果，证明了该方法是正确无误的。这一研究成果不仅攻克了电磁学学界的百年难题，而且具有十分重要的应用价值，该理论可以用来建立一个新雷达系统，此点电荷可以作为一个静电雷达，大物体可能是机场、航空母舰、矿床、稻田或者大部队群；对静电雷达的建立而言，外加电荷就是一个探测器，介质球就是一个入侵者；后者把探测器的镜像建立起来，产生的影响做出警告信号。微波学界为这一难题的破解欢腾不已。

1999 年 8 月，我的另一篇论文《关于新型五边形的大功率波导理论与试验》发表在美国《电磁波及应用》学报的首页。该论文突破了传统观点认为的波导只能是四边形及四边形以下的禁区，创新地提出了新的非四边形的波导——新型的五边形波导，这就突破了波导只能是四边形及四边形以下的禁区，这又是电磁学上的一个重要的创新……

青灯苦读耕长夜，啸傲山林伴月居。一个人所取得的成绩离不开源于内心的勤奋。我认为勤奋是一个人走向成功路途中最重要的一环。我对自己最满意的一点就是耐得住寂寞，一辈子老老实实地做学问。勤奋与专注为我的科学研究带来了丰厚的回报。我常对学生与教师们说，科学研究没有捷径，勤奋是科学研究必要的助推器。我会利用我的空闲时间抓紧工作，常在大年初二就开始在办公室加班了。出差的时候，只要飞机一起飞，或者火车一开动，我就会拿出早已经准备好的书和稿子，开始埋头读书与推算公式，沉浸在知识的海洋中。在“文化大革命”中，我曾被下放到四川的攀枝花一个叫米易湾丘的地方去劳动改造，即使在那样艰难的岁月里，我也不忘悄悄拿出藏在被子下的学术著作来钻研。同时，科学家应该具有敏锐的眼光、远见的卓识，在微波理论和技术上都接近成熟之时，我提出了向纵深发展，向 3 毫米波段进军的发展思路，并取得了显著成就。

就这样，我以书为伴，即使在七八十岁的高龄仍然笔耕不辍，创新不断。1999 年，《科技日报》以大标题“共和国科技丰碑”、中标题“50 年重大贡献科学家”、小标题“电磁理论科学开拓者林为干”刊登新闻稿，肯定了我对中国电磁科学的发展做出的杰出的贡献。2003 年，喜讯又从大洋彼岸飘然而至，美国伊利诺伊理工学院授予我最高学术荣誉——文理科学荣誉博士，这是伊利诺伊理工学院建校 100 多年来首次授予来自中国内地的科学家。

2009 年是我 90 寿辰。90 岁的我，每天仍然用略显颤抖的手，拿着放大镜和笔，仔细研读最新的外文文献，在书角页末写下笔记，在稿纸上推导公式，科研不息。我希望从现在开始到我 100 岁的这段时间里面，每年都能够发表一两篇论文，在 100 岁那年，还能在核心刊物上发表文章。

作为“共和国科技丰碑”，我要做一位真正的科学家！活到老，学到老，做一辈子的研究生。

1980 年春，时任四机部部长的孙俊人院士对我说：“您积淀深厚、学识过人，中国的电磁学需要大量的人才。您看看，您能不能辞掉现在的行政职务，专心做学问，教书育人，为中国电磁科学发展培养一些人才？改革开放的春风已经在经历了‘文化大革命’的神州大地吹拂，百废待举，急需一批顶尖的科研人才开拓高精尖领域。”我坚定地说：“好！”如同我 30 多年前毅然决然地踏上归国的征程那样。从此，中国的微波领域多了一位杰出的导师，中国的微波科学有了更多杰出的新生力量：

曾令儒，我的第一届博士生，中国首批电子学博士，从东方红系列卫星开始到“神舟”飞船，卫星和地面的检测数据传输技术、传输方案，都曾带头参与研究，被称为“中国航天飞船的掌舵人”。

吴正德，由于在微波研究方面的杰出成就被评为国家级有突出贡献专家，1993 年受聘为美国纽约科学院院士。他还担任了中国民主同盟中央副主席、四川省政协副主席、全国政协常委等职。

祝宁华，现任中国科学院半导体研究所研究员，长江学者，博士生导师，先后入选“百人计划”和首批新世纪百千万人才工程国家级人才，获得“百人计划”项目、国家杰出青年基金、“863”、“973”重大课题等 17 项国家级重大研究项目。

这只是我众多弟子中的代表，从 1982 年开始恢复博士生培养以来，我一共培养了博士生 60 多名、博士后 5 名，其中 3 名博士生因在工作中做出突出贡献受到国家表彰。这些学生遍布海内外，在微波电磁科学的前沿领域不懈探索，为中国乃至世界电磁科学收获了丰硕的果实。

我始终相信，作为一名教师，不仅自己要更加刻苦学习，在研究领域做到基础好、学问高，而且还要不断学习优秀的教学方法，让学生在潜移默化中接受知识。在担任繁重的行政工作的同时，我坚持在培养人才的教学第一线。几十年来，我讲授了电磁场与微波、微波在介质中的传播、无线电技术等十几门课程。我常对学生说：你们要做一辈子的研究生，一辈子都要学习。同时总是提醒学生，一定要经常阅读国内外最新的学术期刊，保持和国内外学术界的密切接触。

因为在培养学生方面取得突出的成绩，1991 年，我被四川省教育委员会评为“优秀研究生指导教师”；关于培养研究生的论文“矢志育人——探索我国培养高技术人才的有效途径”获得国家教育委员会第一届优秀教学成果奖特等奖。在人民大会堂领奖台上，李铁映同志问我：“你是哪个单位的？”我说：“我是成电的。”他又问：“是林为干吗？”我回答说“是。”在旁边的江泽民同志、李鹏同志都过来跟我握手并祝贺。

2003年5月18日芝加哥大剧院伊利诺理工学院授予林为干荣誉博士学位
后排自左至右：吕幼新、王荫泽、林为干夫人朱建华、杨建宇

2006年参加二岸三地无线通信会议时与澳门大学校长合影

大型科技文献《中国学者》在“院士篇”对林为干有如下介绍：

林为干，1919年10月生于广东省台山县。电子学家、教育家；中国科学院院士；中国微波理论与技术学科的开拓者之一。长期从事电磁理论、微波理论、光波导理论以及电磁波传播、辐射理论和应用的教学与研究工作，做出了创新成果；为我国高级科技人才的成长，电子科学的发展做出了重要贡献。

风雨无声润桃李，黑白有形画春秋。数十年来，崇教乐业、热爱学生，我将自己的毕生精力都奉献给了我国的教育事业，为国育才，做真正的人民教师。有为人生，大干事业，无论是报国的拳拳之心，科学研究的矢志不渝还是滋兰树蕙的辛勤耕耘，我都坚守着最初的人生的理想。居里夫人说：“我们不应该虚度一生，应该能够说：‘我已经做了我能做的事。’”我常用这句话来审视自己，用90载的人生诠释着它的含义。

爱国立基　创新立业

田在艺

我于1919年12月出生在陕西省渭南县。为人正直的父亲当时是农村里的一位小学教师，在对我严格管教和品德熏陶下，给我灌输了“人活一辈子要有知识，愚昧无知会贫穷一辈子”的做人箴言。我逐步养成了刻苦读书的良好习惯。中学时代在西安度过，我的地理课老师白超然先生讲了许多地理地质知识，经常带领我们到郊外小山上观察岩石、矿物和古生物标本。探索大自然的神奇奥秘，使我对地质科学产生了浓厚的兴趣。蓦然回首，自1945年大学毕业，我已经为我钟爱的石油地质事业奋斗了64年。作为一名从旧中国走过来的知识分子，我深知，祖国是我心中崇高和永恒的精神支柱，我正是踏着热爱祖国的道路一步一步走到今天的。

晋见爱国将领张学良

在中国共产党的领导及其民族抗日统一战线方针的推动下，中国人民才有可能取得抗日战争的伟大胜利。我是这一历史阶段的见证人，目睹了旧中国的沧桑，灾难频仍，贫困落后，军阀混战，民不聊生。

回顾1931年的九一八事变，从日本帝国主义蓄意挑起侵略战争、侵占我国东北三省始，中国共产党就号召人民武装抗日，并且领导和协助一部分爱国军队陆续组成抗日义勇军和抗日联军，进行游击战争。而此时的蒋介石和国民党政府却对日本侵略者采取不抵抗政策，消极抗日，对共产党领导的人民抗日运动进行破坏。这对日本侵略者肆无忌惮地侵占我国东北三省，乃至对整个中国的侵略扩张，鲸吞蚕食，都产生了极坏的负面影响。我就是在这日寇猖獗、国难当头的历史背景下度过童年的。

1933年，我14岁时高小毕业，告别了秦岭北麓绿林掩映的农家小院，奔赴陕西省城西安第二初级中学上学读书。随着知识的增长、眼界的扩大，对国民党的腐败黑暗甚为不满。当时，我很爱看邹韬奋主办的《生活周刊》等进步书刊。革命哲学家艾思奇去延安途经西安，到我所上的中学校做过报告。艾思奇的《大众哲学》开启了我观察世界认识事物的窗户，我常手不释卷，背诵吟读。我觉得用心读书，学好本领，走“实业救国”报效国家之路最稳当。对学校中的进步活动热心积极参加，对同学中的革命青年和进步分子我尽力帮助。

有一次，在一个风狂夜黑的晚上，我们学生正在上晚自习，国民党宪兵队突然包围了学校搜捕共产党地下党员，这时我才知道和我同桌同宿舍的冯霄立是共产党员，他敏捷地拍了一下我的肩，暗示他不回学生宿舍了。在同学们的掩护下，他辗转躲避至教工宿舍，逃脱了国民党宪兵队的武装搜捕。10多天后，冯霄立去了陕北，我和一些同学为他送行。后来他作为八路军干部，在西安市七贤庄八路军办事处从事革命工作。

我上初中三年级时，革命外围组织中华民族解放先锋队在学校发起反对反动校长罗端先的学潮，我和同学们一起组织群众集会，大家在会上历数罗端先压制学生民主爱国进步活动等罪状，并揭露了在收学杂费、讲义费等方面贪污克扣的丑闻。学生群众据实控告，最后罗端先被撤职。这次学潮取得了完全的胜利。

1936年，日本侵略者狂妄地叫嚣日本是亚洲的“主人”，是中国的“保护者”，声称日本将以武力保持对中国军事、政治和经济的垄断权，并且更加肆无忌惮地推行以鲸吞中国为目的的侵略政策。此时，我初中毕业，考上了省立西安高级中学。西安与全国各地一样，抗日救亡运动风起云涌，人民群众和广大青年学生紧密团结积极反对蒋介石“攘外必先安内”的卖国、内战、独裁政策。同年秋，傅作义将军的部队在绥远百灵庙英勇抗战，首战告捷，全国人民大力支援。我当时参加为抗日战争前方将士募捐与宣传活动，组织爱国学生宣传团，先是在西安城内市区募捐，以后又到边远县城和农村去搞宣传。我们乘火车在陕西华县下车，然后长途跋涉，步行到黄河西岸司马迁的故乡韩城县和沿线村庄进行宣传演讲和表演抗日街头活报剧等，白天送戏上门或到田边地头搞宣传，晚上又在乡村寺庙内或公共场所为农民办夜校、组织识字班，在人群比较集中的地方大搞宣传演出。我曾在《放下你的鞭子》、《开小差》等抗战街头活报剧中饰演过角色，很受老百姓欢迎。在从韩城回西安的途中，抗日学生宣传团的团员又按不同籍贯组成了若干个回乡文工团。由于我是高中学生，并且在历次学生运动中经受过多次考验与锻炼，因而被返乡学生推举为抗日宣传回乡文工团副团长，在秦岭北麓白鹿原家乡为父老乡亲们演出宣传，大力开展抗日救国宣传活动。

“山雨欲来风满楼”，当我从家乡返回西安时，形势极度紧张。蒋介石采取“消极抗日，积极反共”的方针政策，亲自到西安督促剿共内战，激起了东北军、西北军广大官兵及人民群众的强烈不满，预示着一场重大事变的来临。时值“一二·九”运动一周年纪念日前夕，学生运动如火如荼地开展起来。

1936 年 12 月 8 日，西安进步学生团体通知次日早晨在革命公园集合去游行请愿，抗击日寇侵略中国。9 日凌晨，我和同学们天不亮就起床，饭也没吃，就在凛冽的寒风中游行。进步学生团临时改变决定，不去革命公园，径直去南院门“西北剿总”司令部求见张学良。学生们聚集在门前广场唱歌、喊口号，许久不见张学良出来，只有张学良的秘书长出来对学生讲道：“同学们！你们的要求是合理的，张副总司令现在不在这里，我们一定向他转达，以后再答复你们，他的心情和你们是一样的，你们放心回去好了！”在场的张学良部队官兵对学生也非常客气，并且很好地保护学生，有的还深情地和学生们谈心，说他们自从九一八事变以来当了5年亡国奴，誓要打回老家去。我们游行的学生虽然得到许多爱国官兵们的同情和安慰，但还是不甘心。到了中午，又去北院门陕西省政府求见省主席邵力子，未能得见。下午4时许，我们又去西安新城大厦陕西绥靖公署，求见主任杨虎城，也未得见。这两处邵、杨的秘书长出来接见学生，谈话的态度和调子都与张学良部下的秘书长差不多。他们那里的部队也对学生极力保护，还与学生亲切交谈打成一片。

当时，我和广大爱国学生一样，抗日救国义愤填膺之情越来越高涨，不可遏止。尽管从早晨到傍晚粒米未进，滴水未饮，但是大家都忘记了饥渴，爱国至上。我们商量之后，一鼓作气，都提出去临潼华清池去找蒋介石。沿途市民和军警都劝说我们别去，说有危险性，有可能被抓起来。可我们仍然是手拉手勇往直前义无反顾地冲出了西安东城中山门，直奔向通往骊山温泉的公路上，一些同学因体质弱走不动了，游行队伍不得不派人到学校去取饭。我和很多同学一起继续向东挺进，快到十里铺时，太阳刚刚落山，余晖似火映红西陲，正当我们拖着疲惫的身躯艰难地前进时，忽然有人喊了一声："张副总司令来了!"于是我们让开公路中间大道。此时，只见精神饱满的张学良轻装简从，只带了一名副官和一位东北大学学生，坐在吉普车上，张学良亲自驾车，开到一个小土堆前停下，下车以后箭步如飞地踏上土堆，手里拿着喊话筒对学生们讲话。抗日学生团的代表们都非常兴奋激动，我往前挤到距离张学良只有几米远的地方仔细聆听着。张学良将军目光炯炯，声音洪亮，铿锵有力大声疾呼道："同学们！你们辛苦了！……天快要黑了，你们别向前走了，千万千万别去临潼华清池，那样太危险了！……请同学们要相信我，我不是蒋介石的走狗（顿然提高声调，众：热烈鼓掌）。……我们东北人当了5年亡国奴，不能再当下去了，我们要打回老家去！同学们的爱国之心和我们的想法是一致的（众：热烈鼓掌，唱起救亡歌曲，群情激昂）。……你们的八项要求都是合理的，都是爱国的，我保证在最短时间，例如，一个礼拜以内，用我张学良的实际行动来答复你们!"（爱国学生群众轰然长时间经久不息、暴风雨般地热烈鼓掌，众：欢呼，高唱抗日救国歌曲）。听完张学良将军的演说以后，至此，我和同学们都满怀胜利的喜悦，踏上了返校的归程。我们以热爱祖国的实际行动，非常圆满而又有现实意义的抗击日寇侵略中国游行活动，热烈庆祝了北平（今北京）学生发动的号召全国人民团结起来抗日救国“一二·九”运动一周年。

12 月 12 日晚上，坚决抗日的张学良、杨虎城两位爱国将领所领导的震惊中外的“西安事变”爆发了。在面临强寇入侵、民族存亡的危难关头，广大国民党爱国官兵在中国共产党民族抗日统一战线方针的鼓舞下，奋起抗战，表现出中华民族威武不屈的民族精神。不久，“西安事变”和平解决。我和同学们又一起回到了学校。蒋介石虽然答应了停止内战，一致抗日，但却背信弃义，破坏中国人民如火如荼的民族抗日运动，逆时代潮流而动，非法扣押了张学良、杨虎城两位爱国将领。后来，日本飞机对西安狂轰烂炸，学校被迫撤离西安。之后，每当我遇到困难，想起爱国将领张学良慷慨激昂的演说时，就勇气倍增，满怀信心地踏上新的征程。

秉承科研恩师孙健初

1945 年 7 月，我毕业于中央大学（今南京大学）理学院地质系。当时资源委员会甘肃油矿局玉门油矿矿长严爽专程到重庆招聘技术人员，对地质系主任张更教授恳切地说：“地质系毕业生愿意到玉门工作的，有多少，我要多少！”那年我刚取得学士学位，为了能够开发石油支援抗日战争，怀着振兴中华首当振兴矿业、发展石油工业的满腔爱国热忱，在天府之国的繁华都市重庆毅然决然主动报名，要求到“鸟飞绝，人踪灭”、自然环境十分恶劣的玉门油矿工作。

记得我小时候很爱读《唐诗三百首》，其中王之涣在《凉州词》中这样写道：“黄河远上白云间，一片孤城万仞山。羌笛何须怨杨柳，春风不度玉门关。”当时我明明知道玉门关春风不度，杨柳难青，荒山旷野，戈壁沙滩，人烟稀少，十分荒凉。古代豪杰勇士“明知山有虎，偏向虎山

1981年6月重返新中国第一个大油田发现井——克拉玛依油田克1井。田在艺（中）20世纪50年代参加了克拉玛依油田第一批探井部署，为克拉玛依油田发现做出了重要贡献

行”，我就是明知西北苦，偏向困难冲。我认为人生在世首先要做一个创造财富的人，然后才是一个消费财富的人，这样才有一个进步的世界。天上不会掉馅饼，劳动所得吃馅饼最甘美最踏实。劳动创造世界，其义尽在于此。我为了祖国富强，就偏要到玉门开发油气田。

重庆到玉门，全程2500多公里，我们一行3人乘卡车北上。到达玉门油矿，我最初分配到地质室工作，师从孙健初教授学习石油地质。孙健初是我国著名的石油地质学家，是我国第一个现代石油工业基地玉门油田的发现者，是我国石油工业创始人之一。那时，孙健初是玉门油矿地质室主任。他非常关心我们这些青年的成长，一心想把我们几个大学毕业生培养成既有理论知识又有实践经验的石油专家。在青年中特别提倡学习专业知识，鼓励我们在业余时间阅读石油地质的著作、刊物以及国内外有关的地质资料。有时，孙健初结合野外地质调查遇到的实际问题，给我们讲他在美国的实习体会，讲美国搞石油地质勘探开发的先进技术。为了测试和提高我们的工作能力，经常指定地质人员当众宣读各自所写的地质调查报告，并且展开讨论，各抒已见，互评互学，取长补短。

孙健初对野外地质调查有很多特殊的基本功，他骑在驼背峰上也照样能正常工作。骆驼晃动一下，向前走了一步，一步大约就是 1 米。他用罗盘定个方向，经过目测，数着骆驼的步子，就可以把周围的平面地形图画出来。我们跟着他进行野外地质调查，今天跑这个山头，明天攀那个山巅，调查三五天之后，他要求大家把这些山峰区内的地质调查图画出来。谁画不出来，先别吃饭。遇到这种情况，孙健初老师也不吃饭，在旁边等着，直到把所有的问题全部解决。我们白天跋涉山峰，穿越峡谷，夜晚在煤油灯下撰写地质调查报告。

有一次，我们在山上进行地质调查时，我向孙健初老师提出一个问题："兰州的红色地层沉积条件怎么样?"他利用大家收工回来的一个夜晚，专门给我们讲了兰州的红土，并把他和美国地质学家 Marvin Weller 于 1937～1938 年在我国西北地区进行石油地质调查时所见到的红色地层以及其地质时代怎样划分，讲得一清二楚。他把甘肃、青海以及整个西北地区的红色地层和印度、美国的红色地层进行了类比与分析，利用他自己亲自考察得来的大量第一手地质资料，反复研究分析其异同，深刻地分析说明了红色地层形成的地质条件以及地质时代的划分方法和矿产资源分布情况。孙健初老师平易近人、和蔼可亲、循循善诱、语重心长，只要大家肯问爱学，他就更加高兴，不怕花时间、费口舌。

1981 年 3 月在北京参加油气资源评价研讨会
左起：张家环、孙殿卿、李春昱、靳锡庚、田在艺

孙健初对撰写地质调查报告要求很严格，实事求是，一丝不苟。大家写的地质报告，他都要每篇亲自修改，逐字、逐句、逐段地反复引证推敲。在

审查修改项目专题地质报告时无论遇到什么问题，都要把作者本人请来，一起研究商量修改，要求每一篇野外地质调查报告都能达到既符合实际，又符合地质理论科学道理。经过孙健初老师修改过的地质调查报告，没有人不佩服。

在孙健初老师的耐心教导培养下，我们这些青年地质科学研究人员，在实践中写出了不少石油地质科学研究论文，取得了许多科研成果。但当时由于处在国民党政府政治腐败、民不聊生的黑暗时期，这些宝贵的科研论文未能出版。后来石油探勘处搬到了兰州，孙健初遂派专人去上海出版石油地质论文集，以指导中国石油工业的飞速发展。

1946 年 6 月 1 日，资源委员会在上海成立了中国石油公司，西北设甘肃分公司。当时孙健初主持兰州探勘处工作，虽然困难很多，但是他仍在力所能及的条件下，采取了一系列励精图治的措施。甘青地区地质勘探的方向和方案，孙健初早在甘青分公司成立以前就构思好了，于探勘处成立前 3 个月，即 1946 年 3 月就派我参加地质详查队，骑骆驼从老君庙出发前往酒泉地区对西起青草湾，东至大红圈，包括老君庙、石油沟等构造在内的祁连山麓地质情况进行地质调查和复查，在大黄沟我们做了详细的分层工作，采集到很多石炭系及二叠系化石，在惠回堡北山的灰色页岩中发现许多昆虫化石，翅足齐全，栩栩如生。这次地质调查，我参加撰写有《大红圈地质报告》，附 1∶10 000 地质图和背斜等高线构造图；《青草湾地质报告》，附 1∶10 000 地质图和地质构造图。

为了扩大勘探区域，寻找更多的储油构造，1947 年 4 月，孙健初老师派我等 3 人组成陇东队，进行更加广泛的地质调查。4 月 11 日出发，路经平凉、泾川、崇信、华亭、镇原、隆德、固原及陕西陇县等地区。我们在孙健初工作精神的鼓舞下，不畏艰险，涉水爬山，对东至庆阳、西至隆德、南至宝鸡、北至吴忠的广大地区的地质情况进行了调查，出色地完成了收集资料、标本、样品等任务。并在安口窑、土古堆、隆德及固原等地，发现黑色页岩内有油质。这次地质调查后，我发表了第一篇学术论文《陕西豳县油母页岩地质》（石油地质专刊，第 1 号，1948 年）以及《陇东奥陶纪地层及第三纪地层》（石油地质专刊，第 1 号，1948 年）。

孙健初老师在玉门油矿时，经常以自己的亲自经历，语重心长地教诲我们说："你们来到玉门油矿为国家勘探油田、开发油田，长年工作在人烟稀少的荒山旷野、戈壁沙滩，这种意志力是每一个热爱石油地质事业的人所必须具备的。在工作上要矢志不渝、勤勤恳恳、努力学习、奋发忘我地工作，奋斗一生。天才出自勤奋，这样才有可能干出卓越的成绩。"导师的话，影响了我的一生，他永远是我的好导师，永远是我学习的楷模。

为崛起中华油气工业驰骋跨世纪

没有共产党就没有新中国。我于 1950 年第一次向党递交了入党申请书，经过 6 年的努力奋斗和考验，我的心愿终于得以实现，光荣地加入了中国共产党。1955 年 3 月被派到新疆石油管理局地调处任总地质师，在短时间内认真研究了中苏石油公司在新疆的地质调查报告，对新疆的区域地质和石油地质情况有了较为全面的了解。5 月和苏联专家潘切列耶夫去野外进行石油地质调查，到"没有草、没有水、连鸟儿都不飞"的克拉玛依获取第一性资料。我和苏联专家潘切列耶夫一起翻山越岭，详细地观察地质现象和油气苗。通过这次地质调查，结合大量物探资料的认真分析和研究，我坚信克拉玛依油源丰富并有较好的储油构造。在勘探会议上，我支持在克拉玛依钻探的建议，参加克拉玛依第一批探井的部署研究。当年 10 月 29 日，1 号井喜喷工业油流，新中国第一个大油田——克拉玛依油田发现了。之后，我又参与解剖油田的部署方案研究，进一步探明了油田的规模，初步有了陆相找油的成功体验。1958 年完成论文《中国陆相地层的生油和在陆相地层中找油》，该文于 1960 年 3 月选入《中国陆相沉积生油和找油论文集》出版发行，得到了学术界的广泛关注和高度评价，对之后的陆相地层油气勘探实践起到了一定的指导作用。

1960 年 2 月，大庆石油大会战拉开序幕，我积极响应组织召唤，春节刚过，举家从风雪交加的西部边陲迁往千里冰封的东北荒原大庆，出任地调处长兼总地质师，带领 10 个地震队在 26 万平方公里的松辽大地上进一步查明大庆长垣。在这一望无际、茫茫一片的荒原上，气温严寒有时降到－30℃，只好凿冰取水，打眼放炮，坚持石油会战。我率先和大家一起在水泡子里用铁镐凿冰，有时两只手上虎口被震得流出了血，仍然坚持不误时机抓紧地震勘探，查明地下情况，探索地下奥秘。难忘艰苦的 1960 年，全国都接受了这次“大跃进”之后的缺粮考验。晚上我收工回家，拖着疲惫的身躯走进干打垒（注：用土夯成的地窝子，半在地上，半在地下），等待着的是一个苞米面窝窝头，一碗野菜粥，我顾不得身上还有些浮肿，休息一个晚上，第二天大早仍然和同志们一道活跃在松辽平原上为石油而努力奋战。在这艰苦清贫的岁月里，我牢记要保持一个共产党员吃苦在先、清正廉洁的作风，当好地调处大庆会战的带头人，并最终胜利完成了任务。工作中，我运用陆相盆地找油的原理，带领物探队伍，整体解剖松辽盆地，从地震部署、施工到资料解释、钻井设计等直接参与组织策划，在发现构造圈闭的基础上经过研究、优选，在大庆油田外围发现了一些新的油气田。

1989 年 5 月在北京召开的中国石油史学术讨论会上，黄汲清院士（右）主持会议，田在艺院士发言

1963 年，大庆油田已经粗具规模。为了总结几年来的找油实践，获得油气地质理论的新认识，我组织了大庆地质研究大队的吴华元、胡朝元、徐旺、胡见义、邱振馨、刘兴才等很多地质同行进行过多次讨论、分析、研究。最后系统总结出了具有中国特色的，被誉为凝炼、简约、内涵精深的成油地质条件“生、储、盖、运、圈、保”六字诀，

以及沉积盆地控制油气分布、生油中心控制油气范围、大砂体控制主要储集层、二级构造带控制油气富集、生储盖组合控制油气保存、水动力条件促使油气运移、多断层构成深浅层多油气藏组合等规律。这一影响全国石油地质领域的油气地质新理论，迄今仍然指导着油气勘探的进程。

1963 年冬，我满怀收获的喜悦告别了呈现辉煌的大庆油田，带领着和我日夜共同奋战的石油兄弟奔赴华北平原，接受渤海海风的洗礼，投身大港油田新的石油大会战，任副指挥兼总地质师，突现在我们面前的仍然是一望无际的水泡子和盐碱沼泽地。我充满信心迎接崭新的机遇和困难的挑战，迎接开路先锋流动的人生，也更是开拓者艰苦卓绝而又多姿多彩的人生。为了征服这片辽阔的水域沼泽，我依行船指挥勘探，测量了 5 条钻井大剖面，开始了“撒大网，捞大鱼”的工作。组织、策划、参加了渤海湾盆地大剖面解剖方案和部署研究。在工区区域地质调查资料研究基础上具体部署探井井位，在港东、港西获得工业油流。1965 年 11 月底，位于港东的港 5 井喷出滚滚油流，从此勘探出了大港油田。

1966 年，我参与领导了湖北潜江江汉油田王场油区的解剖方案及外围的勘探部署研究，为多个新油田的发现做了许多基础工作。

1972 年 3 月，历史误会化为乌有，我走出“牛棚”，还身清白，出任江汉石油学校副校长。一年后，我奉调吉林油田，重返找油第一线，任吉林油田副指挥兼总地质师。我主持调查了扶余油田开发方案，改气驱开采为水驱开采，保持了吉林油田的稳产高产。对红岗油田的开发方案进行了研究调查，取得了稳产高产的效果；勘探了新立、乾安、新北、木头、新民等油田，发现并扩大了含油面积，增加了可采储量。

1980 年初，我肩负发展石油科技事业的重任，到中国石油工业的智力中心——石油工业部石油勘探开发科学研究院任副院长兼总地质师。先后承担“六五”科技攻关项目，组织全国油气资源评价，拟定资源评价方法与要求，举办学习班，参加和领导“中国含油气区大地构造与油气远景评价”以及国内横向技术合作等课题的研究工作。为了更快地培养石油地质人才，1985 年开始我担任研究生导师，至今已带出 10 名硕士研究生和 4 名博士（后）。我在从事科学研究工作中，常把所思所得凝结成文，先后发表论文 130 余篇，专著两本，主编了 5 册《石油地质进展丛书》，累计近 300 多万字。论文几乎在全国所有石油地质专业杂志上发表过，有的刊登在英、美、荷等国家的有关刊物上。其中《中国陆相地层的生油和在陆相地层中找油》一文，提出含油气盆地“长期沉降、沉积巨厚、湿润气候、封闭的深水环境、还原的介质水域”有利于陆相生油岩沉积和保存。这个论断成为我国陆相含油气盆地中烃源岩沉积背景分析的重要组成部分，推动了陆相生油理论的发展。

1999 年 11 月重返大庆油田发现井——松基 3 井。田在艺 1960 年任大庆油田勘探指挥部副指挥兼总地质师，是 1982 年“大庆油田发现过程中的地球科学工作”国家自然科学奖一等奖获奖者之一

进入古稀之年以后，我常以诗人臧克家的“老牛自知夕阳晚，不待扬鞭自奋蹄”两句话鞭策自己。我认为：“作为一个共产党员，不能只享受国家给予的待遇，而应该做自己力所能及的事，把自己几十年来的石油勘探经验总结出来，编写成书。若能在生产技术上应用，发挥了第一生产力的作用，这就是我最大的希望。”在撰写论文过程中，我严格要求自己，力争严谨、翔实、丰厚、创新、实事求是，一丝不苟。例如，我写的一部《中国含油气沉积盆地论》，近 50 万字，绘制各种图表 258 幅，查阅中外文献资料达 273 份。这些我写的手稿摞起

来已超过我 1.8 米的身高。

2008 年 12 月田在艺 90 华诞时与老同学李德生（左）、张传淦（右）在一起

自从 20 世纪 50 年代以来，我一贯倡导“盆地论”的学术思想，强调整体概念上的盆地分析，在《中国含油气沉积盆地论》这部专著中，我和我的学生张庆春提出了沉积盆地控制油气赋存的九大因素和盆地分析的十项内容，进一步发展了含油气盆地地质学。中国科学院王鸿祯院士称：“这是国内第一部全面论述含油气沉积盆地分析原理方法的系统专著。”著名地质学家叶连俊院士评价《中国含油气盆地岩相古地理与油气》一书是对中国石油地质学发展的一大贡献。南京大学原校长郭令智院士盛赞这两部专著“其学术思想自成体系，富于创新；其研究成果是中国石油地质知识宝库的组成部分，它凝聚着田在艺教授的爱国情操、奉献品格和创新精神”。中国石油天然气总公司原总经理王涛指出：“田在艺的研究成果，充实了我国石油地质理论，是我国石油工业宝贵的精神财富。”

我作为石油工业战线上的一个老兵，如果说曾经发现了一些油田，对油田的勘探开发做出了一些贡献，那我觉得相对祖国的社会主义现代化事业来说，我所做的工作也是微不足道的。即使做了一点有益于国家、有益于人民的事，也是在党的培养下，在石油系统广大职工，尤其是各级领导和技术人员的共同努力下取得的。现在年逾九秩，我还想为党和国家多做一些事情。多做一些有益于人民的事，给社会主义建设做出更多的贡献，就等于延长了生命，就等于增加了生命的意义。我希望在有生之年，为我们国家，为我所钟爱的石油地质事业做出更多的贡献。

偶然的机缘决定了一生的道路

谢家麟

1943年夏我从由北京迁往成都的燕京大学物理系毕业，和后来成为我的妻子的范绪箴，都在广西桂林当时的“资源委员会”属下的无线电器材厂研究室里工作。抗战胜利后，我们随工厂复员到天津，我在厂里担任助理工程师的职务。那时厂里生产要依靠从美国进口的元器件，在当时兵荒马乱，百业待兴之际，元器件供应是难以保证的，结果也就无法正常开工生产，我们职工也就不时处于无事可做的状态。在1947年，“教育部”举办自费留学考试，通过考试的学生可以购买官价外汇出国留学。那时官价外汇与市场外汇相差几十倍，因此只要把少许官价外汇在市场上出售就足敷购汇出国之用了。这样，一些中产阶级的子弟也就可以借此机会出国留学了。我就是通过那时的自费留学考试取得资格赴美留学的。

在出国留学之前，我参阅了一些介绍美国大学情况的资料来了解那里的情况，主要是学校专业的知名程度、费用等，以便选择学校。因为我在大学是学习物理的，留学当然也是想能够在物理领域深造。但我那时并不知道美国大学有些是以基础学科著称，而另一些则以应用技术为主。因此，物理系排在世界名校之列的加利福尼亚理工学院，就成为我首选的对象了。虽然那时被加利福尼亚理工学院接纳一般认为是很难的，但我的申请却侥幸得到学校的接纳，因此我在收到录取通知书后，就兴高采烈地启程赴美了。到校要自选一些课程就读，我就根据教授知名度选定课程，因为密尔根教授和威尔逊教授都是诺贝尔奖得主，他们分别讲授近代物理和理论物理入门，我自然而然就选了他们的课程了。

此时有一位同学（肖健）由斯坦福大学转学来到加利福尼亚理工学院，我问他为何转学？他说斯坦福大学物理系的课程偏重那时刚刚兴起的微波，微波领域的创始人，如汉森、金兹顿、卡德罗等教授都在那里任教，而他本人的兴趣则是在经典物理学，因此要转学到以经典物理著称的加利福尼亚理工学院来。这番话给我很大的震动。因为我到美留学的目的正是要学习那时刚刚兴起的微波理论与技术，来提高自己在国内无线电工厂工作几年已有的基础，那么我到加利福尼亚理工学院岂不是南辕北辙吗？因此，我下定决心要转学到斯坦福大学去。好在按自己志趣决定学校、改变专业在美国是很平常的事，只要你想去的学校同意接受就行，并不需要考试。就这样我在加利福尼亚理工学院学习了 9 个月，得到了一个硕士学位后，就转学到斯坦福大学去就读了。

那时微波这门专业刚刚兴起，斯坦福大学物理系由于有几位微波方面的权威学者而成为美国少数几个在物理系开设微波专业的大学之一，微波就成为系里的主要研究方向了。那时斯坦福大学正由美国政府资助兴建一个世界唯一的大规模应用微波技术的高能加速器——一个 3.2 千米长的电子直线加速器。因为经费相当宽裕，我也很容易在那里得到一

本文作者与金兹顿教授

个研究助理的职位，可以半工半读地完成博士学业。就这样我进入了微波学科领域，也就确定了此后我一生的研究方向。

实验室的领导是金兹顿（E. Ginzton）博士，他是我的博士论文导师之一。在他移民到美国之前，是曾在中国哈尔滨居住和求学的白俄罗斯人，而我父亲曾在哈尔滨做律师，我也在那里度过童年，因此彼此交谈起来颇有“他乡遇故知”之感。由于他的信任和支持，我后来才能负责在芝加哥建成世界最早的应用于医疗的高能电子直线加速器。

金兹顿是有“微波之父”之名的汉森教授的得意助手和学生，担任当时斯坦福大学微波实验室主任。他是俄国移民，也是一个传奇式的人物。他父亲是早年由俄国去美的移民，赤手空拳地参加了19世纪末的加拿大淘金潮，并很幸运地发现了金矿，因此发迹。后来回到俄国遇到金兹顿的母亲，两人结婚并进入医学院学医，毕业后两人都成为大夫。在饱经第一次世界大战和俄国革命的战乱之后，金兹顿全家来到中国哈尔滨，他父亲在中东铁路医院任职。1980年金兹顿访华，我请他在家中吃便饭，席间交谈发现，他、绪钱和我都分别在同一时期的哈尔滨生活过，那时绪钱的父亲在中东铁路任理事。当金兹顿谈到他的父亲曾在中东铁路医务处的魏立功大夫的领导下工作时，绪钱说魏立功的太太是俄国人，与她家很熟，魏太太养了很多狗，是绪钱小时去魏家串门时最怕的。这时金兹顿挽起裤腿，指着一处疤痕说：这就是魏家的狗咬的。听了这段故事，我们都惊叹世界之小，看似天南海北的人竟曾如此地接近。

1929年前后，少年金兹顿离开中国移民到美国，中学毕业后进入伯克利的加利福尼亚大学电工系。他的硕士论文是关于负反馈的。由于他的论文涉及崭新的思维，电工系里的教授们无从对之加以评价。结果送到物理系的麦克米仑（E. M. McMillan）教授（加速器领域的著名科学家）那里，麦克米仑虽然对内容也不熟悉，但觉得对一个硕士是够好的了。就这样他得到了学位。1937年他进入斯坦福大学，在国际无线电领域的大师特曼教授（F. Terman）和当时初露头角的汉森（W. W. Hansen）领导下工作、学习，在1938年获得电气工程师学位。金兹顿因曾在中国哈尔滨工业大学附中读过书，因此对母校很有感情。他在1980年前后曾委托我与哈工大洽商，将他所藏的无线电领域的权威杂志（Proc. I. R. E.）的全部，包括运输费用，赠与哈尔滨工业大学图书馆，现在那里可能仍有以他命名的阅览室。

1949年冬全国解放，我回国心切，想参加国家建设，曾在1950年就向金兹顿提出要辍学立即回国的愿望。他却劝我说："你不久即可完成学业得到学位，何必半途而废呢？我虽然不了解中国对学位的看法如何，但我知道在苏联还是重视的。因为学位是能力的表现，得到学位才能证明你具有更好的服务能力。"（大意）就这样。我取消了提前回国的念头。现在回想，心中很是感谢他的劝告，由于坚持完成了学业，才使我后来可以到芝加哥独立承担研制、建造医用加速器的任务，有机会获得了关于加速器研制的各方面的实际经验，回国后能为祖国做出一点贡献。

我对斯坦福大学求学的环境是很满意的。首先因为我大学毕业之后，曾在当时国家主要的无线电工厂中央无线电器材厂研究室前后工作了4年之久，对无线电技术领域可以说有一定的熟悉和感情，而那时斯坦福大学物理系的重点学科微波理论与技术正是无线电领域发展的新秀，物理系正在研制、建造一台能量为1 GeV的世界上唯一的电子直线加速器，这是一个有很大规模的科研设施，因此经费充裕，允许它资助一些学生边当助教，边修学位课程，我就是那里靠当助教维持生活、研读学位的。金兹顿和另外一名教授卡德罗是我的正副导师。

众所周知，到美国留学的费用高昂，不是一般家庭所能支付的。前面已经说到，我之所以能够前往留学是由于通过了当时教育部举行的留学考试，考试通过者可以低价购买外汇的缘故。但是去美一年之后，这种低价购买外汇的办法就停止了，我们这些留学生就只能靠美方资助和当助教维持生活、学习了。

那时我在物理系是一个小有名气的学生，这是由于斯坦福大学物理系有一个规定，只要你是研究生，不论你专门研究的是什么课题，每年必须参加一个"基础考试"（comprehensive test），试题有笔试和口试两个部分，内容包括物理学声、光、电、力各个方面研究生水平的课题，这个考试要经过整整一天的时间，是该系那时读博士学位的人必经的过程，被学生视为畏途，把它叫做地狱日（dooms day），很多外校学生因此不愿到斯坦福物理系做研究生。每个学生在这个考试的得分都要在系里公布，只有名列前茅的几个学生才能有资格攻读博士学位。我考试的结果是第一年在全系排名第四，其后两年我都考了第一，因此在系里同学中就小有名气了。另外，在博士学位的全面综合口试中，一位得过诺贝尔物理学奖的教授（F. Bloch）问了我一个问题，就是某大学一位教授发现一根软的通电导线在磁场中会呈现一定的曲线形状，为什么这将是带电粒子通过磁场时的轨迹？他的原意是要我给出定性的解释，但我当时就开始在黑板上推导出了曲线的方程式，这使他大出意外，认为不必再问，当场就握手祝我通过了。此事传了出去，不少将要参加博士生考试的同学都找我讨论答案，以防也被问到。

通过考试取得博士学位后，我就预订船票准备回国了。登船启航之后，每天在甲板上享受拂面的海风，望着碧蓝的太平洋海面不时跳跃的飞鱼，幻想着与家人团聚的快乐，和在工作中能发挥自己学到的学识的幸福。真是“春风得意马蹄疾”，心情愉快，难以言状。十几天后，船到太平洋中部的檀香山岛，要停泊一天，旅客们都趁机在这个世界有名的旅游胜地游览和采购纪念品。我也像大家一样，到市内观光。但是没想到回来登船时，却发现有移民局官员站在船舱入口，手持一份名单依次核对登船旅客的姓名，排队到我时我看到名单上有我的名字，并且名字下面划有红线。他们让我和另外几个学生到船上客厅等候，最后就交给每个人一封信，信中说按照战时法令，政府有权限制与美交战的敌对国家学习理工的留学生离境。就这样我们几个学生被迫离船上岸，住到旅馆里，我虽然给华盛顿打电话向美政府提出抗议，但是也毫无效果，最后迫于经济上无法维持，也就只好重返美国了。

一回到斯坦福大学，教授们闻知此事都表示同情和愤慨，但也无可奈何。正好此时奥立根大学物理系来函，说他们的系主任正值休假年，需要

本文作者摄于美国奥立根大学教学楼前

请人代教他担任的课程，希望斯坦福大学能够帮忙介绍，这样系里就把我介绍到奥立根大学去教书了。在那里教书一年之后，斯坦福大学直线加速器研究所又请我前往参加工作，我就又回到斯坦福了。此时有一位芝加哥的肿瘤专家乌卢曼教授来到研究所拜访所长金兹顿教授，说他认为将高能电子射入人体内部，来治疗深度肿瘤将会更为有效，因此已经募集到 100 万美金，希望斯坦福能帮助他研制一台产生高能电子束用来治疗深度肿瘤的电子直线加速器。我那时方从奥立根大学教书一年回来，尚未接手新的工作，金兹顿教授就问我愿否承担此事，我那时经常考虑回国后要用什么技能来报效刚刚建立的新中国，而那时除了关于微波的一些书本知识外，我并没有一点实际的经验与特长，觉得这项工作从制造到使用，全面联系到电子直线加速器的各个方面，对国家科技发展一定会起到很大的作用，因此便很高兴地接受研制和使用这台加速器的任务了。从此我就由于偶然的机缘与电子直线加速器结下不解之缘，使它成为我一生的专业。

斯坦福大学当时正忙于研制一台能量为 1 GeV 的高能电子直线加速器，对芝加哥方面提出的由斯坦福大学承当建立一台完整的医用加速器的要求无法满足，只答应提供给一根加速管和制造速调管的部件，那时速调管是不能封死的，要由很多部件焊接后用真空系统连续地排气维持真空才能工作。其他大量组成一台加速器的各种元器件都要求在芝加哥自行设计制造，才能投入医疗领域的特殊应用。就这样斯坦福大学把我推荐给他们，由他们聘请我去芝加哥，承担这个建器的任务。去后，我经人介绍找到一个制造化装品工厂的机修车间，那里可以为我加工各种必要的部件，并有一位工程师可以帮助绘制设计图纸。同时我又登报招聘了一名前美军雷达兵当我的助手，就这样我临时拼凑起了一个工作班子，最后用了两年时间，设计制造了所需部件、组成总体，建成了当时全世界唯一的使用高能电子束治疗人体内深度肿瘤的加速器。因为把高能电子射入人体治疗深度肿瘤，在世界上没有先例，医院里有一位大夫 Hirsh 就时常半开玩笑地问我："你睡觉好吗？你知道我们美国人是十分喜欢因为医疗事故而告状的。"

本文作者在美国芝加哥所做加速器前与医生友人合影

有了研制这台加速器的具体经验，才使我在回国之后，能在新中国成立初期工业落后的情况下，建成了在当时世界科技领域领先的 30MeV 电子直线加速器和大功率速调管，而这台加速器的建成和有关人员的培养，又为后来北京正负电子对撞机的建造奠定了人才和技术的基础，对中国的科技现代化起了重要的作用。

那时在国内建器，在条件上与在美国的要求是完全不同的。在美国建器，由于它是世界上最发达的资本主义国家，拥有雄厚的工业基础，建器的工作主要是采购必要的元器件，然后进行装配、调试，组成一个具有特定性能的总体，而在国内在新中国成立初期研制这种尖端科技设备，资本主义国家对中国实行禁运，所谓友好国家，有的没有尖端的科技产品，有的对中国的发展心存顾虑，因而也不能供应，这样建造加速器就要自力更生地从头研制各种有关建造电子直线加速器所需的元器件，除此之外，别无他法。这样，我只好首先建立了精密金工车间来制造加速管，并建立了微波管组来与外单位合作共同研制试验大功率速调管，成立了微波组来设计制造微波元件等。正是想吃馒头先种麦子，这是在新中国成立初期我们发展先进科研工作所必须面对的现实，与在国外可以购买需要的部件是完全不同的。这样，我们前后用了 8 年时间，才在一切从零开始的条件下，建成了 20 世纪尖端科研装置电子直线加速器。为中国发展高能物理，奠定了人才和技术的基础。

1964 年正是“文化大革命”的风雨欲来的时期，我们的大功率速调管出了几兆瓦的功率，加速器也初步出束，可以工作了，我们总算在“山雨欲来风满楼”的空当抢先把工作完成了一个段落，此后一切就都停顿下来，在知识领域耕耘的知识分子，只好用“空向流波哭逝川”来痛惜宝贵光阴的浪费了。

建成 30MeV 电子直线加速器，可以说为建造高能加速器进行基本粒子研究奠定了重要的基础。但距我国从新中国成立之后为物理学家所长期追求的、历来得到周恩来总理和其他中央领导关注的高能加速器，在规模上只是万里长征的第一步。由于高能加速器规模庞大、技术精尖，从 20 世纪 50 年代，就曾几度筹划、酝酿。1972 年张文裕先生带领我们 18 人致信周总理，建议建造一台高能加速器，开展高能物理实验研究，得到周总理的批示，这样事情才正式启动。1973 年成立了高能物理研究

中国第一台高能（30MeV）电子直线加速器

所，并由张先生担任所长。事情也就这样迈出了第一步，但其中艰难的历程却刚刚开展。例如，在什么地方、建造什么样的加速器、批准多少经费、技术问题如何解决、领导班子如何组织等都是我们有待解决的问题。幸好这时中国和美国签订了中美科技合作协议，高能物理合作就是其中第一个子项，并成立了中美高能物理联合委员会，这样领导就为我国具体启动高能物理实验研究，创造了十分有利的条件。

当时，国际上高能加速器的发展已经从打静止靶的常规加速器发展到正负电子对撞机。我们也决定走这条路，迎头赶上世界的发展趋势。对撞机是让经过加速的高能正、负电子在加速器中对头相撞从而产生高能反应的装置，而高能量的正、负电子是要由直线加速器产生的。对撞机的特点是它有更高的有效能量，而且反应通过电磁作用，本底很低，结果易于分析，但是它也有自身局限性，就是只能在一个很窄的设计能区工作，离开这个设计能区，以亮度为标识的效能就会大致以能量的四次方下降，因而能区的选择就成为十分关键的问题了。而且建器的技术难度很大，性能要求远比常规的打静止靶的加速器高，国际上对撞机能量选择失当，致使建成后未得预期效果的例子是存在的。我们选定了2.2/2.8GeV 能区的正负电子对撞机作为高能建设的第一步，现在事后回顾，证明选择是完全正确的，那是一个富有典型意义的能区。建成之后，迄今已取得大批重要的成果，对作为高能领域的后起之秀的中国而言，第一次就取得这样的效果，这是十分难能可贵的。如今事隔多年，如果有人要我总结此事成功的经验，我就要说：领导的信任、决心和为此创造的条件是第一位的，其次就是从事人员敢闯敢拼、忘我奋斗的精神，充分表现出华夏子孙的优良素质。

总体目标确定之后，下一步就是要在投产以前，对技术上关键的部件与系统进行预制研究，以便掌握技术与工艺，保证批量生产能满足设计指标。为此我们在注入器、储存环、探测器等系统中，分别选定了一批预制项目，在1981年开始进行预制研究，这样，北京正负电子对撞机（BEPC）的建造就由软件推进到硬件了。此时，为了深化设计，高能所组织了一个由21名人员参加的对撞机总体设计考察组，由我和张厚英带队，到美国斯坦福大学直线加速器中心（Stanford Linear Accelerator Center，SLAC）进行了3个月的考察工作。

考察组的工作方法是由我方各个专业人员与SLAC相关人员分别搭配，逐项讨论，在设计中吸收了他们成功的经验与失败的教训，这种做法取得了很大的成功，使我们的对撞机建成之后，性能达到国际的先列，而这些参加人员经过了实战的锻炼，就成为我们建器的技术骨干了。

北京正负电子对撞机储存环部分

北京正负电子对撞机直线加速器部分

在北京自由电子激光装置前

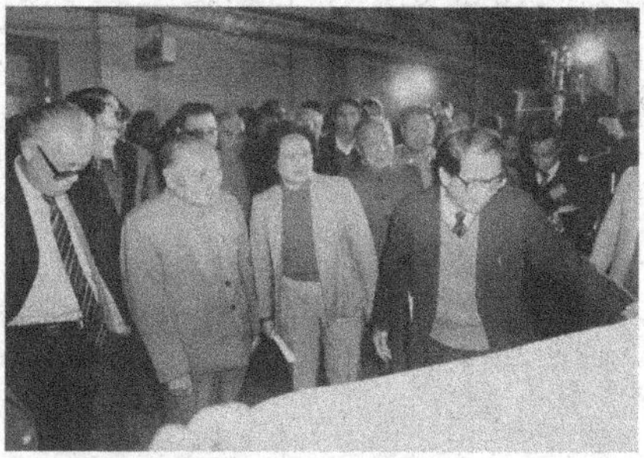

1988年本文作者向邓小平同志和其他中央领导介绍北京正负电子对撞机

为了推动BEPC的建设，中央在1984年批准成立了以谷羽为首的包括张寿、林宗棠、张百发的四人工程领导小组，这是BEPC得以顺利建成的关键一步。它大力解决了工程进展中遇到的内外困难的问题，最后使BEPC成为我国现代化的标志性工程之一。

作为北京正负电子对撞机工程的负责人，在建成它的主要部件之后，我年事已高，就决心让贤，辞去工程经理的职务，改为从事规模较小的加速器的研制了。那时，自由电子激光这门新生科技正在兴起，虽然它规模不大，但是技术深度要求很高，我认为适合自己的身体情况，于是申请课题、组织队伍，经过几年的奋斗，终于建成了以加速器为主要组成部件的中国第一台在红外谱区工作的自由电子激光装置。

自由电子激光装置的组成包括三个主要系统，首先是一个能产生性能极好的电子束流的加速器，性能好指的是强度大、截面小、发射角度小等特征。其次是一组做周期性变化的极性磁体，性能良好的束流沿其轴线运动，从而受磁场作用力而做扭摆运动，产生相关辐射。最后是由反射镜组成的光学谐振腔，在其中光场与电子束团持续作用，辐射振幅不断得到放大乃至饱和，而最终射出腔外。这些系统的技术性能要求远远超过加速器的其他应用，因此，在自由电子激光发展的历史中，国际上有不少不能出光的失败例子。

完成北京自由电子激光的研究之后，我年纪已经很大了，就只能进行一些规模较小的专题研究了，迄今仍带领几个研究生在进行一种新型电子直线加速器的研究。它改进了加速器的组成，使原来主要由三个系统组成的加速器，即注入电子的电子枪、加速电子的加速管和微波功率源大功率速调管，改为使速调管兼任微波功率源和电子源，以简化结构、便利使用和降低造价。此项研究已经初步成功，目前仍在改进之中。这可能是年届已高的我的最后一项工作了。

回顾一生，可以说偶然的机会使我与加速器结下了不解之缘。最初我不知加速器为何物，但是后来却以此作为终生的事业。从在美国芝加哥做加速器开始，回国后在中关村做了30MeV电子直线加速器，然后是北京正负电子对撞机，再就是北京自由电子激光，目前则是简易加速器。1953年在美国，SLAC的主任金兹顿先生，首先推荐我到芝加哥负责一台电子直线加速器的研制和使用时，那时我很担心自己缺少经验，难当此任，告诉他我没有把握，但是他却鼓励我不要担心，他和整个SLAC都是我的后盾，有了技术困难他们是会支援我的。因此我才放胆接受了这个委任，动身前往芝加哥。说来难以置信，我接受了这项任务，经过两年的边干边学，坚苦奋斗，竟从头至尾独立地把它成功建成了。因为工作紧张，我并未回到斯坦福研究所去请求援助。这事说明，为人行事，首先应该在自知的基础上建立自信，对自己的能力要有不偏不倚的客观认识。

从此我掌握了有关的技术，回国之后就沿此方向发展下去，先用了8年建成了我国第一台可向高能发展的电子直线加速器和大功率速调管。后来领导了北京正负电子对撞机的研制，完成之后又进行了当时国际新发展的自由电子激光的研制，建成以加速器为主的中国第一台红外谱区工作的自由电子激光装置。目前则正进行一种新型电子直线加速器的研制。林林总总，我一生就这样与加速器结下了不解之缘。由于自己的知识、经验和努力而在这个领域小有成就，为祖国做出了些许贡献。在此我回顾自己进入加速器研制领域和一生事业的过程，深有感触，很想告诉处于人生起点的年轻同志：为人做事，一定要勇于走向未知的领域，敢于承担独立攻关的责任。为人既不可狂妄自大，也不要妄自菲薄；你也许并不知道经过努力奋斗后你的能力极限在哪里。

踏平坎坷　成人成才[①]

杨叔子

我认为，能够把自己的人生体验献给大家，是一件愉快的事。人生的最大快乐，尤其是作为教师的最大快乐，就是把自己的人生体验，把自己所知的民族的优秀文化传统与人类精神财富传给我们青年一代，使其在青年一代中发扬光大。

我个人能成长起来，当然，也有个人的因素。我认为主要有以下四点。

人生在勤，贵在坚持

基础因素是：人生在勤，贵在坚持。离开这个基础，其他任何因素都不可能存在。一个人事业上的成功，需要三个基本条件：天资、机遇和环境、勤奋。这三者缺一不可。一是天资。我承认一个人有天资，父母遗传的基因十分重要，智力残障患者能够上大学吗？能正常学习吗？双目失明者能画画吗？聋哑人能成为大音乐家吗？除了特例外，这是不可能的事。大家能够走进大学来，可以说天资没有什么问题。二是机遇和环境。同学们现在不存在机遇与环境问题。学校里有许多规章制度，每年都会处分一些学生，不是学校不给他们学习机会，而是他们不好好学习，处分就是为了教育他们，给他们机遇，要他们“好好学习，天天向上”。现在大家的机遇非常好，不同于抗战时期，要救亡图存；也不同于解放战争时期，国统区的同学要“反饥饿，反压迫，反内战”；甚至不

① 原稿题为《理想崇高，志于成人》，载于华中科技大学出版社 1999 年出版的《中国大学人文启思录》（第 3 卷），本文为原稿后一部分的改写

同于20世纪50～60年代，那时还有“左”的路线在干扰，弄不好，讲你走白专道路，搞修正主义。现在的一切是希望你们好好学习。三是勤奋。勤奋是极为重要的，是一个人能够成功的基础因素。爱迪生讲得好，天才是99%的血汗加上1%的灵感。业精于勤！汉代张衡讲得多深刻：“人生在勤，不索何获？”不勤奋努力去求索，去探索，去追索，哪会有什么收获？

当我还不到5岁的时候，抗日战争爆发，我随父亲逃难，没有机会念小学，就在父亲手下读中国古书，一直念到快9岁。那时同外界接触很少，不了解科学技术，9岁时连钟都不会看，弄不清几点几分。后来逃难到了江西黎川，入高小学习。当时小学6年，初小4年，高小两年。高小一开始上，是复习初小的课程。进去以后，语文不存在什么问题，呱呱叫；历史也不错，叫呱呱；地理、生物也只需使劲背，不存在多大问题。最难的就是数学，我从没接触过数学。加法不会进位，减法不会错位，当然更弄不清除法，29÷7，为什么上4？每次考试只有几分，到不了10分。怎么办呢？当然，也有“办法”，作点弊，就至少可以及格了。但这行吗？不行！前面我讲过，我读过很多古书。孔子说过：“非礼勿视，非礼勿听，非礼勿言，非礼勿动。”作弊者，是大非礼也，而非礼者，即小人也。我不能做小人，我要做君子，正襟危坐，目不斜视，不搞非礼。平时作业不会做，问别人行不行？孔子又说过：“不愤不启，不悱不发。”我对除法一点思路都没有，怎能去问别人？最基本的东西，我一定要自己搞懂。考试分数很低，这不好，但是我绝不抄袭别人的。我该怎么办？传统文化熏陶了我，有办法，《论语》讲：“知之为知之，不知为不知，是知也。”《中庸》讲：“人一能之已百之；人十能之已千之；果能此道矣，虽愚必明，虽柔必强。”我相信这两条，也相信我自己一定能够学懂。中国有句俗话，“八岁九岁狗都嫌”。我9岁时也是一样，太调皮了，不过在调皮玩耍之中，仍然想着29除以7，为什么上4。两三个月后，有一天晚上我突然想通了，从梦中醒来，叫道：“我懂了！我懂了！”哥哥问：“你懂了什么？”我讲：“我懂了除法！”哥哥问：“懂了除法什么?”我讲，原来除法就是“试试看”。29 除以 7，上 1，有多；上 2，有多；上 3，还有多；上 4，余 1；上 5，就不够除了。所以上 4 余 1。除法，就是这么回事！哥哥说：“对啊！就是试试看!”过去，为什么其他同学想到了，而我却没有想到？我发现两条原因：第一，别人从 5 岁左右上小学起，天天做数学，而我却在背子曰诗云；第二，别人把乘法表背得很熟，而我却天天在写大字。想通了这个道理后，我的数学成绩突飞猛进，念了一年小学，我就跳入了初中。到初二时就能解高二的数学题。因为我懂得一定要动脑筋，要深入思考。对每一个问题都要想透彻，不仅知其然，还要知其所以然；不仅要了解它的物理概念，还要了解它的数学概念；既要有血有肉、形象具体，又要高度抽象、概念清晰。正因如此，我的数学进步非常快，物理、化学也是如此。

我还可以举个例子。大家都知道：1 只鸡加 1 只鸡等于 2 只鸡，1 只鸭加 1 只鸭等于 2 只鸭。可是 1 只鸡加 1 只鸭等于什么呢？你们会讲，量纲不一致，不能加。这样讲，当然对。我小时候就遇到这样的事，一位高中生大朋友问一位幼儿园小朋友：“1 只鸡加 1 只鸭是多少?”小朋友讲：“两只，两只……”大朋友笑了起来，告诉小朋友：“不能加!”怎么不能加？我想过这个问题，我讲：“可以加!”“加起来是什么?”“是两只家禽!”我还讲：“照你的讲法，1 只鸡还不能加 1 只鸡呢!”“为什么?”“请问 1 只公鸡加 1 只母鸡，1 只大鸡加 1 只小鸡，等于什么?”当时，我还不知道什么个性、共性、特殊、一般这些概念；当然，更不知道什么叫抽象，什么是量纲、因次。这样，看似简单的问题，仔细思考，也会有新的发现，问题可以从多个不同的侧面与层次去认识，知识后面还有知识，要善于抽象。不管学什么，只要刻苦专心学习，总能学好的。我本科毕业留校后到哈尔滨工业大学进修，当时遇到的最大问题就是俄文太差。尽管读大学时，我的俄文靠“自学成才”，在班上算最好的，可是一到哈尔滨工业大学，情况怎么样呢？大家知道，哈尔滨工业大学是苏联重点帮助的，苏联专家那么多，大学 5 年，先还念一年预科，我的俄文水平哪比得上。别人 1 小时看七八页到二十几页，我只能看上七八行上十行。怎么办？“人一能之已百之，人十能之已千之。”下决心干！有一次，我去邮局寄信，边走边念俄文，到邮局以后，把“信”投进邮筒。回到宿舍后，同寝室的进修教师问我干什么去了，我才发现信还在口袋里，至于向邮筒里到底投进了什么，天知道！经过自己的刻苦专心学习，三个月，俄文差这个问题迎刃而解了。在工厂，甚至苏联专家的翻译不知道的俄文专业单词，我都知道。

我认为，只要你专心钻研进去，潜力是非常大的。老天爷给予我们一个很好的大脑、神经系统、感官系统。大庭广众，如果你只想看某人表情，其他人的形象你就可视而不见；如只想听某人讲话，其他人的声音你就可听而不闻。人的感官、神经、大脑能把你不关心的形象、声音等“噪声”淘汰去、过滤掉，剩下只是自己关心的有用信息。这就要求我们“专心”、“用心”，千万不要像《孟子》所批评的那样：“一心以为有鸿鹄将至，思援弓索而射之。”这样一“分心”，思想开小差，怎么能算真正的勤奋？我认为勤奋包括三个方面：勤奋地学习，勤奋地思考，勤奋地实践；并且加上“专心”、“用心”，把三者结合起来。岳麓书院的教育传统非常好，四句话，极为精辟，“博于问学，明于睿思，笃于务实，志于成人”，讲的就是要把这三者结合起来。我讲过，学习是基础，思考是关键，实践是根本，专心是保证。这样，才可能“志于成人”。

勤奋，要长期勤奋，要“十年磨一剑”，要有“水滴石穿”的精神。仅靠短期勤奋是不够的，还要贵在坚持。唐僧取经之所以能够成功，就是因为他坚持下来了。我非常喜欢看电视剧，但真正从头到尾看完了的就只有《西游记》。我觉得它的主题歌写得好：“敢问路在何方？路在脚下……踏平坎坷成大道。”唐僧经过九九八十一难，才能归真，才能取到真经回长安。当他拿到真经，还只经历八十难时，如来佛一看，不对，还少了一难，不算功德圆满，所以又让观世音菩萨给他加上了东渡通天河沉水一难。不吃得苦中苦，哪能磨练得出来？《孟子》讲得好：“天将降大任于斯人也，必先苦其心志，劳其筋骨，饿其体肤，空乏其身”，才可“增益其所不能。”活到老，学到老。青年时期是最富活力的，是最可贵的，所以，我们应该从现在做起，一直坚持下去，只有这样做，才可能成功。我常告诫同学们，今天自己给自己多找一些麻烦，给自己多增加一些压力，给自己多找一些被动，一定会转变为未来的主动；反过来，今天多一些潇洒，多一些轻松，多享受一些主动，超过一定的限度，必然会转变为未来的被动。这都是不以人的意志为转移的。我们学校那么些参天大树，是哪一年长大的？不是同一年长大的，是建校后每年种下的小树苗，年年长，季季长，月月长，天天长，时时长，分分长，秒秒长，不停地长，才长成参天大树。别人问我："听说你们夫妇两人吃了30年食堂，有无此事？"我讲："确有此事！"我1956年毕业，我夫人1957年毕业，吃食堂一直吃到1986年我唯一的孩子结婚为止。为什么如此？就是为了节省些时间，好学习，好思考，好实践。我得声明，逆定理不一定成立，吃食堂不一定节省时间，节省时间不一定非吃食堂不可。问题在于自己要惜阴如金，要会从自己的实际情况出发，安排生活，要争分夺秒，珍分惜秒，持之以恒。

敢于创新，善于总结

敢于创新是成功的关键因素。所谓事业上取得成功，就是在工作中有创新、有突破，做了别人做不到的事情。一个国家、一个民族只有创新，才有力量的源泉。所以，没有创新，就没有一切。大学不仅是选择知识、继承知识、传递知识，更重要的是要创新知识。什么叫大学生？什么叫研究生？我想，有一点是根本的，能创新。办大学，不能创新，办大学干什么！重点大学更是如此！我国自古以来，就提倡"日日新，又日新，作新民"。郑板桥歌颂"二月花"，因为"领异标新二月花"。对这点我深有感触。

我为什么能够破格提升为教授，能够增选为院士呢？原因就是我能立足于机械工程，把机械工程同控制论、信息论、系统论等结合起来，着重于同计算机技术、信息技术、微电子技术、网络技术等前沿领域的交叉研究，在先进制造、设备诊断、无损检测、信息处理等方面有所创新，有所贡献。没有创新，没有开拓，怎么当院士？1984年底，我与师汉民教授接受了一个研究所的钢丝绳断丝定量自动检测的课题。钢丝绳从诞生以来，在使用中就存在断丝这一问题，如何自动而定量地检测出断丝的数目，是个老大难问题。现代仪器可以自动检测出来在钢丝绳何处有断丝，这是定性问题，解决了；问题是断了多少根丝呢？这是定量问题，没解决，当时世界上也没解决。我们接到这个任务，的确有些提心吊胆。但是，我们认为，现代仪器既然可以从所记录下的波形变化上判断有无断丝，而有经验的检测钢丝绳断丝的技术人员从这一波形变化大致上可以估计出在什么地方断了多少根丝。这就是说，断丝处的波形变化，肯定有某种反映断丝与断丝数目的特征，肯定有某种逻辑规律，肯定可以采取某种数学方法通过计算机的计算找出这些特征与规律来。在同研究生的日夜努力下，一年多一些，难点突破了，方法创新了，定量问题基本解决了。国外的权威期刊《材料评估》、国内的最权威期刊《中国科学》都发表了我们的研究成果，我们还获得了国家发明奖。

日日新，又日新，要发展，就得创新，就得创造。现在的科学技术发展如此之快，关键就在于创新，还有大量的问题等待着我们去研究。

我国《国家中长期科学和技术发展规划纲要（2006—2020年）》中有一个指标，叫“技术依存度”，指一个国家的关键技术依赖国外的程度；希望在2020年，从目前的约50%降到30%以下。但是，工业发达国家在20世纪90年代中期，技术依存度平均为10%，美国为1.6%，日本为6.6%，那时的韩国为24%。显然，我国关键科技的知识产权远远不够，面对外国，我们还不能完全挺直腰杆。这个任务，我们这代完不成，下一代应该完成。

自然科学是如此，社会科学又何尝不是呢？20世纪的中国可以分为两段：上半世纪求独立，遵义会议之前，失败失败再失败；遵义会议之后，胜利胜利再胜利，直到1949年10月，赢得了一个人民共和国。下半世纪奔富强，新中国成立之初，顺利了几年。后来呢？挫折挫折大挫折，以至十年浩劫；十一届三中全会之后，发展发展大发展，到现在发展得如此气势磅礴，奔向世界一流。为什么呢？因为遵义会议实际上确立了毛泽东思想；十一届三中全会实际上确立了邓小平理论。这就是人文社会科学的创新。我们党在革命和建设过程中都能创造性地把马克思主义基本原理同中国的国情结合起来。接着发展成为“三个代表”重要思想。当前，已发展成为科学发展观。

要敢于创新，当然也要善于总结。善于总结者，“以史为鉴”也，“失败是成功之母”也。外国人讲，历史学是聪明学；我们讲，观今宜鉴古，以史为鉴，都是一个意思。做事，要走一步，回头看一步，走几步，回头看几步，即要从实践中认识真理，坚持真理，认识错误，改正错误；绝不像一头蠢猪，一只苍蝇，瞎向前闯，不知正确方向。

尊重别人，依靠集体

尊重别人，依靠集体，这是成功的保证，这是成功的外部条件。现在的大科学家、大专家，干大事业，离不开集体；离开了集体，自封天下第一，那绝对什么事也做不成，一定要把人际关系处理好。我 1978 年提升为副教授，1980 年学校又想破格提我为教授，当时，47 岁，算够年轻的了。提拔青年教师作为学术带头人，学校领导有眼光有决心。现在，30 岁刚过的教授已不是个别的，发展真快！当时学校到我所在教研室，找了正、副两位主任，了解情况，征求意见，问我可否胜任教授工作，两位主任都坚决讲可以。于是学校要他们整理我的材料，上报省里。当时我们学校没有权力审批教授。他们又找了一位老教授以及党支部书记(副教授)，一共四人一道整理了材料，将材料上报。要知道他们两位还是副教授，而且是我的顶头老师，教过我的课，改过我的作业，指导过我的实习，带过我的设计，我是他们的“嫡系”学生，他们也是 1978 年与我同时提升为副教授的。这两位教师为自己的学生升教授而努力，这是为什么？难道不是为了我们学校的发展，为了国家的发展吗？最后我被评为了教授。对这一点我非常感动。1981 年底，我到美国威斯康星大学（Madision）做高级访问学者，半年后，教研室主任也去了，他还是副教授，而且同在一位美籍华人吴教授手下工作。我总是恭恭敬敬地称这位主任为老师，这是出于内心的尊重。吴教授很奇怪，问我：“你是教授，他是副教授，你为什么叫他做老师？那么尊重他？”我把历史情况和原因讲了，吴教授很有感慨，他讲：“美国的导师和研究生之间是老板与雇员的关系，在校时学生对老师恭恭敬敬，毕业以后就不一定把其当老师了；在中国是传统的伦理关系，尊重老师是中国的传统美德。”老师把他们几年、十几年、几十年所学的东西，在几周、几个月、几年内教给了学生，学生踩着老师的肩膀上去了，有什么了不起？有什么值得向老师自傲？而老师倒应以培养出高质量的学生而自豪！我很钦佩牛顿，因为别人讲牛顿比笛卡儿伟大时，牛顿讲，因为我站在巨人的肩上，所以我比巨人看得更远。这是真理。

如果没有在 1980 年升为教授，我就不可能在以后的 10 年中在教授舞台上，创造业绩，也就不可能在 1991 年被增选为中国科学院院士。这 10 年间，我写了 300 多篇论文，出了 10 本书，得了十几项国家级、省部级科技奖励，还有 2 项专利，但是这些工作绝不是我一个人的。我一个人做得了吗？平均一年写 30 多篇论文，一年一本书，还有一年一个多的奖励，一个人哪有那么大的能耐？但我是党员，是君子不是小人，不搞剽窃，不搞水货，不搞“非礼”。那么成果是怎么来的？是同大家一道工作创造出的。在工作中，或许我多出了些关键学术点子，或许我带了些头，或许我多做了些学术上的组织工作，或许还可以谈其他一些“或许”，但是事情是大家齐心合作干的。“人心齐，泰山移”。我们这个集体有三条不成文的规定：一是真心实意尊重别人的劳动；二是公开承认别人的劳动；三是时时刻刻为别人着想。这三点都做得那么自然，谁也没有什么做作，完全出于内心。论文署名，争着署在后面；报奖，也争着不报自己或名次列后；发奖金，争着少拿，教研室的干部一般只拿平均数，甚至拿低于平均数的奖金，我也是如此。从 1991 年起，我们机械学院每4～6年就出一位院士，现在就有了 5 位院士，这就是集体的荣誉。

理想崇高，自强不息

理想崇高，自强不息，这是这四条中最核心的部分，是灵魂。没有崇高的理想，绝对不可能成功；没有崇高的理想，绝对不可能勤奋，不可能坚持勤奋；没有坚持勤奋，也就不可能创新；当然，没有崇高的理想，也不可能尊重别人。我父亲是个地地道道的爱国主义者。我家是个大家庭，在我随父亲逃难期间，父亲告诉全家："我们是中国人，是炎黄子孙，我们绝对不做亡国奴，不做日本的顺民。日本鬼子追上我们，我们全家自杀，投河自杀！"他教我念书，开始念的是唐诗。第一首诗是李白的《静夜思》："床前明月光，疑是地上霜。举头望明月，低头思故乡。"父亲讲："孩子，为什么教你念这首诗？看到月亮，就要想到故乡，想到湖口，想到石钟山，想到故乡的同胞正在遭受日本鬼子蹂躏，我们不能忘记，千万不能忘记！"正是在这种艰苦的战争环境中的爱国主义教育下，我下定决心，一定要努力学好本领以报效祖国。

人总得有点精神，人总得有人格。1994 年春天，有位院士很气愤地告诉我，他所在的研究单位，有两位技术骨干跳槽，跳到外国公司去了。跳到外国公司未尝不可。问题是，他们很能干，很熟悉行业情况，熟悉我国情况，不是为了双方互利共赢，他们同外国老板一起来同我们谈判，那可厉害，比外国老板对我们还厉害。一刀宰下去，唯恐宰不准，宰不深，流血不多，比洋人宰我们厉害多了。这位院士严肃地问我："他们算什么人？"我讲："我们大家心中都明白！"我想，你们心中也会明白！作为一个中国人，总得心向神州，魂萦华夏，为祖国、为民族做些贡献吧！屈原讲得多么壮烈："受命不迁，生南国兮。深固难徙，更壹志兮。"

事情这么巧，那年夏天，某国一公司来我校谈判合作，应该说，谈判是有收获的。可是，令我感慨万分的是，他们来了十几位，其中几位是白人朋友，还有近 10 位，同我一样，黄皮肤、黑眼睛、黑头发、鼻子也不高，讲他们是中国人吗，那不一定，可能有外籍华人吧，总之，叫 Chinese，就一定没错，可是，这近 10 位 Chinese 中的几位在谈判时非常厉害，可能同那位院士讲的那两位技术骨干一样吧，总怕我们学校占了任何便宜。后来快走时，我说，我们今天的谈判是成功的。我知道我们学校跟世界一流大学比较还有很大的差距：我校去年的收入是1亿多元人民币，在武汉地区第一位，在国家教育委员会所属学校中也名列前茅；而在美国，一流大学每年的收入是20多亿美元，那时1美元的外汇牌价是8元多人民币，黑市上高达14.15元，我们学校的收入约是美国一流大学的1/150。所以我们学校的技术装备同世界一流大学相差很大，研究水平远赶不上世界的一流大学。同样，中国的经济实力同美国相差很远，科技实力也赶不上美国。虽然我们国家进步很快，但是同你们比较，同富国比较，我们还很穷。我是院士，是校长，工资在全校最高，但每月只有1000元多一点。1990年、1992年我去过新加坡，新加坡较为有名的教授的工资是每月1.5万多新元，相当于10万元人民币。钱虽然比国外的教授少多了，但我们不愁吃穿。我能不能够不当校长而去新加坡当教授呢？这绝不能！如果我去了，我们学校这3000多亩土地、80多万平方米建筑面积、近2万学生，交给谁管呢？当然我不当校长，必定还会有其他人当校长，但其他人又跑到新加坡去了呢？推而广之，中国12亿人口、960万平方千米的领土、300多万平方千米的领海、5000多年的悠久历史，这样一个大国、古老国家的有关负责人都崇洋媚外，都跑到外国去了，能把这个国家交给外国人管吗？我们学校能交给外国人管吗？不行！这绝对不行！中国要中国人管！我们学校要中国人管！尽管我们现在同富国有较大的差距，但我们在精神上很充实，因为我们充满信心，在做一项伟大的工程，我们万众一心，抢抓机遇，进行建设，相信在21世纪中叶，我们学校一定要同世界一流大学争个高下，中国一定会同美国平起平坐，这是必然的，毫无疑问的！我们年轻一代一定能把这个担子担起来。困难有什么了不起？前进，改革，肯定伴随着困难！

世界历史上的古老民族，古老文明，除中国之外，有哪一个没有灭亡，或历史没有中断呢？迎着5000年的历史风雨，踏过5000年的历史征程，中国历史不但没有中断，反而更加蓬勃发展，充满活力向前发展！其中最重要的原因就是有我们民族的优良传统，有伟大的民族文化，有爱国主义，有骨气。我们在21世纪要肩负起建设中国特色社会主义国家的大任，就必须保持和发扬这种传统，改革开放，并同现今时代的正确潮流相结合。

我们正面临21世纪的伟大事业，我们的追求是什么呢？1981年，我作为湖北最年轻的教授被我国派到美国去做高级访问学者。当时，我的工资每月75元人民币，约合50美元；这样，年工资才约600美元。而在美国呢？一位教授至少也有每年3万～5万美元，多的达10万美元乃至20万美元以上。当我访问期满要回国时，有人问我："这么低的工资，那么差的研究条件，为什么要回国？"我反问："为什么不回国？"在我们这辈人的心中，出国就是为了回国，出国学本领，回国搞建设，理应如此。20世纪50～60年代的年轻人的追求是，到基层去，到边疆去，到祖国最需要的地方去；现在有些年轻人的追求是，到公司去，到海外去，到钞票最多的地方去。形势不同了，主要不在形式，而在内容，在能否为国服务。到海外去，可以，何况改革开放，应该到海外去学习，求得更多的有用知识，但最好是回国服务，至少应为国服务。到外国公司去也好，可以引入资金、引入技术，而不是专门帮外国宰中国。钞票最多的地方或许是关键部门，何况钞票多一点也没关系，但绝不能因自己想多一点钞票，而挖人民、挖国家的钞票。要富裕，就要饮水思源，心系华夏，服务祖国。这些可算是我人生的最大最深最有用的体验吧。

青少年是我们祖国的未来，民族的希望。我们绝不能做鲁迅笔下的九斤老太。一代不如一代，世界怎么会发展？我用毛泽东同志的《沁园春·雪》中的最后三句，改两个字，献给大家：俱往矣，数风流人物，更看明朝。明天是你们的！祖国是你们的！

从我一生经历谈中华民族的过去、现在和未来

叶笃正

我1916年生于天津，今年（2009年）93岁有余。像我这样年龄的中国人，都会有与我类似的生活经历。六七岁时是军阀混战，十几岁时经历了北伐战争。再往后就是国民党统治的中华民国，日本侵略中国，接着就是第二次世界大战。好不容易熬过八年抗战，迎来了胜利，接着又是三年解放战争，可以说我的青少年时代整个是在战争中度过的，没有过过一天安定舒适的日子。

新中国成立后，算是安稳下来了，可以用我所长，为祖国的建设服务了，但是对我这样的“资产阶级”知识分子来说，等着的先是“思想改造”，接着就是“引蛇出洞”的“反右”。这关难过啊！但当时的地球物理所党委书记卫一清同志硬是把我这条已经露头洞外的“蛇”从尾巴拉进洞内，好险啊，我没有被打成“右派”。卫一清已去世多年，但我永不会忘记他的恩情。这之后，就是半饥半饱地度过了“三年困难时期”，跟着就进入“文化大革命”，当了“美国特务”。令人哭笑不得的是，出了牛棚，还进了一个“特务学习班”。后来粉碎“四人帮”，总算平了反，迎来了邓小平改革开放时代，进入真正经济建设时期。至今我和全国人民一起享受着邓小平解放思想、实事求是理论所带来的较好的生活。

既往矣，可记忆的事实在太多。如果有人问我“你这一生的经历可算非常丰富了，其中感受最深的是什么？”我会不假思索地说我感受最深

的是：当我看到美国小布什总统把中国作为“战略对手”这一消息的时候，我感到中国真正在世界上站起来了，再也没有当年中国被人踩在脚下的屈辱感受了。讲述这种感受，要从中东巴以冲突谈起。2002～2003年有几个月，我常在电视上看到中东地区巴以冲突的场面。以色列军队开着坦克打进巴勒斯坦领土，开枪打得巴勒斯坦人乱跑。巴勒斯坦人只能用石块等回击一下。每当看到这种场面，我立刻就回想到我幼年在天津的日子。那时日本军队在天津的海光寺（日租界）修建秘密炮台，修完秘密炮台后，日本人就把修炮台的中国工人杀死，扔进海河（天津的一条河）。当时，常有人看到海河里飘浮的死尸。中国人看到了，只能背地议论，不敢反抗，更不敢像巴勒斯坦人那样向以色列人扔石块啊！当时天津的中国地界（天津各国租界地之外地区）经常有日本浪人捣乱，打着日本太阳旗在中国地界游行示威。不但日本看不起中国人，欺辱中国人，就连当时被日本奴役的朝鲜人也跟着他们的主子随意欺辱中国人，没把中国人当人。北方的天津如此，南方是否好些？不，一点也不好，在上海外国租界的花园门口，不就是挂着“华人与狗不得入内”的牌子吗!! 当时，在外国人眼里，华人和狗一样，一样啊!!! 当时我真感到：千只、万只外国人的脚踩到中国人身上，踩到我身上，喘不过气来！那又能怎么样呢？因为那时中国太穷，太落后了。

我有幸在20世纪40年代后半期留学美国，在芝加哥大学学习，取得了博士学位。在美国确实比在当时的中国感受好些。只要你的成绩好，在你的生活圈子里，就不太感到被人看不起。幸而我成绩很好，所以感受还不坏。然而出了你生活圈子走进真正的美国主流社会，又如何呢？大不一样了。听说（仅是听说）当时已经很有名望的林家翘教授一次寻找居住房子，还得带着美国学生一块寻找。为什么呢？因为这样容易找些。再有，一个芝加哥大学的中国同学（吴）新婚，他的夫人还是博士，到处找房碰壁，最后只找到一间印度人的地下室。中国人，在美国生活也很难啊！现在叙述一下我的一次亲身感受。有一天，一个中国同学来芝加哥有事，我为他在芝加哥大学附近一个旅馆订房间。走到旅馆服务台，等着我的一句话是："We have no Chinese room!"（我们没有中国人的房间!）真是天大的刺激，打破了那几年我感觉"中国人逐渐被人看得起了"的梦。当时中国还是第二次世界大战的战胜国呢！自己觉得了不起了，站起来了，这是梦啊！这个刺激击碎了这个梦！"We have no Chinese room!"这句话我永远忘不了，当时说这句话的情景、说这句话的人的长像、说话人的高傲神态等，现在还历历在目。

当时我在美国确实小有成就，受到同行人的尊敬。在我同辈的中国和外国同事中，我的工资算是很高的。但一个人的理想、感受不是薪金所能决定的，至少不全是。美国虽好，虽很富有，但我不是美国人。我是中国人，要为中国做事，要使中国赶上美国，这才是中国人的理想，于是我决定回国。记得当时一个美国同事（Marciano)，当时也算是我的一个助手吧。他说："What！T. C.，you are going back to China！Here if you want to eat something，you just go across the street and get it. What are waiting for you in China!"（T. C.，美国同事这样称呼我）我心里说，M是对的，和美国比，中国实在是太穷太落后了。但正因为祖国贫穷落后，才需要我们回去建设呀！而且那时，新中国已经成立，我不懂什么是共产主义，我想到的是新中国的成立给祖国富足强大带来希望。但当时想回国参加建设并非易事，美国当局竭力阻挠已经工作的中国自然科学工作者回国工作，经过将近一年的曲折经历，总算可以回来了。

和我同船回国的有100多名同学，记得最清楚的有涂光炽，他对新中国的地学发展有很大贡献，现在也是资深院士。当我们这百余中国同学于1950年9月下旬踏进中国边境时，受到当地政府和人民的热烈欢迎，又跳又唱，我被感动得流泪了。啊，祖国，我们终于回家了。

回国后这些年来，我觉得没有白过，为祖国做了些有益的事，也得了不少奖：中国科学院奖、国家自然科学奖一等奖、何梁何利科学与技术成就奖、陈嘉庚地球科学奖，还有最近（2003年5月）WMO（世界气象组织）的IMO奖、2005年的国家最高科学技术奖。奖励可算不少了，每次得奖，我都很高兴，但是都没有使我有最大兴奋的感觉，没使我激动。

什么使我有了强烈的最大的感受呢？是我看见美国小布什总统把中国看成“潜在的对手”（也就是“潜在的敌人”）的新闻的时候。全球唯一的超级大国把中国看成“对手”意味着什么呢？这意味着中国真正站起来了，有什么事能比这个事更使人激动呢。我高兴，我为中国自豪，为中国骄傲。一下子又使我回想到几十年前被千万只脚踩着喘不过气的情景。祖国站起来了，中国人站起来了，没人敢踩我们了，痛快呀，真痛快！

站是站起来了，但是总觉得没有站得太直，还不够挺。说得不好听些，有些罗锅。美国不是还不断欺负我们嘛！派间谍飞机侦察我们领空，跟台湾还有什么所谓的“台湾法”，不时地还干涉我们的内政。

从美国小布什总统将中国看做“对手”到今天（2009 年）又有几年过去了，这几年新中国的发展更快。观看了新中国 60 周年国庆大典，我和其他国人一样，特别有了作为中国人的自豪感。中国真正站起来了，可以和西方发达国家比比高低。

然而，我们不能满足于此，还要更好。怎样前走呢？第一，要使全国人民真正当家作主，民主化，经济上和政治上更加改革开放，这是历史潮流不可阻挡；第二，要彻底消灭贪污腐化，真正实现廉政建设；第三，要缩小贫富差距，使更多的老百姓富裕起来，过上好日子；第四，切实解决好控制人口增长、下岗职工、环境保护、生态平衡等社会问题。这是全国人民的共同希望，只有这样，社会才能稳定，国家才能富强，我们才能步入世界强国之林。

这需要多长时间我不知道，但我非常希望能看到。如果不能，我希望有一支能透视未来的望远镜，通过它我将看到了一个年过 5000 多岁的中华民族挺直地站在珠峰之顶，面带慈祥的微笑，遥望着远方！

效力祖国何惧艰苦

郑国锠

报国心切

1948年初我到美国田纳西大学留学。当时美国种族隔离很严重，影院、饭店、车站等公共场所“黑白分明”，不能混在一起。黄皮肤的中国留学生虽然不被当成黑人对待，但是无形的压力很大。看到住房招租广告，中国留学生去租时会被问：“是日本人吗？”回答是中国人就吃闭门羹。尽管中国是第二次世界大战的战胜国，但是在美国，中国的地位远远不如战败国日本，这是由于当时的国民党政府腐败无能、依赖美援、丧权辱国所致。

1948年7月，我转学到北方的威斯康星大学细胞学研究室。该室主任是英籍赫斯金斯教授，这年他刚好发现体细胞减数的现象，做了大量显微镜切片，没有人观察、整理和分析。我去后，他就把这个任务交给了我，并希望我能在圣诞节前完成。因为在假期中，没有课上，我就日以继夜地干，不到两个月就完成了一个学期的工作。当我把整理好的材料、统计数据和照片交给赫斯金斯教授时，他非常惊奇。怕我草率从事，仔细检查了我交给他的材料，又亲自把照片与显微镜下的图像一一核对，都无差错后，才说了一个“Wonderful”。此后，他对我就另眼看待了，并主动提出给我的妻子仝允栩一份奖学金，还代办了入境和入学手续。于是从1949年1月起，我们夫妇就在同一研究室学习和工作了。

1949年10月新中国成立，伍修权到联合国发表演说，美国报纸刊登照片，说伍修权像是被压的弹簧，轰动了整个美国。我兴高采烈，感到脸上有光，身板挺直了。再去租房子，常迎来的是笑脸。可是好景不长，美国人民虽然对中国留学生友好、热情，但是在蒋介石被赶至台湾后，杜鲁门就调美国第七舰队封锁台湾海峡，阻止中国人民解放军解放台湾。1950年6月又悍然发动侵朝战争，一直打到鸭绿江边，美帝国主义的狰狞面目暴露无遗。不少留学生坚决要求回国，我们夫妇也决定尽快回来。在我妻子的博士论文答辩完毕时，我们回国的手续也办妥了。当时回国并不是一件简单的事情，每月只有一班轮船，美国政府又重重阻挠。1950年底先我们一个航班回国的钱学森教授几经周折，直到1955年才回来。和我们一同上船的36名中国留学生还算幸运，1951年2月上旬从旧金山上船，下旬到香港，乘一艘小船到澳门，再由广州开来的专轮把我们接回广州。待我回来后的第二个月，中国留学生的回国申请就不批了。回想起来，真是万幸！

何惧困难

回国以后，要我去任教的单位很多，真是天南海北任君选。住在江苏常熟老家的父母要我们留在上海，亲戚朋友也劝我们留在条件较好的沿海。经过再三思考，我还是选择了兰州。我的想法很简单：“如果贪图优越的条件，可以留在美国。我回来就是要到最需要我的地方去。兰州大学不断来信来电，又寄旅费，又托人劝说，不正说明那里确实需要我吗？”

我们一家三口，一路辗转西行。到了兰州一看，山是秃的，连草都不长。我们是坐在马车上，摇摇晃晃进了兰州大学的。第二天植物系开欢迎会，才知道全系只有6位教师（包括两位兼职的）、14名学生；动物系的师生和设备情况与植物系的差不多；两系学生加在一起不到30人；系里的设备少得可怜，只有一台不能切片的切片机、一个不保温的保温箱，显微镜虽然有几架，但性能很差，能在显微镜下观察的片子也很少；图书只装了半个小书架，全系的图书和切片还不及我带回来的多；实验室也没有几间。面对这种困难情况，我没有畏惧，“五一”节过后就开始上课了。

20 世纪 50 年代初，兰州居民用水是从黄河里挑来的，白天、晚上经常停电，做饭、取暖都用煤砖。我来的当天，学生就帮我们买了水缸、明矾、煤油灯、煤油、煤砖等。我见了直纳闷，要这些东西干什么？果然第二天停电了，煤油灯发挥了作用。以后晚上备课经常在煤油灯下进行。市内没有像样的马路，无风三尺土，有雨一街泥。交通工具是马车，黄河上漂流的是羊皮筏子，但只能顺流而下，不能逆水而上，所以我到西北师范兼课时，上午乘马车到十里店，下午只能乘羊皮筏子在黄河铁桥边上岸回校。

那时至今已 50 多年，我感受最深的是："我对祖国教育和科学事业的选择和热爱至今不悔。"